이 책의 구성은 다음과 같습니다.

웹 브라우저를 개발한 마크 앤더슨이 "Software is eating the world.(소프트웨어가 세상을 먹어 치우고 있다. 2011)"라고 말한 것처럼 오늘날 4차 산업 혁명으로 사회는 매우 빠르게 변화하고 있습니다. 소프트웨어의 발전으로 무인 자동차, 가상 화폐, 빅 데이터, 인공 지능 등 경제·사회·문화에서도 많은 변화가 나타나고 있습니다. 이러한 중심에는 소프트웨어가 있습니다. 기존의 모든 산업과 문화가 소프트웨어와 융합되면서 현대에는 소프트웨어가 모든 산업의 기반 기술이 되어 가고 있습니다.

'사람들은 늘 변화를 두려워한다. 전기가 발명되었을 때도 두려워하지 않았나? 석탄도 두려워했고, 가스 엔진도 두려워했다. 사람들은 언제나 무지할 것이고, 바로 이러한 무지가 두려움이 된다. 하지만 시간이 지남에 따라 사람들은 최첨단 기술 전문가들을 받아들이게 될 것이다.'

-마이크로소프트 창업자 빌게이츠-

위 빌게이츠가 한 말처럼 우리는 급격하게 변화하는 세상에서 미래를 준비해야 합니다. 이러한 환경에서 내가 성장하기 위해서는 즐겁고 행복한 일을 찾는 것입니다. 소프트웨어, 스마트폰 앱, 로봇, 사물 인터넷 등에 관심이 있는 친구들이라면 이 책을 통해 흥미롭고 재미있는 다양한 소재로 구성된 문제를 접하면서 소프트웨어가 무엇인지 또 우리 삶에 어떤 변화를 줄 수 있을지를 생각해 보는 시간이 되길 기대합니다.

저자 일동

구성과 특징

학습자의 눈높이에 맞춰 따라 하면서 주어진 문제를 분석하고 러플, 파이선 햄스터와 같은 다양한 프로그래밍 학습 도구를 이용하여 프로그램을 만들어 문제를 쉽게 해결할 수 있도록 구성하였습니다.

1

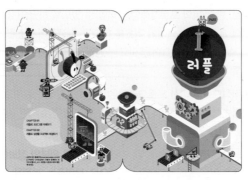

PART 해당 단원에서 사용할 프로그래밍 도구와 함께 학습자가 배울 내용을 미리 짚어 볼 수 있도록 하였습니다.

2

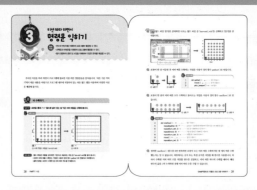

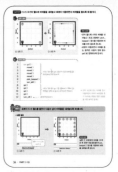

따라 하면서 배우기 다양한 실습 문제로 프로그래밍에 필요한 명령들을 직접 손으로 입력하고 결과를 확인하는 과정을 따라 하면서 쉽게 프로그래밍 능력을 키울 수 있도록 하였습니다. 또한 학습한 내용을 제대로 이해했는지 간단한 '해보기'를 통해 스스로 확인할 수 있도록 하였습니다.

4

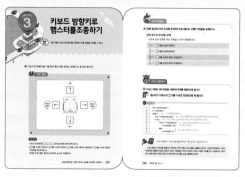

실생활 프로젝트 해결하기 주어진 문제를 분석하여 알고리즘을 설계하고, 이를 바탕으로 프로그래밍하고 그 결과를 확인하는 과정을 통해 컴퓨팅 사고력, 문제 분석력, 문제 해결력 등을 기를 수 있도록 하였습니다.

3

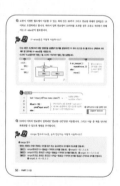

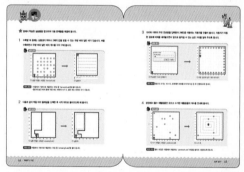

궁금해요/실력 쌓기 문제 해결 과정에서 필요한 명령을 '궁금해요'에서 이해하고 바로 프로그래밍에 적용할 수 있도록 하였습니다. 또한 'CHAPTER'와 '실생활 프로젝트'가 끝날 때마다 심화 문제인 '실력 쌓기'를 두어 스스로 문제를 해결하면서 프로그래밍 실력을 향상할 수 있도록 하였습니다.

 소스 파일은 어디에 있나요?

삼양미디어 홈페이지(www.samyangm.com)의 [고객센터]-[자료실]에서 '러플과 함께하는 파이선&햄스터_소스 파일'을 다운로드하여 활용해 보세요.

차례

PART III
햄스터

• 삼양미디어 홈페이지(www.samyangm.com)의 [고객센터]-[자료실]에서 '러플과 함께하는 파이선&햄스터_소스 파일'을 다운로드하여 활용해 보세요.

CHAPTER 01

러플로 프로그램 이해하기

러플 프로그램을 다운로드하여 설치하고, 간단한 명령으로 로봇을 움직여 봅시다.

SECTION 1

러플 시작하기

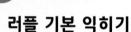

SECTION 2

러플 기본 익히기

SECTION 3

미션 따라 하면서 명령문 익히기

1. 벼 수확하기
2. 둘레길 산책하기
3. 자동차 연료 주유하고 이동하기
4. 재활용 분리수거하기
5. 비밀 투표로 회장 선출하기

SECTION 1

러플 시작하기

활동 목표
- 러플(RUR-PLE)의 특징을 이해할 수 있다.
- 러플 프로그램을 다운로드하여 설치하고 간단한 프로그래밍을 할 수 있다.
- 러플의 화면 구성을 이해하고 월드의 크기를 조절 및 저장할 수 있다.

러플(RUR-PLE; RUR-Python Learning Environment)은 André Roberge가 개발한 파이선 기반의 프로그래밍 학습 환경입니다. 러플은 화면에 보이는 리보그(Reeborg), 즉 가상의 로봇을 조작하면서 파이선 언어의 기본 지식과 원리를 쉽게 습득할 수 있습니다.

 러플(RUR-PLE)의 특징

- **가상의 로봇인 리보그를 이용한 프로그래밍 학습이 가능합니다.**
  초보자도 간단한 명령으로 눈에 보이는 로봇을 조작할 수 있습니다.

- **파이선 언어를 배울 수 있습니다.**
  문법은 간단하지만 강력한 기능을 지원하는 파이선으로 프로그래밍하여 리보그, 즉 로봇을 제어할 수 있습니다.

- **사용 지침서(튜토리얼)를 제공합니다.**
  혼자서도 쉽게 학습할 수 있도록 러플 관련 사용 지침서를 제공합니다.

- **파이선 쉘과 에디터를 제공합니다.**
  파이선을 설치하지 않아도 기본적으로 제공되는 파이선 쉘(2.5.4 버전)과 편집기(editor)로 프로그래밍할 수 있습니다.

- **다양한 운영 체제에서 활용할 수 있습니다.**
  러플은 윈도, 맥, 리눅스 등의 운영 체제에서 실행할 수 있는 배포판을 제공합니다.

△ 러플

2 러플 프로그램을 다운로드하여 설치하기

① 러플을 설치하기 위해 'http://rur-ple.sourceforge.net'에 접속한 후 'go to the download page'를 클릭합니다.

② 사용하는 컴퓨터의 운영 체제가 윈도일 경우 웹 페이지에서 'Download windows-setup-rurple1.Orc3.exe(5.1MB)'를 클릭하여 파일을 다운로드합니다.

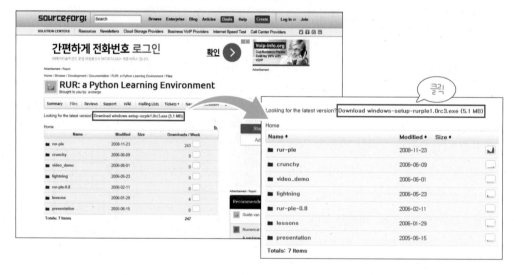

③ 다운로드한 파일을 실행할 때 언어는 '영어(English)'를 선택한 후 [OK]를 클릭합니다.

12 · PART I 러플

④ 설치 화면이 나오면 다음과 같은 순서로 프로그램을 설치합니다.

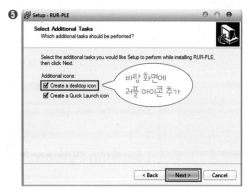

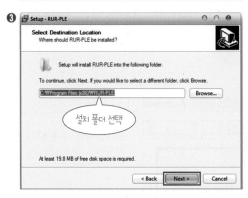

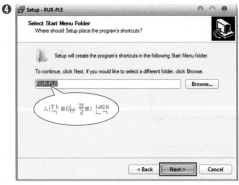

3 러플의 화면 구성 알아보기

러플(RUR-PLE) 화면은 4개의 탭으로 구분되며, 이 단원에서는 두 번째 탭인 Robot: Code and Learn
(리보그를 이용한 프로그래밍)을 선택하여 프로그램을 작성합니다.

브라우저 창
에서 하드 디
스크나 USB
등에 저장된
파일 열기

러플 번역
언어 선택
가능

여기를 클릭하여
프로그램 작성하기

항상 처음 시작
페이지로 이동

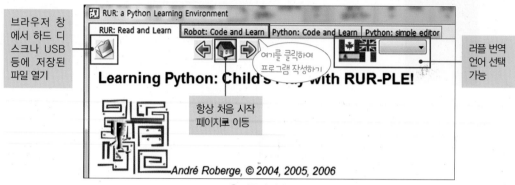

▲ 러플의 화면 구성

4 [Robot: Code and Learn]탭의 화면 구성 알아보기

화면은 로봇과 상호 작용하는 데 필요한 '프로그램 창', '월드 창', '출력 창'으로 구성됩니다. '프로
그램 창'은 로봇이 따라야 할 명령들을 입력하는 곳이고, '월드 창'은 명령을 받은 로봇이 움직이는
곳입니다.

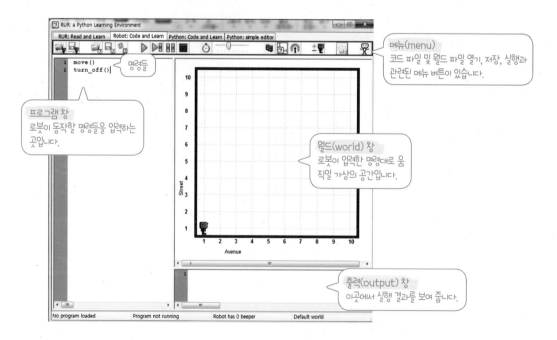

명령들

메뉴(menu)
코드 파일 및 월드 파일 열기, 저장, 실행과
관련된 메뉴 버튼이 있습니다.

프로그램 창
로봇이 동작할 명령들을 입력하는
곳입니다.

월드(world) 창
로봇이 입력한 명령대로 움
직일 가상의 공간입니다.

출력(output) 창
이곳에서 실행 결과를 보여 줍니다.

러플 편집기 상단에는 다양한 기능을 하는 메뉴 버튼이 있습니다.

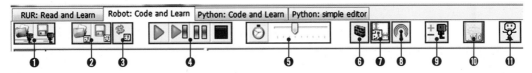

① 파일 열기/저장: 작성한 프로그램(코드) 파일을 열거나 저장합니다. 러플 프로그램 파일의 확장자는 '.rur'입니다.

② 월드 파일 열기/저장: 만든 월드 파일을 열거나 저장합니다. 월드 파일의 확장자는 '.wld'입니다.

③ 월드 초기화: 월드를 프로그램 실행 전 상태로 초기화합니다.

④ 프로그램 실행/단계별 실행/일시 정지/종료: 프로그램을 실행시키거나 단계별로 실행, 정지, 종료할 수 있습니다.

⑤ 프로그램 실행 속도 조절: 프로그램이 실행되는 속도를 조절할 수 있습니다.

⑥ 벽 만들기: 월드에 로봇의 이동에 제한을 주는 벽을 만들 수 있습니다.

⑦ 월드 크기 변경: 월드의 크기를 5×5부터 30×30까지 원하는 대로 변경할 수 있습니다.

⑧ 비퍼 설정: 가상의 물건으로 로봇에게 0～1,000개까지 줄 수 있습니다. 이때 비퍼의 개수는 화면 하단에 표시됩니다.

⑨ 로봇 추가/삭제: 로봇을 추가하거나 삭제합니다. 삭제 시 로봇의 속성은 초기화됩니다.

⑩ 월드 정보 나타내기: 월드 정보를 화면 오른쪽에 보여 줍니다.

⑪ 로봇 모양 변경: 그림 파일을 불러와서 로봇의 모양을 변경할 수 있습니다.

실습 1 로봇이 움직이는 가상 공간인 월드의 크기를 5×5로 조정해 봅시다.

따라하기 1 상단 메뉴에서 (월드 크기 변경)을 클릭하여 월드 사이즈 창이 뜨면 가로와 세로 축의 스크롤 바를 조절하여 월드 크기를 변경합니다.

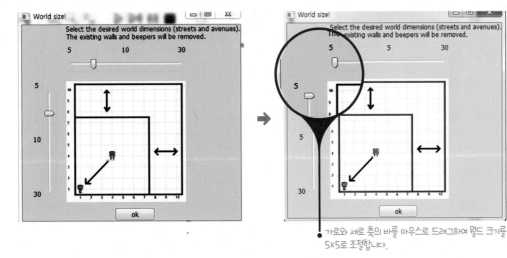

가로와 세로 축의 바를 마우스로 드래그하여 월드 크기를 5×5로 조절합니다.

❷ 만든 월드를 필요할 때 다시 사용하기 위해 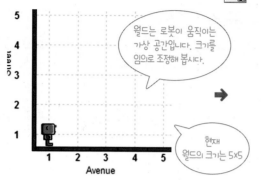 (월드 파일 저장)을 클릭하여 파일로 저장합니다.

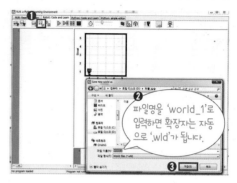

❸ 다시 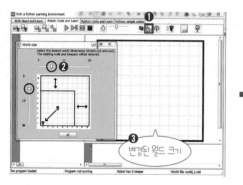 (월드 크기 변경)을 클릭하여 월드 크기를 임의로 변경하더라도 (월드 초기화)를 누르면 위에서 저장한 월드의 초기 상태로 되돌아갑니다.

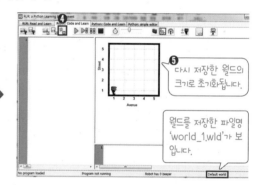

임의로 지정한 월드의 크기를 저장하지 않고 (월드 초기화)를 클릭하면 어떻게 되나요?

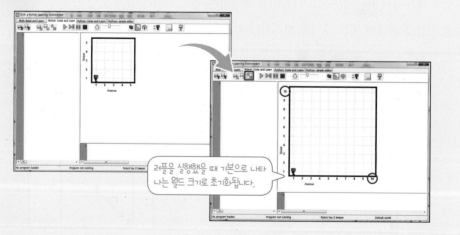

러플로 프로그램을 작성하면서 다양한 기능을 추가한 월드를 저장해 놓지 않으면 프로그램을 실행할 때마다 월드를 다시 꾸며야 하는 문제가 발생할 수 있으므로 주의하도록 합니다.

SECTION 2

러플 기본 익히기

활동 목표
- 키보드의 방향키를 이용하여 로봇을 조작할 수 있다.
- 내장 함수로 로봇을 조작할 수 있다.

1 키보드로 로봇 조작하기

키보드의 방향키로 로봇을 원하는 방향으로 움직일 수 있습니다. 이때 방향키는 ↑, ←만을 사용할 수 있습니다.

- ↑: 로봇이 바라보는 방향으로 한 칸씩 이동할 수 있습니다.
- ←: 로봇이 제자리에서 왼쪽으로 90도씩 회전할 수 있습니다.

실습 1 키보드의 방향키 ↑와 ←로 로봇을 세 칸 전진했다가 다시 원위치로 돌아오도록 해 봅시다.

실행 결과

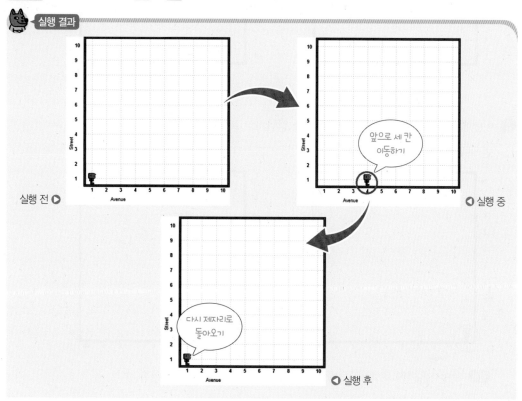

실행 전 ▶

앞으로 세 칸 이동하기

◀ 실행 중

다시 제자리로 돌아오기

◀ 실행 후

따라하기 ① 로봇이 있는 위치에서 마우스를 클릭한 후 방향키 ↑ 를 세 번 누릅니다.

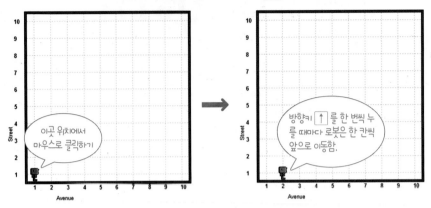

② 결과를 확인합니다. 로봇을 다시 원위치로 돌려보내기 위해 방향키 ← 를 두 번 클릭하여 방향을 회전시킵니다.

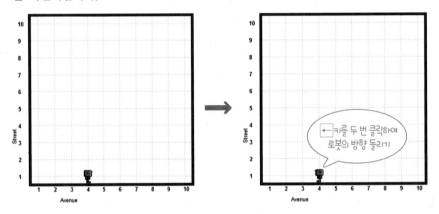

③ 이번에는 방향키 ↑ 를 세 번 클릭하여 원위치로 복귀시킵니다. 다시 방향키 ← 를 두 번 누르면 로봇의 방향이 바뀝니다.

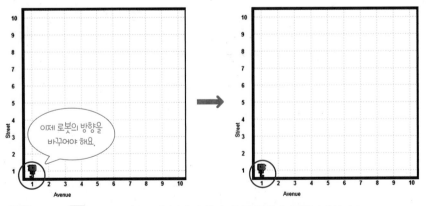

힌트 메뉴에서 🖳(월드 초기화)를 클릭하면 ②와 ③의 작업을 한 번에 해결할 수 있습니다.

키보드의 방향키 ↑와 ←만을 이용하여 로봇을 다음과 같이 이동해 봅시다.

● 실행 결과

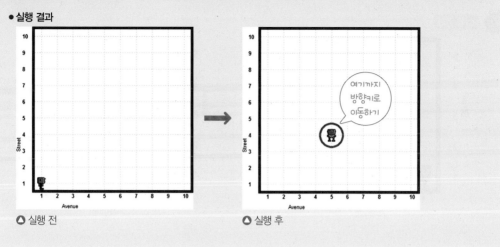

△ 실행 전

△ 실행 후

 내장 함수로 로봇 조작하기

러플에서는 로봇이 수행할 특정 작업이나 명령을 함수로 정의하여 사용할 수 있습니다. 특히 자주 사용하는 명령들을 미리 함수로 정의해 놓은 것이 있는데, 이를 내장 함수라고 합니다. 내장 함수의 종류에는 move( ), turn_left( ), turn_off( ) 등이 있습니다. (단, 내장 함수를 포함하여 모든 함수 의 이름은 띄어쓰기를 하지 않습니다.)

종류	설명
move( )	로봇이 바라보는 방향에서 한 칸 앞으로 이동합니다.
turn_left( )	로봇을 왼쪽으로 90도 회전시킵니다.
turn_off( )	로봇의 전원을 끄는 함수. 즉 로봇의 동작을 정지시키는 명령입니다.
pick_beeper( )	로봇이 월드에 놓인 비퍼를 한 개 줍도록 합니다.
put_beeper( )	로봇이 월드에 비퍼를 한 개 내려놓도록 합니다.

실습2 ▶ 내장 함수를 이용하여 로봇이 다음과 같이 움직이도록 해 봅시다.

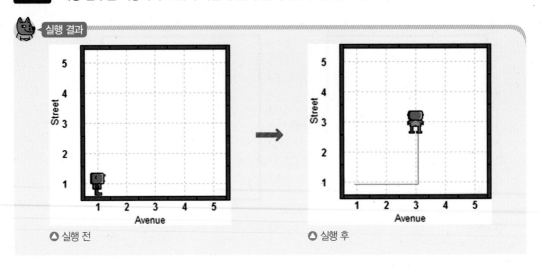

△ 실행 전   △ 실행 후

문제 분석 로봇을 앞으로 두 칸 이동시킨 후 좌회전하고 다시 앞으로 두 칸 이동시켜야 하므로 move( ), turn_left( ) 함수를 사용합니다. 마지막에는 turn_off( ) 함수도 추가하도록 합니다.

따라하기 1 메뉴에서 🔲(월드 크기 변경)을 클릭하여 월드의 크기를 5×5로 만들고 프로그램 창에 다음과 같이 명령들을 입력하여 프로그램을 작성합니다.

프로그램

```
1    move( )     } 로봇을 앞으로 두 칸 이동시키기
2    move( )
3    turn_left( )  ◀······ 로봇을 왼쪽으로 90도 회전시키기
4    move( )     } 로봇을 앞으로 두 칸 이동시키기
5    move( )
6    turn_off( )  ◀······ 로봇의 동작을 종료하기
```

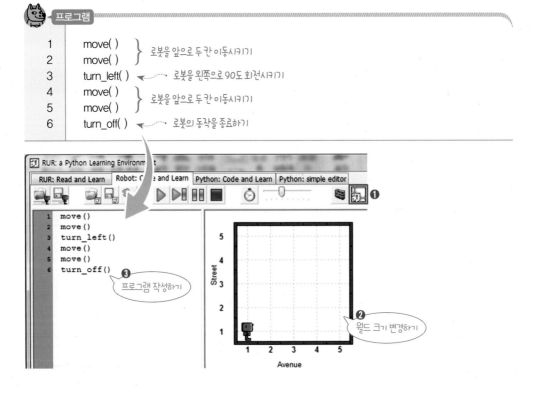

② 프로그램을 완성했으면 결과를 보기 위해 메뉴에서 ▷(실행하기)를 클릭합니다.

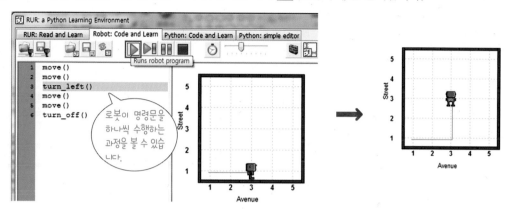

③ 메뉴에서 🖫(파일 저장) 버튼을 클릭하여 완성한 프로그램을 저장합니다. 이때 저장할 폴더를 선택하고 원하는 파일명을 입력하면 확장자는 자동으로 'rur'로 저장됩니다.

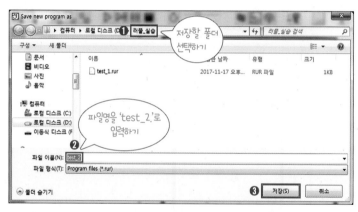

※ 여기서는 파일명을 'test_2'로 했지만 여러분이 임의로 지정할 수 있습니다.

실습 3 로봇이 이동하면서 월드에 있는 비퍼를 주워 다음 칸에 내려놓도록 해 봅시다.

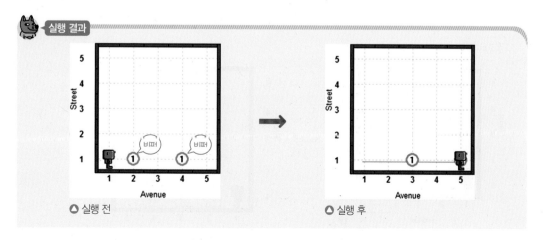

◎ 실행 전   ◎ 실행 후

비퍼가 뭐예요?

비퍼(beeper)는 월드에 배치할 수 있는 일종의 물건으로 비퍼를 월드에 직접 배치하거나 로봇에게 비퍼를 준 다음 원하는 작업을 시작할 수도 있습니다. 그러므로 로봇이 월드에 놓인 비퍼를 줍거나 로봇이 가지고 있는 비퍼를 월드에 내려놓도록 하는 명령들을 프로그램으로 작성하여 지시할 수 있습니다.

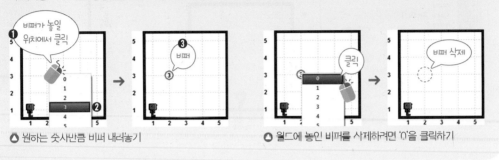

△ 원하는 숫자만큼 비퍼 내려놓기   △ 월드에 놓인 비퍼를 삭제하려면 '0'을 클릭하기

따라하기

1 먼저 비퍼 두 개를 내려놓아야 하므로 비퍼가 놓일 위치(2, 1)에서 마우스 오른쪽 버튼을 클릭하여 나오는 숫자들 중 '1'을 선택합니다.

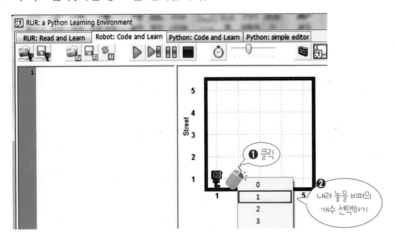

2 위와 같은 방법으로 두 번째 비퍼가 놓일 위치(4, 1)에서 숫자 '1'을 선택하여 두 개의 비퍼를 지정합니다.

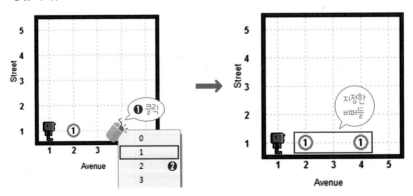

③ 로봇을 움직이기 위해 프로그램 창에서 다음과 같이 명령들을 입력하여 프로그램을 완성합니다.

프로그램

```
1  move( )           로봇을 앞으로 한 칸 이동하기
2  pick_beeper( )     현재 위치인 (1, 2)에 있는 비퍼 줍기
3  move( )            로봇을 앞으로 한 칸 이동하기
4  pick_beeper( )     현재 위치인 (1, 3)에 비퍼를 내려놓기
5  move( )            로봇을 앞으로 한 칸 이동하기
6  pick_beeper( )     현재 위치인 (1, 4)에 있는 비퍼 줍기
7  move( )            로봇을 앞으로 한 칸 이동하기
8  put_beeper( )      현재 위치인 (1, 5)에 비퍼를 내려놓기
9  turn_off( )        로봇의 동작을 종료하기
```

④ 메뉴에서 ▷(실행하기)를 클릭하여 프로그램이 제대로 실행되는지 확인합니다.

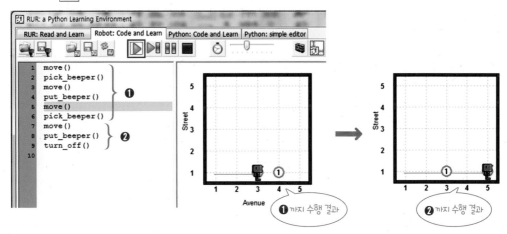

❶까지 수행 결과   ❷까지 수행 결과

⑤ 완성한 프로그램은 (파일 저장)을 클릭한 후 파일명을 'test_3.rur'로 저장합니다.

3 사용자 정의 함수를 만들어 호출하기

프로그램 작성자는 필요에 따라 러플에서 제공하는 내장 함수를 조합하거나 기능별로 필요한 명령들을 조합하여 임의로 함수를 정의하여 사용할 수 있는데, 이것을 사용자 정의 함수라고 합니다.

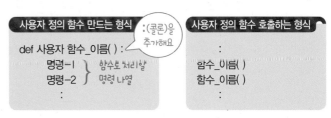

사용자 정의 함수 만드는 형식 : (콜론)을 추가해요

```
def 사용자 함수_이름( ) :
    명령-1      함수로 처리할
    명령-2      명령 나열
    :
```

사용자 정의 함수 호출하는 형식

```
함수_이름( )
함수_이름( )
:
```

※ 사용자 정의 함수 안의 명령들은 들여쓰기(보통 4칸의 공백)로 구분합니다. 이때 들여쓰기의 칸이 달라지면 지정한 함수의 명령이 아닌 다른 것으로 인식되므로 주의합니다.

프로그램에서 반복되는 특정 동작이나 기능을 사용자 정의 함수로 정의한 후 필요할 때마다 해당 함수를 호출하여 사용하면 더 효율적입니다.

사용자 정의 함수의 이름은 어떻게 지정하나요?

• 함수 이름은 알파벳, 숫자, _(언더스코어)만으로 정의할 수 있습니다.
• 함수 이름은 숫자로 시작할 수 없고, 공백은 사용할 수 없습니다.
• 러플에서 이미 명령문으로 제공하는 예약어(def, if, while 등)는 함수 이름으로 사용할 수 없습니다.

사용자 정의 함수를 만드는 것만으로는 함수의 내용을 실행할 수 없습니다. 사용자 정의 함수를 실행하기 위해서는 프로그램 내에서 지정한 '사용자 정의 함수 이름( )'으로 호출해야 합니다.

실습4 ▶ 21쪽의 **실습3** 에서 로봇이 한 칸 이동하고 비퍼를 내려놓는 동작을 사용자 정의 함수 put_out( )으로 정의해 봅시다.

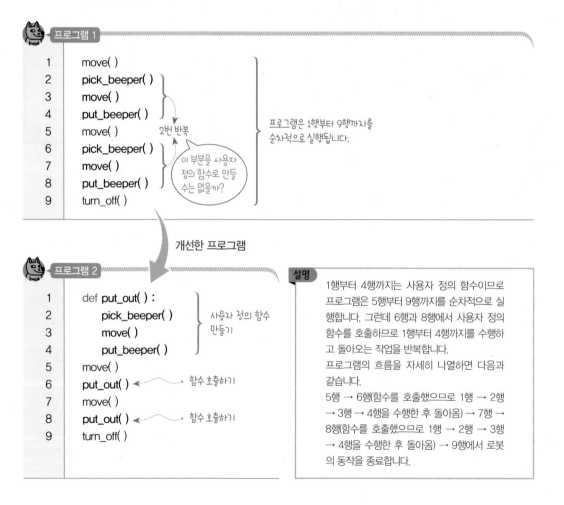

프로그램 1

```
1    move( )
2    pick_beeper( )
3    move( )
4    put_beeper( )
5    move( )
6    pick_beeper( )
7    move( )
8    put_beeper( )
9    turn_off( )
```

2번 반복

이 부분을 사용자 정의 함수로 만들 수는 없을까?

프로그램은 1행부터 9행까지를 순차적으로 실행됩니다.

개선한 프로그램

프로그램 2

```
1    def put_out( ) :
2        pick_beeper( )
3        move( )
4        put_beeper( )
5    move( )
6    put_out( )
7    move( )
8    put_out( )
9    turn_off( )
```

사용자 정의 함수 만들기

함수 호출하기

함수 호출하기

설명

1행부터 4행까지는 사용자 정의 함수이므로 프로그램은 5행부터 9행까지를 순차적으로 실행합니다. 그런데 6행과 8행에서 사용자 정의 함수를 호출하므로 1행부터 4행까지를 수행하고 돌아오는 작업을 반복합니다.
프로그램의 흐름을 자세히 나열하면 다음과 같습니다.
5행 → 6행(함수를 호출했으므로 1행 → 2행 → 3행 → 4행을 수행한 후 돌아옴) → 7행 → 8행(함수를 호출했으므로 1행 → 2행 → 3행 → 4행을 수행한 후 돌아옴) → 9행에서 로봇의 동작을 종료합니다.

실습5 로봇이 다음과 같이 움직일 때 오른쪽으로 회전하는 동작을 사용자 정의 함수 turn_right( )으로 정의해 봅시다.

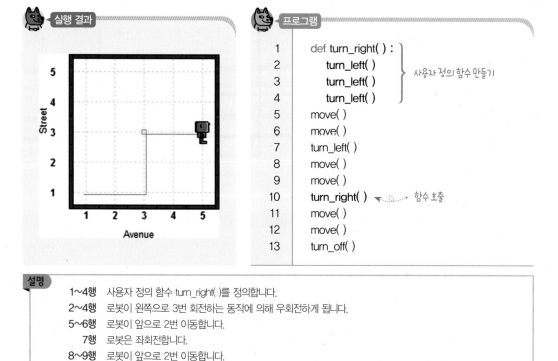

실행 결과

프로그램

```
1    def turn_right( ) :
2        turn_left( )          ┐
3        turn_left( )          │  사용자 정의 함수 만들기
4        turn_left( )          ┘
5    move( )
6    move( )
7    turn_left( )
8    move( )
9    move( )
10   turn_right( )    ←----- 함수 호출
11   move( )
12   move( )
13   turn_off( )
```

설명

1~4행	사용자 정의 함수 turn_right( )를 정의합니다.
2~4행	로봇이 왼쪽으로 3번 회전하는 동작에 의해 우회전하게 됩니다.
5~6행	로봇이 앞으로 2번 이동합니다.
7행	로봇은 좌회전합니다.
8~9행	로봇이 앞으로 2번 이동합니다.
10행	turn_right( ) 함수를 호출하면 2~4행을 수행하게 되어 로봇은 우회전하고 돌아옵니다.
11~12행	로봇이 앞으로 2번 이동합니다.
13행	로봇의 동작을 종료합니다.

※ 프로그램은 5행부터 13행까지 순서대로 실행되며, 프로그램 실행 중 10행에서 사용자 정의 함수 turn_right( )를 호출하면 1~4행을 수행하고 복귀하여 11행부터 13행까지 실행하고 프로그램을 종료합니다.

4 벽 만들기

메뉴에서 (벽 만들기)를 선택하여 월드 내에 벽을 만들면 로봇의 이동에 제약을 줄 수 있습니다.

실습6 8×8 월드에 벽을 만들었다가 삭제해 봅시다.

따라하기 1 메뉴에서 (월드 크기 변경)을 클릭하여 월드의 크기를 8×8로 만듭니다.

② 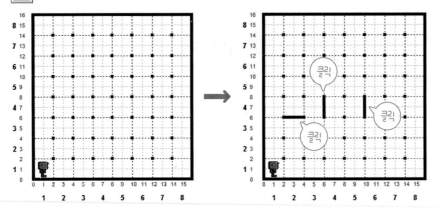(벽 만들기)를 클릭하면 화면에 점이 생기고 점 사이를 마우스로 클릭하면 벽이 생깁니다.

③ 생성된 벽을 클릭하면 벽이 사라지고, 다시 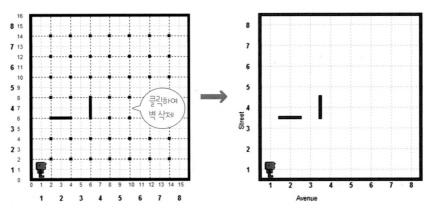(벽 만들기)를 클릭하면 화면의 점이 모두 사라지고 생성된 벽만 남게 됩니다.

해보기 다음과 같이 월드에 특정 벽들을 만들어 봅시다.

● 실행 결과

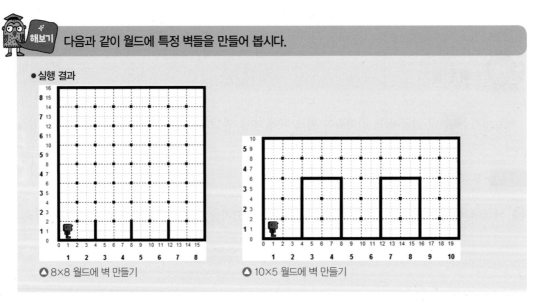

🔺 8×8 월드에 벽 만들기　　🔺 10×5 월드에 벽 만들기

5 월드 저장하기

원하는 모양의 월드를 만들고 필요할 때마다 재사용하려면 만든 월드를 저장해야 합니다.

실습7 ▶ 다음과 같은 월드를 만들고 'test_7.wld'로 저장해 봅시다.

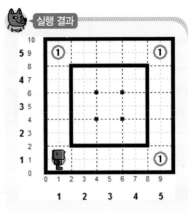

따라하기 ① 5×5 크기의 월드에 벽과 비퍼를 만들고 메뉴에서 🖫(월드 파일 저장)을 클릭합니다.

② 저장할 폴더 위치를 선택하고 파일명을 입력하면 확장자는 '.wld'로 저장됩니다.

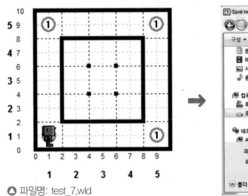

🔷 파일명: test_7.wld

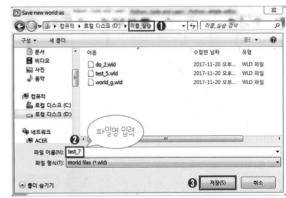

③ 러플 프로그램을 종료했다가 재실행한 후 메뉴에서 🖫(월드 파일 열기)를 클릭합니다. 러플 파일들이 저장된 폴더에서 'test_7.wld' 파일을 선택하고 [열기] 버튼을 클릭하여 해당월드가 열리는지 확인합니다.

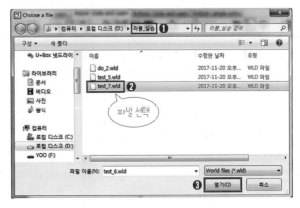

실습 8 벽이 있는 월드를 만들고 프로그램을 작성하여 로봇이 언덕을 넘도록 해 봅시다.

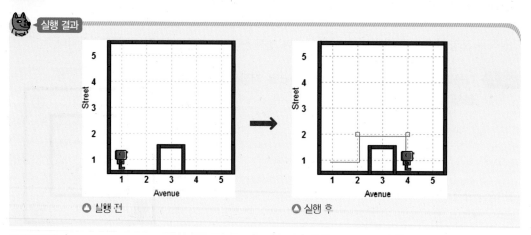

◎ 실행 전 　　　　　　　　　◎ 실행 후

처리 조건 로봇이 언덕을 넘을 때 오른쪽으로 회전하는 동작을 사용자 정의 함수 turn_right( )로 지정합니다.

따라하기
1 ▣(월드 크기 변경)을 클릭하여 월드의 크기는 5×5, ▦(벽 만들기)를 클릭하여 벽을 만듭니다.

2 다시 ▦(벽 만들기)를 클릭하면 월드 창에서 점이 사라지고 오른쪽과 같은 모양이 나옵니다.

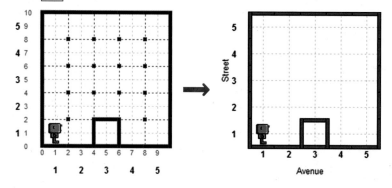

3 프로그램 창에서 프로그램을 작성합니다. 이때 사용자 정의 함수가 무엇을 위한 동작인지 '#'과 함께 설명문을 붙여 줄 수 있는 데 이것을 '주석문'이라고 합니다.

4 프로그램을 실행하여 원하는 결과가 나오는지 확인합니다.

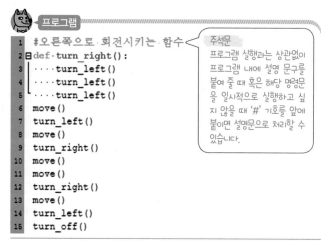

프로그램

```
1  #오른쪽으로·회전시키는·함수
2  def·turn_right():
3  ····turn_left()
4  ····turn_left()
5  ····turn_left()
6  move()
7  turn_left()
8  move()
9  turn_right()
10 move()
11 move()
12 turn_right()
13 move()
14 turn_left()
15 turn_off()
```

주석문
프로그램 실행과는 상관없이 프로그램 내에 설명 문구를 붙여 줄 때 혹은 해당 명령문을 일시적으로 실행하고 싶지 않을 때 '#' 기호를 앞에 붙이면 설명문으로 처리할 수 있습니다.

실습 9 다음과 같은 월드를 만들고 로봇이 시계 방향으로 회전하도록 해 봅시다.

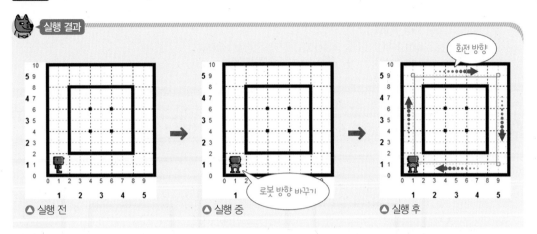

실행 결과

△ 실행 전   로봇 방향 바꾸기 △ 실행 중   회전 방향 △ 실행 후

처리 조건 • 로봇이 오른쪽으로 회전하는 동작을 사용자 정의 함수 turn_right( )로 정의합니다.
• 완성된 프로그램을 실행해 보고 더 효율적으로 개선할 수 있는 방법을 찾아 프로그램을 수정해 봅시다.

따라하기 1 로봇이 전진하다가 벽을 만나면 회전하면서 한 바퀴 도는 과정을 대략 설계하면 다음과 같습니다.

STEP 01 월드의 크기를 지정하고 벽 만들기

STEP 02 로봇이 우회전하는 동작을 사용자 정의 함수로 만들기

STEP 03 로봇이 전진할 방향 바라보기

STEP 04 벽을 마주할 때까지 전진하기

STEP 05 4면을 돌 때까지 우회전과 [STEP 04]를 반복하기

2 메뉴에서 🔲(월드 크기 변경)을 클릭하여 5×5 크기의 월드를 생성하고, 다시 🔲(벽 만들기)를 선택하여 벽을 만듭니다.

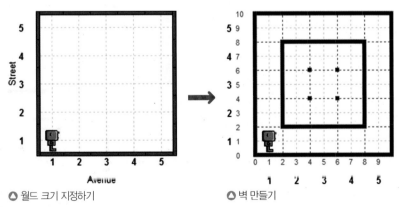

△ 월드 크기 지정하기   △ 벽 만들기

3 로봇이 시계 방향으로 한 바퀴 돌기 위해 오른쪽 방향으로 회전하는 동작이 자주 사용되므로 이 동작을 사용자 정의 함수 turn_right( )로 정의합니다.

```
1   #turn_right
2   def turn_right( ) :
3       turn_left( )
4       turn_left( )
5       turn_left( )
```

로봇이 오른쪽 방향으로 회전하기 위해서
왼쪽으로 도는 동작을 3번 반복하기

❹ 로봇이 전진할 방향을 바라볼 수 있도록 왼쪽으로 90도 회전하는 명령을 추가합니다.

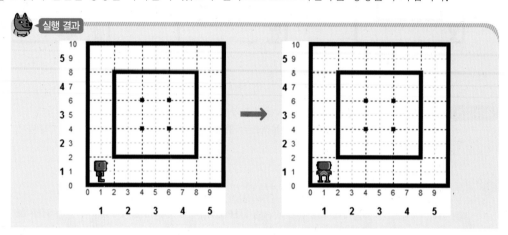

```
1   #turn_right
2   def turn_right( ) :
3       turn_left( )
4       turn_left( )
5       turn_left( )
6   turn_left( )
```

←---- 왼쪽으로 90도 회전하는 명령 추가

❺ 로봇이 4번 전진할 수 있도록 move( ) 명령을 4번 추가합니다.

```
1   #turn_right
2   def turn_right( ) :
3       turn_left( )
4       turn_left( )
5       turn_left( )
6   turn_left( )
7   move( )
8   move( )
9   move( )
10  move( )
```

4번 앞으로 전진하는 명령 추가

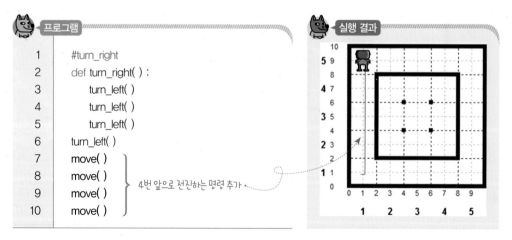

⑥ 로봇이 시계 방향으로 한 바퀴 돌 수 있도록 오른쪽으로 회전하는 사용자 정의 함수 'turn_right( )'를 추가한 후 다시 전진하는 동작을 반복하도록 합니다.

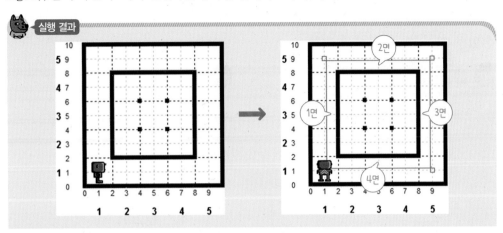

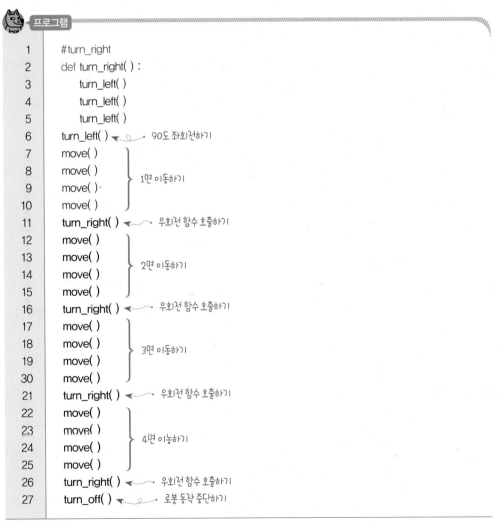

```
1    #turn_right
2    def turn_right( ) :
3        turn_left( )
4        turn_left( )
5        turn_left( )
6    turn_left( )  ◀······ 90도 좌회전하기
7    move( )  ┐
8    move( )  │
9    move( )  ├ 1면 이동하기
10   move( )  ┘
11   turn_right( )  ◀······ 우회전 함수 호출하기
12   move( )  ┐
13   move( )  │
14   move( )  ├ 2면 이동하기
15   move( )  ┘
16   turn_right( )  ◀······ 우회전 함수 호출하기
17   move( )  ┐
18   move( )  │
19   move( )  ├ 3면 이동하기
30   move( )  ┘
21   turn_right( )  ◀······ 우회전 함수 호출하기
22   move( )  ┐
23   move( )  │
24   move( )  ├ 4면 이동하기
25   move( )  ┘
26   turn_right( )  ◀······ 우회전 함수 호출하기
27   turn_off( )  ◀······ 로봇 동작 중단하기
```

실습10 완성된 프로그램을 살펴보고 더 효율적으로 개선해 봅시다.

31쪽의 프로그램을 살펴보면 7~11행의 'move( )~turn_right( )' 명령들이 4번 반복되고 있음을 알 수 있습니다. 이 부분을 사용자 정의 함수 'go( )'로 정의하여 사용하면 프로그램의 길이를 줄일 수 있습니다.

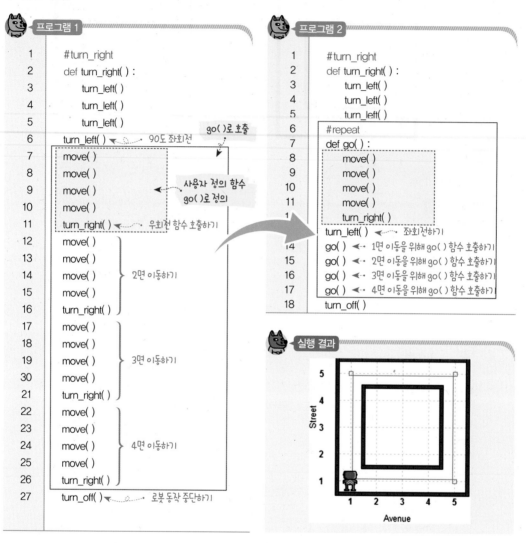

프로그램 1

```
1    #turn_right
2    def turn_right( ) :
3        turn_left( )
4        turn_left( )
5        turn_left( )
6        turn_left( )          90도 좌회전
7        move( )
8        move( )
9        move( )               사용자 정의 함수
10       move( )               go( )로 정의
11       turn_right( )         우회전 함수 호출하기
12       move( )
13       move( )
14       move( )      } 2면 이동하기
15       move( )
16       turn_right( )
17       move( )
18       move( )
19       move( )      } 3면 이동하기
30       move( )
21       turn_right( )
22       move( )
23       move( )
24       move( )      } 4면 이동하기
25       move( )
26       turn_right( )
27   turn_off( )      로봇 동작 중단하기
```
go( )로 호출

프로그램 2

```
1    #turn_right
2    def turn_right( ) :
3        turn_left( )
4        turn_left( )
5        turn_left( )
6    #repeat
7    def go( ) :
8        move( )
9        move( )
10       move( )
11       move( )
1        turn_right( )
     turn_left( )       좌회전하기
14   go( )     1면 이동을 위해 go( ) 함수 호출하기
15   go( )     2면 이동을 위해 go( ) 함수 호출하기
16   go( )     3면 이동을 위해 go( ) 함수 호출하기
17   go( )     4면 이동을 위해 go( ) 함수 호출하기
18   turn_off( )
```

실행 결과

러플에서 자주 사용하는 메뉴를 알아보아요.

- ▷ 프로그램을 실행할 때 사용합니다.
- ■ 프로그램 실행을 중단할 때 사용합니다.
- 로봇을 처음 출발점으로 이동할 때 사용합니다.

- 새로 만든 월드를 저장할 때 사용합니다.
- 러플로 작성한 프로그램을 저장할 때 사용합니다.

(비퍼 설정) 메뉴를 이용하면 로봇에게 비퍼를 줄 수 있습니다. 우리는 볼 수 없지만 로봇에게는 비퍼를 보관할 수 있는 가방이 있고, 이곳에 보관된 비퍼의 수는 화면 하단의 상태 창에서 확인할 수 있습니다.

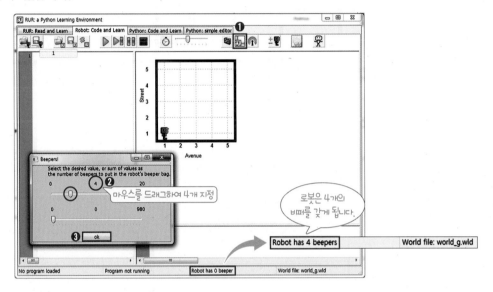

실습11 ▶ 로봇에게 비퍼 100개를 주는 작업을 해 봅시다.

따라하기 1 메뉴에서 (비퍼 설정)을 클릭하여 로봇에게 비퍼 100개를 지정한 후 [ok]를 클릭합니다.

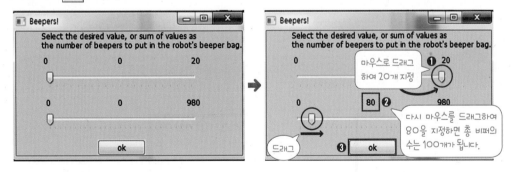

2 화면 하단의 상태 창에서 로봇이 보관하고 있는 비퍼의 수를 확인합니다.

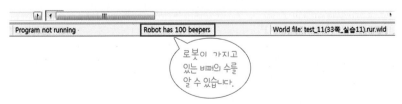

실습12 ▶ 5×5 크기의 월드에 비퍼들을 내려놓고 로봇이 이동하면서 비퍼들을 줍도록 해 봅시다.

실행 결과

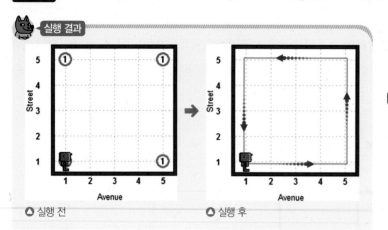

△ 실행 전　　　　　△ 실행 후

처리 조건

• 먼저 월드에 4개의 비퍼를 내려놓고 프로그램에서 pick_beeper( ) 함수를 이용하여 비퍼를 모두 줍도록 합니다.
• 로봇이 이동하면서 비퍼를 줍는 동작은 사용자 정의 함수 go( )로 정의하도록 합니다.

프로그램

```
1    def go( ) :
2        move( )
3        move( )
4        move( )
5        move( )
6        pick_beeper( )
7        turn_left( )
8    go( )
9    go( )
10   go( )
11   go( )
12   turn_off( )
```

사용자 정의 함수 go( )로 4칸 이동 후 비퍼를 줍고 좌회전하는 동작 정의하기 (lines 1–7)

사용자 정의 함수 go( )를 호출하여 2~7행에 있는 명령들을 실행하고 돌아오는 동작을 4번 반복하기 (lines 8–11)

로봇 동작을 종료하기 (line 12)

※ 만약 처음에 있는 비퍼를 줍고 이동하면서 나머지 비퍼들을 줍기 위해서는 6행과 2행의 명령문을 서로 바꾸면 됩니다.

해보기 로봇이 5×5 월드를 돌면서 다음과 같이 비퍼들을 내려놓도록 해 봅시다.

● 실행 결과

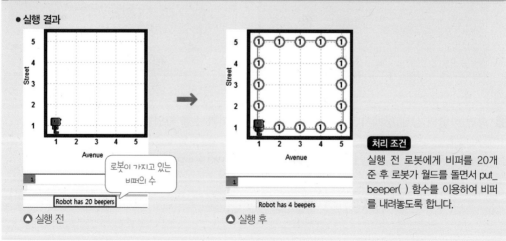

로봇이 가지고 있는 비퍼의 수

△ 실행 전　　　　　△ 실행 후

처리 조건

실행 전 로봇에게 비퍼를 20개 준 후 로봇가 월드를 돌면서 put_beeper( ) 함수를 이용하여 비퍼를 내려놓도록 합니다.

7 반복 함수 repeat( )

여러 번 반복되는 함수를 repeat( ) 함수로 묶어서 표현하면
프로그램의 길이를 줄일 수 있습니다.

형식

repeat(반복할 함수명, 반복 횟수)

※ 반복할 함수명 뒤에는 '( )'를 생략합니다.

실습 13 ▶ 32쪽 **실습 10** 의 프로그램에서 여러 번 반복되는 부분을 repeat( ) 함수를 사용하여 프로그램의
길이를 줄여 봅시다.

따라하기 1 3~5행의 'turn_left( )' 함수가 3번 반복되는 부분을
'repeat(move, 3)'으로 변경합니다.

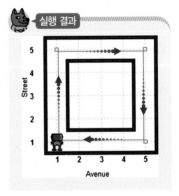
실행 결과

2 8~11행의 'move( )' 함수가 4번 반복되는 부분을 'repeat(move, 4)'로 변경합니다.

3 14~17행의 'go( )' 함수가 4번 반복되는 부분을 'repeat(go, 4)'로 변경하면, 다음과 같이 프로
그램의 길이가 많이 줄어든 것을 볼 수 있습니다.

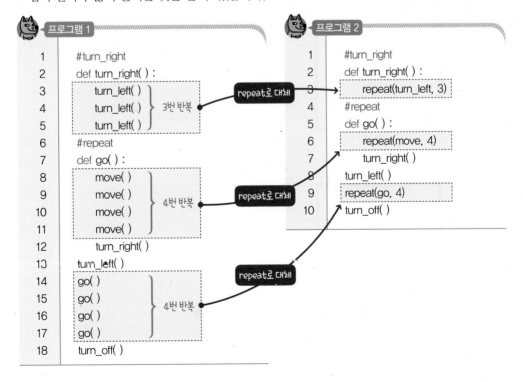

1 다음과 같이 5×5 월드에 비퍼들을 내려놓고 다시 모든
비퍼들을 수거해 봅시다.

실행 결과

힌트 비퍼를 내려놓을 위치로 마우스 포인터를 가
져다 놓고, 마우스 오른쪽 버튼을 누르면 나
오는 숫자들을 선택하여 비퍼를 생성합니다.

2 다음과 같이 5×5 월드에서 로봇이 일정 거리만큼 이동했다가 되돌아오도록 프로그램을 만들어
봅시다.

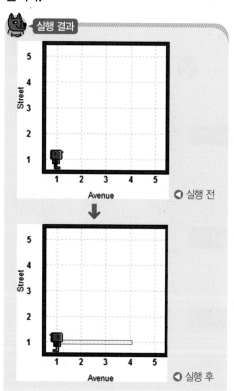

실행 결과

◀ 실행 전

◀ 실행 후

처리 조건

• 뒤로 도는 동작은 사용자 정의 함수 turn_around( )로
정의해 봅시다.

3 다음 처리 조건 을 만족하는 프로그램을 만들어 봅시다.

실행 결과

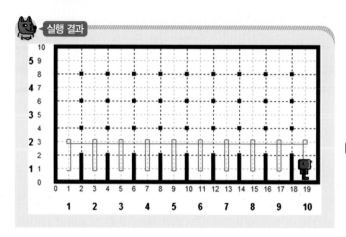

처리 조건

• 월드의 크기를 10×5로 생성하고, 벽을 만든 후 사용자 정의 함수 jump( )를 만들어 로봇이 허들(벽)을 넘도록 해 봅시다.

4 다음 처리 조건 을 만족하는 프로그램을 만들어 봅시다.

실행 결과

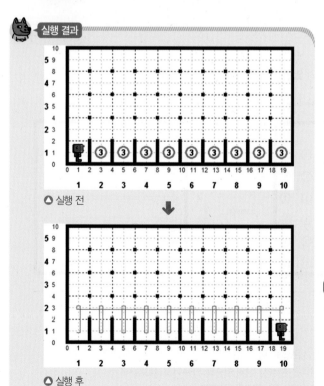

○ 실행 전

○ 실행 후

처리 조건

• 월드의 크기를 10×5로 생성하고, 각 벽 사이에 비퍼를 추가합니다.
• 로봇이 허들(벽)을 넘는 동작은 사용자 정의 함수 jump( )로 만들고 반복되는 명령은 repeat( ) 함수를 사용하여 프로그램의 길이를 줄이도록 합니다.

미션 따라 하면서
명령문 익히기

활동 목표
- 변수와 연산자를 이해하여 프로그램에 활용할 수 있다.
- 선택문과 반복문을 이해하여 프로그램에 활용할 수 있다.
- 탐지 명령어의 종류 및 쓰임을 이해하여 다양한 문제를 해결할 수 있다.

주어진 미션을 따라 하면서 프로그램에 필요한 각종 러플 명령문들을 알아봅시다. '러플 기본 익히기'에서 배운 내용을 바탕으로 프로그램 내부에 저장되어 있는 러플 월드 맵을 이용하여 다양한 미션을 해결해 봅시다.

 벼 수확하기

실습1 로봇을 통해 7×7 월드에 널려 있는 잘 익은 비퍼 벼들을 수확해 봅시다.

실행 결과

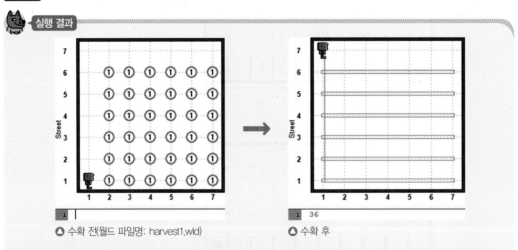

⬆ 수확 전(월드 파일명: harvest1.wld)   ⬆ 수확 후

처리 조건
- 월드 파일은 러플을 설치하면 기본으로 제공되는 파일 중 'harvest1.wld'를 불러 옵니다.
- 로봇이 비퍼 벼를 수확하는 작업은 사용자 정의 함수를 만들어서 처리합니다.
- 출력 창에는 로봇이 수확한 총 비퍼 벼의 개수를 안내합니다.

따라하기 ①
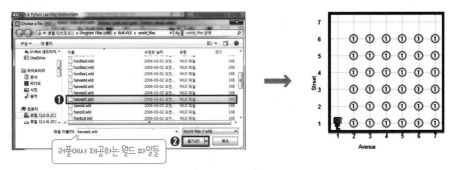 (월드 파일 열기)를 클릭하면 나오는 월드 파일 중 'harvest1.wld'를 선택하고 [열기]를 클릭합니다.

② 로봇이 한 칸 이동한 후 비퍼 벼를 수확하는 작업을 사용자 정의 함수 gather( )로 만듭니다.

③ 로봇이 한 줄의 비퍼 벼를 모두 수확하고 돌아오는 작업을 사용자 정의 함수 oneRow( )로 만듭니다.

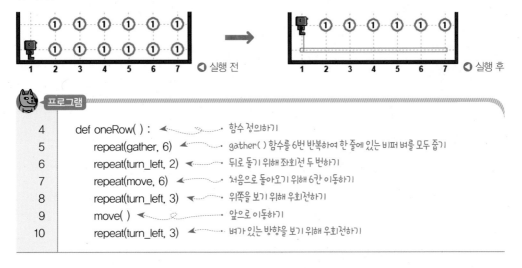

④ 정의한 oneRow( ) 함수를 6번 반복하면 로봇이 모든 비퍼 벼를 수확하지만 몇 개의 벼를 수확했는지는 알 수 없습니다. 러플에서는 숫자 또는 특정 글자를 저장할 때 변수를 사용합니다. 따라서 수확한 비퍼 벼의 수를 저장할 변수를 설정하고, 비퍼 벼를 하나씩 수확할 때마다 해당 변수의 값을 1씩 누적하면 전체 비퍼 벼의 수를 구할 수 있습니다.

변수와 연산자는 어떻게 사용하나요?

❶ 변수

• 변수는 특정 숫자나 글자 등의 자료를 저장할 수 있는 기억 공간입니다.

• 변수에 저장된 숫자로 사칙 연산을 하거나 저장된 문자를 찾는 등의 작업을 할 수 있습니다.

• 변수는 사용자 임의로 이름을 붙여 사용할 수 있는데 이것을 변수명이라고 합니다. 변수명을 작성하는 규칙은 다음과 같습니다.

– 변수명은 한글, 영문, 숫자, 언더스코어(_)만으로 만듭니다.

– 변수명의 첫 글자는 숫자를 사용할 수 없습니다.

옳은 예 abc, g12, k_1 등   **틀린 예** 3b, f_%

– 변수명에서 영어 대문자와 소문자는 각각 별개로 구분하여 사용합니다.

예 hap, HAP ← 각각의 변수로 사용됩니다.

– 러플에서 지정된 예약어(move, turn_left, def, while, for)는 변수명으로 사용할 수 없습니다.

❷ 대입 연산자

변수에 원하는 값을 대입할 때 사용합니다. 형식에서 '='을 기준으로 오른쪽의 값(상수 또는 수식, 변수 등)을 왼쪽 변수에 대입, 즉 기억시킵니다.

형식 ▶ 변수 = 상수 또는 수식, 변수

예 b = 10   ← 숫자 상수 10을 변수 b에 기억시킵니다.

   a = b + 25   ← 변수 b에 기억된 값에 숫자 상수 25를 더한 후 그 값을 변수 a에 기억시킵니다.

❸ 지역 변수와 전역 변수

• 프로그램에서 변수를 선언하는 위치에 따라 지역 변수와 전역 변수로 나눌 수 있습니다

• 지역 변수는 함수 또는 특정 범위 내에서만 활용할 수 있고, 전역 변수는 프로그램 전체에서 활용할 수 있습니다.

• 함수 밖에서 선언한 전역 변수를 함수 내에서 사용하기 위해서는 'global'문과 함께 변수를 선언해야 전역 변수로 사용할 수 있습니다.

예 전역 변수 사용의 틀린 예와 옳은 예

틀린 예

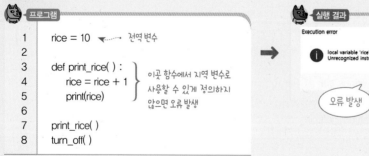

프로그램

```
1    rice = 10   ◀--- 전역 변수
2
3    def print_rice( ) :      ⎫ 이곳 함수에서 지역 변수로
4        rice = rice + 1      ⎬ 사용할 수 있게 정의하지
5        print(rice)          ⎭ 않으면 오류 발생
6
7    print_rice( )
8    turn_off( )
```

실행 결과

Execution error   ✕

ⓘ local variable 'rice' referenced before assignment
   Unrecognized instruction.

확인

오류 발생

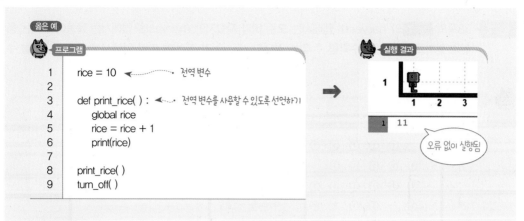

옳은 예

프로그램

```
1    rice = 10          ←········ 전역 변수
2
3    def print_rice( ) :   ←···· 전역 변수를 사용할 수 있도록 선언하기
4        global rice
5        rice = rice + 1
6        print(rice)
7
8    print_rice( )
9    turn_off( )
```

실행 결과

오류 없이 실행됨

❹ 산술 연산자

• 덧셈, 뺄셈, 곱셈, 나눗셈 등의 산술 연산을 할 때 필요한 연산자입니다.

• 산술 연산자의 종류

※ a=19, b=4일 때

연산자	의미	사용 예	설명	결과
+	덧셈	a + b	두 수의 합을 구합니다.	$19 + 4 \rightarrow 23$
−	뺄셈	a − b	a에서 b를 뺀 값을 구합니다.	$19 - 4 \rightarrow 15$
*	곱셈	a * b	두 수를 곱한 값을 구합니다.	$19 \times 4 \rightarrow 76$
/	나눗셈	a / b	a를 b로 나눈 값을 구합니다.	$19 / 4 \rightarrow 4.75$
**	거듭제곱	b ** 3	a를 3번 곱한 값 즉, 거듭제곱한 값을 구합니다.	$4 ** 3 \rightarrow 64$
//	몫	a // b	a를 b로 나누었을 때의 몫을 구합니다.	$19 // 3 \rightarrow 4$
%	나머지	a % b	a를 b로 나누었을 때의 나머지 값을 구합니다.	$19 \% 3 \rightarrow 3$

❺ 다음과 같이 명령들을 추가하여 프로그램을 완성합니다.

프로그램

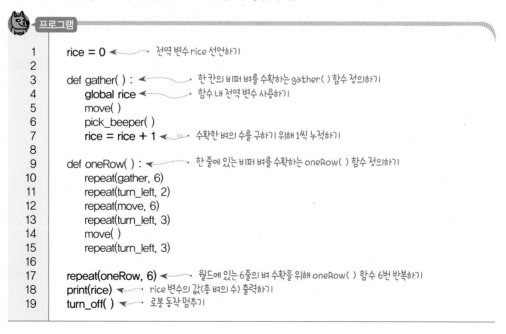

```
1    rice = 0          ←······ 전역 변수 rice 선언하기
2
3    def gather( ) :     ←········ 한 칸의 비퍼 벼를 수확하는 gather( ) 함수 정의하기
4        global rice    ←········ 함수 내 전역 변수 사용하기
5        move( )
6        pick_beeper( )
7        rice = rice + 1  ←···· 수확한 벼의 수를 구하기 위해 1씩 누적하기
8
9    def oneRow( ) :    ←····· 한 줄에 있는 비퍼 벼를 수확하는 oneRow( ) 함수 정의하기
10       repeat(gather, 6)
11       repeat(turn_left, 2)
12       repeat(move, 6)
13       repeat(turn_left, 3)
14       move( )
15       repeat(turn_left, 3)
16
17   repeat(oneRow, 6)   ←····· 월드에 있는 6줄의 벼 수확을 위해 oneRow( ) 함수 6번 반복하기
18   print(rice)         ←···· rice 변수의 값(총 벼의 수) 출력하기
19   turn_off( )         ←···· 로봇 동작 멈추기
```

실습2 38쪽의 실습1 의 'harvest1' 맵에서는 모든 벼가 자랐지만, 'harvest3' 맵에서는 폭풍이나 기온 등 환경 변화로 일부 벼를 수확할 수 없는 상태입니다. [처리 조건]에 따라 앞에서 만든 프로그램을 수정해 봅시다.

실행 결과

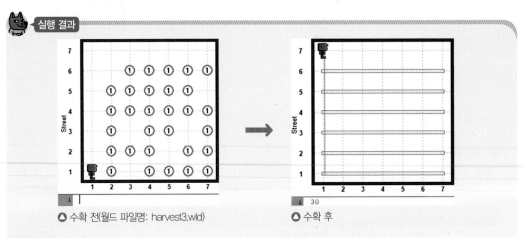

△ 수확 전(월드 파일명: harvest3.wld)　　　　△ 수확 후

처리 조건 로봇이 지나는 곳에 비퍼 벼가 있으면 벼를 수확하고, 그렇지 않으면 다음으로 이동합니다.

❶ (월드 파일 열기)를 클릭하면 나오는 월드 파일 중 'harvest3.wld'를 다음과 같이 열기 합니다.

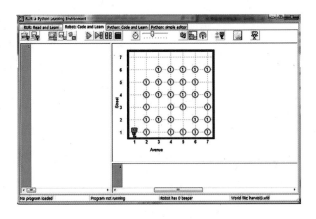

❷ 'harvest1' 맵과는 달리 월드 곳곳에 비퍼 벼가 없는 곳이 있습니다. 따라서 로봇이 지나는 곳에 비퍼 벼의 유무를 묻고 그에 따른 작업을 실행할 수 있도록 선택문을 추가합니다.

　　　선택문과 비교 연산자는 어떻게 사용하나요?

❶ 선택문(또는 조건문)
• 주어진 조건에 따라 특정 명령의 실행 여부를 선택할 수 있는 것으로 if문이 있습니다.
• if문: 조건이 'True(참)'이면 들여쓰기 안의 명령_1, 명령_2…들을 실행하고, 'False(거짓)'이면 들여쓰기 안의 명령들을 실행하지 않습니다.

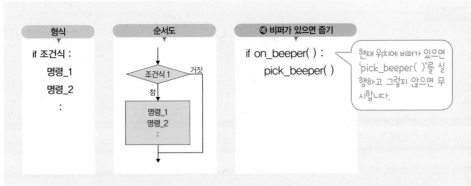

| 형식 | 순서도 | ⑩ 비퍼가 있으면 줍기 |

형식

if 조건식 :
　　명령_1
　　명령_2
　　　:

순서도

조건식 1 / 거짓
참
명령_1
명령_2
　　:

⑩ 비퍼가 있으면 줍기

if on_beeper( ) :
　　pick_beeper( )

> 현재 위치에 비퍼가 있으면 'pick_beeper( )'를 실행하고 그렇지 않으면 무시합니다.

• on_beeper( ): 현재 로봇의 위치에 비퍼가 있으면 'True(참)', 없으면 'False(거짓)'임을 알려 주는 상태 함수입니다.

❷ 비교 연산자

　두 값을 비교하여 참/거짓을 판단할 때 사용하는 연산자로, 선택문이나 반복문 등의 조건에서 값의 크기를 비교할 때 많이 사용합니다.

• 비교 연산자의 종류　　　　　　　　　　　　　　　　　　　　　　※ a=19, b=4일 때 비교 연산 수행

연산자	의미	사용 예	설명	결과
>	크다	a > b	a가 b보다 큰지를 비교합니다.	19 > 4 → 참
<	작다	a < b	a가 b보다 작은지를 비교합니다.	19 < 4 → 거짓
>=	크거나 같다	a >= b	a가 b보다 크거나 같은지를 비교합니다.	19 >= 4 → 참
<=	작거나 같다	a <= b	a가 b보다 작거나 같은지를 비교합니다.	19 <= 4 → 거짓
==	같다	a == b	a와 b가 서로 같은지를 비교합니다.	19 == 4 → 거짓
!=	서로 다르다	a != b	a와 b가 서로 다른지를 비교합니다.	19 != 4 → 참

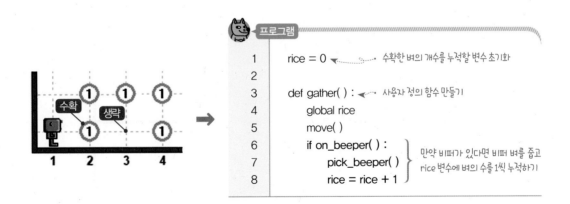

프로그램

```
1    rice = 0          수확한 벼의 개수를 누적할 변수 초기화
2
3    def gather( ) :     사용자 정의 함수 만들기
4        global rice
5        move( )
6        if on_beeper( ) :      만약 비퍼가 있다면 비퍼 벼를 줍고
7            pick_beeper( )      rice 변수에 벼의 수를 1씩 누적하기
8            rice = rice + 1
```

❸　다음과 같이 프로그램을 수정하여 완성합니다. 프로그램은 1행을 실행하고 18행으로 이동하여 oneRow( ) 함수를 6번 호출하여 10행에 속한 명령들 즉, 11~16행을 반복하면서 벼 비퍼를 수확한 후 19행으로 이동하여 수확한 총 비퍼 벼의 수를 출력하고 프로그램을 종료합니다.

```
1    rice = 0              ◀┄┄┄┄┄    전역 변수 rice를 선언하고 0으로 초기화하기
2
3    def gather( ) :       ◀┄┄┄┄┄    비퍼 벼를 줍기 위한 사용자 정의 함수 선언하기
4        global rice
5        move( )                       로봇이 지나는 곳에 비퍼가 있으면 if문의 조건 결과는 참이 되
6        if on_beeper( ) :  ◀┄┄┄┄┄    어 7~8행을 수행하고, 그렇지 않으면 7~8행을 무시하기
7            pick_beeper( )  ◀┄┄┄┄┄   로봇이 비퍼 벼를 수확하기
8            rice = rice + 1 ◀┄┄┄┄┄   벼를 수확할 때마다 rice 변수의 값을 1씩 증가하기
9
10   def oneRow( ) :        ◀┄┄┄┄┄    한 줄에 있는 비퍼 벼를 수확하는 oneRow 함수 선언하기
11       repeat(gather, 6)
12       repeat(turn_left, 2)
13       repeat(move, 6)
14       repeat(turn_left, 3)
15       move( )
16       repeat(turn_left, 3)
17
18   repeat(oneRow, 6)
19   print(rice)
20   turn_off( )
```

② 둘레길 산책하기

실습3 ▶ 다양한 크기의 월드를 로봇이 산책하도록 해 봅시다.

실행 결과

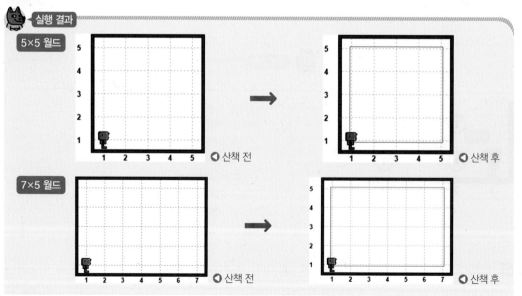

처리 조건 사방의 벽은 로봇이 가지고 있는 탐지 센서가 감지하도록 합니다.

① (월드 파일 열기)를 클릭하면 나오는 월드 파일 중 'amazing1.wld'를 열기 합니다.

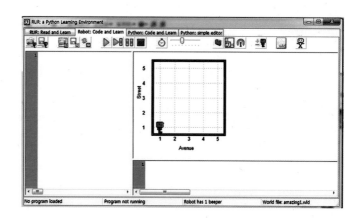

② 로봇 몸에는 다음과 같이 앞쪽, 왼쪽, 오른쪽에 벽이 있는지를 탐지하는 센서가 있습니다.

탐지 함수에는 어떤 것이 있나요?

다양한 센서를 갖고 있는 로봇은 주변 상태를 감지할 수 있습니다. 이때 사용하는 탐지 함수의 종류는 다음과 같습니다.

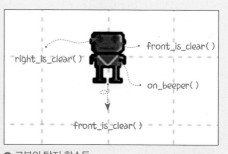

❍ 로봇의 탐지 함수들

• 탐지 함수의 종류

구분	의미
front_is_clear( )	로봇의 앞쪽에 벽이 없으면 True(참), 벽이 있으면 False(거짓)를 출력합니다.
right_is_clear( )	로봇의 오른쪽에 벽이 없으면 True(참), 벽이 있으면 False(거짓)를 출력합니다.
left_is_clear( )	로봇의 왼쪽에 벽이 없으면 True(참), 벽이 있으면 False(거짓)를 출력합니다.
on_beeper( )	로봇이 있는 위치에 비퍼가 있으면 True(참), 비퍼가 없으면 False(거짓)를 출력합니다.
carries_beepers( )	로봇이 비퍼를 갖고 있는지 확인하는 기능으로 로봇이 비퍼를 갖고 있으면 True(참), 비퍼를 갖고 있지 않으면 False(거짓)를 출력합니다.

③ 로봇이 둘레길을 산책하다가 벽을 만나면 좌회전하는 작업을 반복문으로 표현해 보겠습니다. 먼저 반복문에 대해 알아보고 명령을 입력하도록 합니다.

반복문은 어떻게 사용하나요?

- 원하는 횟수 또는 조건에 따라 특정 명령들을 반복할 수 있는 구조로 repeat문, for문, while문 등이 있습니다.
- repeat문: 함수나 명령을 지정된 횟수만큼 반복 실행합니다.
- for문: 지정한 숫자나 글자만큼 특정 명령들을 반복 실행합니다.
- while문: 조건이 'True(참)'인 동안 들여쓰기 안의 명령_1, 명령_2,…를 반복 실행합니다.

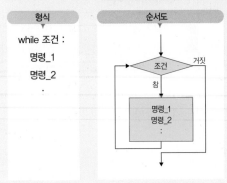

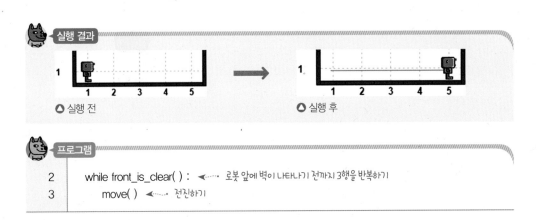

○ 실행 전   ○ 실행 후

프로그램

```
2    while front_is_clear( ) :  ◀┈┈┈ 로봇 앞에 벽이 나타나기 전까지 3행을 반복하기
3        move( )  ◀┈┈┈ 전진하기
```

④ 벽이 나오기 전까지 이동하다가 벽이 나오면 좌회전하는 동작을 walk( ) 함수로 만들면 다음과 같습니다.

프로그램

```
1    def walk( ) :  ◀┈┈┈ walk( ) 함수 정의하기
2        while front_is_clear( ) : ⎫
3            move( )              ⎬ 앞에 벽이 없는 동안 전진하기
                                  ⎭
4        turn_left( )  ◀┈┈┈ 벽이 나오면 좌회전하기
```

⑤ 위 작업을 4회 반복하면 둘레길 전체를 모두 산책할 수 있습니다. 프로그램을 완성해 봅시다.

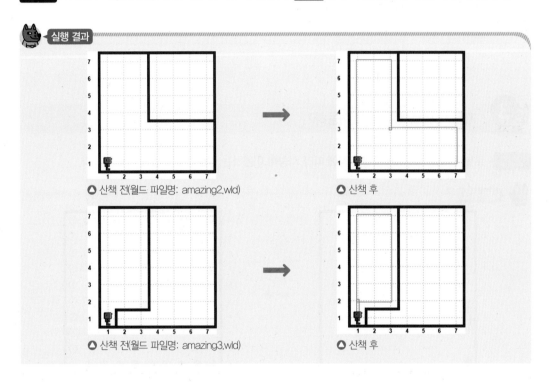

프로그램

```
1    def walk( ) :
2        while front_is_clear( ) :
3            move( )
4        turn_left( )
5
6    repeat(walk, 4)    ◄------- walk( ) 함수를 4회 호출하기
7    turn_off( )    ◄------------- 로봇의 동작 종료하기
```

실습 4 로봇이 다양한 모양의 월드를 산책할 수 있도록 **실습 3** 에서 작성한 프로그램을 수정해 봅시다.

실행 결과

▲ 산책 전(월드 파일명: amazing2.wld)   ▲ 산책 후

▲ 산책 전(월드 파일명: amazing3.wld)   ▲ 산책 후

따라하기

① 🖼️(월드 파일 열기)를 클릭하여 'amazing2.wld', 'amazing3.wld' 파일을 각각 불러와 아래에서 만든 프로그램을 실행해 봅니다.

② 'amazing2'와 'amazing3'의 월드를 살펴보면 중간에 꺾인 부분이 있으므로 로봇이 이동 중 오른쪽에 벽이 있는지를 확인하여 이동 방향을 조절하는 조건문을 추가합니다.

프로그램

```
3    if right_is_clear( ) :        } 오른쪽에 벽이 없을 때만 우회전하기
4        repeat(turn_left, 3)
5    move( )    ◄------- 이동하기
```

❸ 47쪽의 프로그램을 수정하여 완성하면 다음과 같습니다.

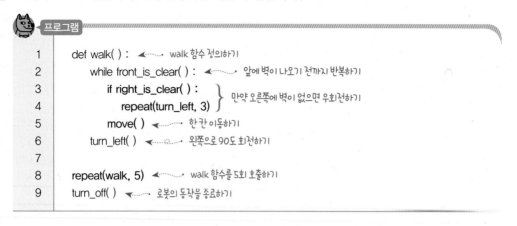

```
1    def walk( ):          ◄┄┄┄► walk 함수 정의하기
2        while front_is_clear( ) :   ◄┄┄┄► 앞에 벽이 나오기 전까지 반복하기
3            if right_is_clear( ) :    ┐
4                repeat(turn_left, 3)  ├ 만약 오른쪽에 벽이 없으면 우회전하기
                                       ┘
5            move( )       ◄┄┄┄► 한 칸 이동하기
6        turn_left( )      ◄┄┄┄► 왼쪽으로 90도 회전하기
7
8    repeat(walk, 5)       ◄┄┄┄► walk 함수를 5회 호출하기
9    turn_off( )           ◄┄┄┄► 로봇의 동작을 종료하기
```

❸ 자동차 연료 주유하고 이동하기

실습5 ► 로봇 주유소에서 입력한 연료량에 따라 차량이 이동하는 경로나 거리를 표시해 봅시다.

실행 결과

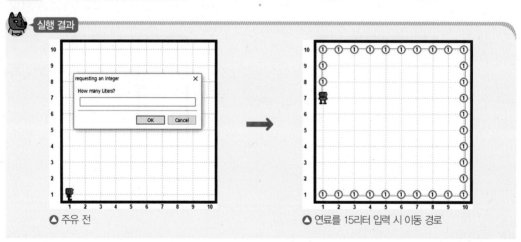

◐ 주유 전   ◐ 연료를 15리터 입력 시 이동 경로

처리 조건 • 주유 연료량은 최대 18리터까지 입력할 수 있으며 로봇은 1리터마다 2칸을 이동할 수 있습니다. 또한 로봇
이 최대로 이동할 수 있는 칸은 36입니다.
• 로봇에게 비퍼를 670개 이상 준 후 진행하도록 합니다.

따라하기
❶ 월드의 크기는 10×10으로 합니다. 🔲(비퍼 설정)으로 로봇에게 비퍼를 670개 이상 준 다음
🔲(월드 저장하기)를 클릭, 파일명을 'car01.wld'로 하여 월드를 저장합니다.

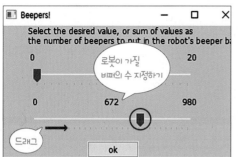
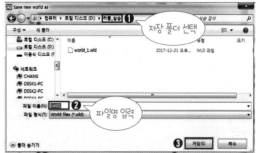

2 "How many Liters?"라는 메시지와 함께 주유할 연료의 양을 숫자로 입력받아 fuel 변수에 저장합니다. 이때 입력문의 형식은 다음과 같습니다.

입력문은 어떻게 사용하나요?

러플 명령문 중 키보드로 숫자를 입력할 때는 'input_int', 문자를 입력할 때는 'input_string'문을 사용합니다.

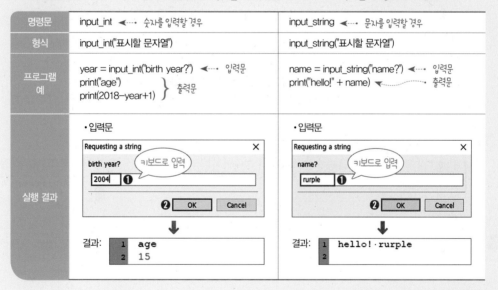

명령문	input_int ◀······ 숫자를 입력할 경우	input_string ◀······ 문자를 입력할 경우
형식	input_int("표시할 문자열")	input_string("표시할 문자열")
프로그램 예	year = input_int("birth year?") ◀······ 입력문 print("age") print(2018−year+1) } 출력문	name = input_string("name?") ◀······ 입력문 print("hello!" + name) ◀······ 출력문

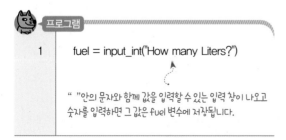

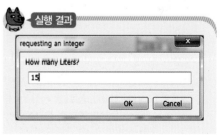

1 fuel = input_int("How many Liters?")

" "안의 문자와 함께 값을 입력할 수 있는 입력 창이 나오고 숫자를 입력하면 그 값은 fuel 변수에 저장됩니다.

3 로봇이 지정한 월드에서 이동할 수 있는 최대 칸은 36까지 그리고 연료량 최대의 입력값은 18 이하로 조절하려고 합니다. 따라서 입력 연료량이 18리터를 초과할 경우 오류로 처리하기 위해서는 if~else문이 필요합니다.

if~else문은 어떻게 사용하나요?

- 단순 if문은 조건에 따라 해당 명령문을 실행할지 말지를 결정하지만 두 개의 조건 중 하나를 반드시 선택하여 처리해야 할 경우에는 if~else문을 사용합니다.
- 조건이 'True(참)'이면 '명령_1'을, 조건이 '거짓'이면 '명령_2'를 실행합니다.

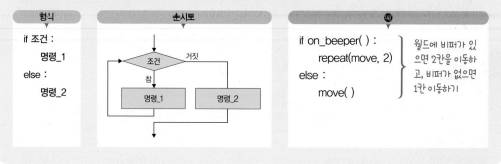

형식	순서도	예

```
if 조건 :
    명령_1
else :
    명령_2
```

```
if on_beeper( ) :
    repeat(move, 2)
else :
    move( )
```
월드에 비퍼가 있으면 2칸을 이동하고, 비퍼가 없으면 1칸 이동하기

프로그램

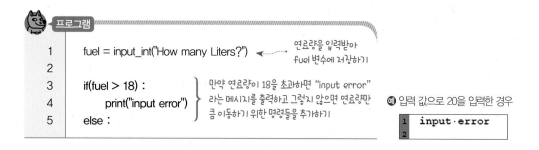

```
1   fuel = input_int("How many Liters?")     연료량을 입력받아
2                                            fuel 변수에 저장하기
3   if(fuel > 18) :
4       print("input error")
5   else :
```
만약 연료량이 18을 초과하면 "input error"라는 메시지를 출력하고 그렇지 않으면 연료량만큼 이동하기 위한 명령들을 추가하기

예 입력 값으로 20을 입력한 경우
```
1   input error
2
```

4 18리터 이하의 연료량이 입력되면 '연료량×2칸'만큼 이동합니다. 그리고 이동 중 벽을 만나면 좌회전할 수 있도록 명령을 추가합니다.

range 함수와 for문, 논리 연산자는 어떻게 사용하나요?

❶ range 함수
- 원하는 범위의 수에서 원하는 수만큼 증가 또는 감소하면서 숫자들의 리스트를 만듭니다.

형식 1 ▶ range(종료값): 0~'종료값-1'까지의 숫자를 만듭니다. **예** range(5) → [0, 1, 2, 3, 4]
형식 2 ▶ range(시작값, 종료값): 시작값~'종료값-1'까지의 숫자를 만듭니다. **예** range(1, 5) → [1, 2, 3, 4]
형식 3 ▶ range(초깃값, 종료값, 증감값): 시작값~'종료값-1'까지의 숫자를 '증감값' 간격으로 숫자를 만듭니다.
　　　　　예 range(5, 0, -2) → [5, 3, 1]

❷ for문

- 원하는 범위의 수를 원하는 수만큼 증가 또는 감소하면
  서 특정 명령들을 반복 실행합니다.

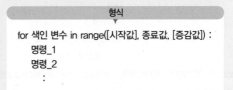

형식

for 색인 변수 in range([시작값], 종료값, [증감값]) :
    명령_1
    명령_2
        ⋮

- for문에서 시작값과 증감값은 필요에 따라 생략할 수 있습니다.

📌 for문의 색인 변수 i값은 0부터 '입력값-1'까지 1씩 증가하면서 특정 명령을 반복 실행하는 경우

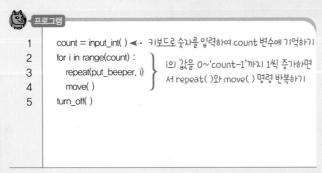

```
1    count = input_int( )    ◄ 키보드로 숫자를 입력하여 count 변수에 기억하기
2    for i in range(count) :
3        repeat(put_beeper, i)      i의 값을 0~'count-1'까지 1씩 증가하면
4        move( )                    서 repeat( )과 move( ) 명령 반복하기
5    turn_off( )
```

❸ 논리 연산자

- 비교 연산자처럼 조건식을 비교하여 참/거짓을 판단합니다.
- 논리 연산자의 종류

연산자	의미	사용 예	의미
and	그리고	a > b and b == 4	and를 기준으로 양쪽의 조건이 모두 만족하면(참) 전체의 값은 참이 됩니다.
or	또는	a > b or b == 4	or를 기준으로 두 조건 중 하나 이상이 만족하면(참) 전체의 값은 참이 됩니다.
not	부정	not(a == b)	참과 거짓을 반대로 바꾸는 연산자로 비교 연산자 'a == b'의 값이 서로 같으면 참이지만 전체 값은 거짓이 됩니다.

📌 a = 19, b = 4일 때 다음의 논리 연산을 수행해 봅시다.

a > b and b == 4: 19 > 4 and 4 == 4 → '참 and 참'이므로 전체 결괏값은 '참'입니다.

a <= 24 or b > 10: 19 <= 24 or 4 > 10 → '참 or 거짓'이므로 전체 결괏값은 '참'입니다.

not(a == b): not(19 == 4) → not(거짓)이므로 전체 결괏값은 '참'입니다.

not on_beeper( ): '비퍼가 없으면'이라는 의미로 사용됩니다.

❺ 명령을 추가하여 프로그램을 완성하면 다음과 같습니다.

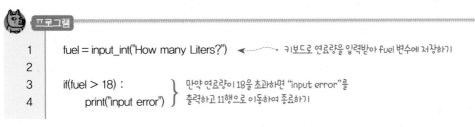

```
1    fuel = input_int("How many Liters?")    ◄┈┈ 키보드로 연료량을 입력받아 fuel 변수에 저장하기
2
3    if(fuel > 18) :            만약 연료량이 18을 초과하면 "input error"를
4        print("input error")  출력하고 11행으로 이동하여 종료하기
```

5	else : ◄╌╌╌╌╌╌ 그렇지 않으면 6~10행을 '연료량×2배'만큼 반복(i: 0~'fuel*2-1'까지)하기
6	for i in range(fuel * 2) :
7	put_beeper( ) ⎫ 비퍼를 내려놓고 한 칸 이동하기
8	move( ) ⎭
9	if(not front_is_clear( )) : ⎫ 만약 앞쪽에 벽이 있으면 좌회전하기
10	turn_left( ) ⎭
11	turn_off( ) ◄╌╌╌╌ for문을 벗어나면 로봇의 동작을 종료하기

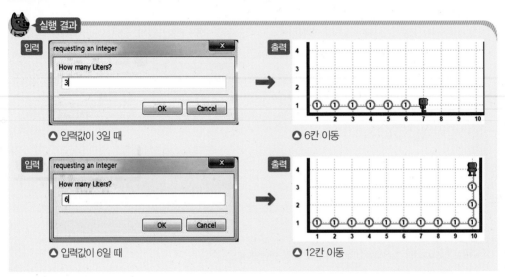

🐾 실행 결과

입력

requesting an integer

How many Liters?

3

OK   Cancel

◐ 입력값이 3일 때

출력

➡

◐ 6칸 이동

입력

requesting an integer

How many Liters?

6

OK   Cancel

◐ 입력값이 6일 때

출력

➡

◐ 12칸 이동

실습 6 ▶ 로봇이 이동할 때마다 이동 거리를 나타내도록 프로그램을 수정해 봅시다. 이때, 이동거리는 이동한 칸 수를 출력합니다.

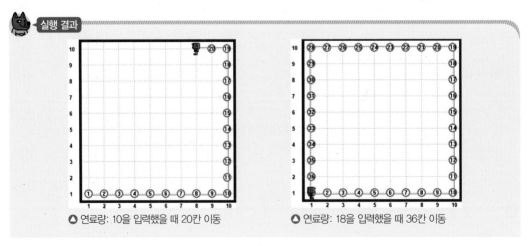

🐾 실행 결과

◐ 연료량: 10을 입력했을 때 20칸 이동

◐ 연료량: 18을 입력했을 때 36칸 이동

따라하기 ① 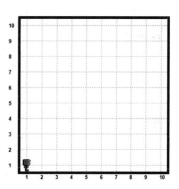 (월드 파일 열기)로 48쪽에서 저장한 'car01.wld' 월드 파일을 불러 옵니다.

② 48쪽 실습5 와는 달리 이번에는 이동한 칸 수 만큼 비퍼를 내려놓아야 하므로 for문에서 색인 변수 i는 0부터 '연료량 × 2-1'까지 1씩 증가하면서 반복합니다. 따라서 총 이동거리는 변수 i 의 값에 1을 더한 값과 같습니다.

프로그램

```
1    for i in range(fuel * 2) :    ◀------ 변수 i값은 0부터 'fuel * 2 - 1', 즉 0~5까지 1씩 증가하면서 반복하기
2        print(i + 1)    ◀------ i + 1의 값, 즉 누적되는 총 이동거리 출력하기
```

• 연료량, 즉 fuel 변수의 값을 3이라고 가정할 때 for문이 반복되는 과정 살펴보기

색인 변수 i	0	1	2	3	4	5
총 이동 거리(i + 1)	1	2	3	4	5	6

③ 프로그램을 수정하여 완성하면 다음과 같습니다.

프로그램

```
1    fuel = input_int("How many Liters?")
2
3    if(fuel > 18) :
4        print("input error")
5    else :
6        for i in range(fuel * 2) :
7            repeat(put_beeper, i + 1)    ◀------ i + 1개만큼 비퍼를 내려놓기
8            move( )
9            if(not front_is_clear( )) :
10               turn_left( )
11
12   turn_off( )
```

CHAPTER 01 러플로 프로그램 이해하기 · 53

4 재활용품 분리수거하기

실습7 ▶ 로봇을 통해 그동안 모은 여러 재활용품(플라스틱, 캔, 비닐 등)을 수거하고, 각각 몇 개씩 수거했는지를 보고하도록 해 봅시다.

🐕 실행 결과

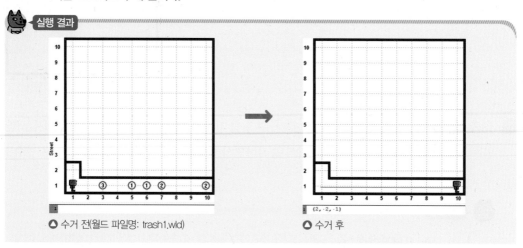

🔵 수거 전(월드 파일명: trash1.wld)   🔵 수거 후

처리 조건 재활용품이 플라스틱, 캔, 비닐인지를 구분하기 위해 비퍼의 값이 1이면 '플라스틱', 2이면 '캔', 3이면 '비닐'로 가정합니다.

따라하기
1️⃣ 🖥️ (월드 파일 열기)를 클릭하여 러플에서 제공하는 'trash1.wld' 파일을 불러 옵니다.

2️⃣ 먼저 분리수거할 재활용품의 종류를 파악하기 위해 재활용품, 즉 비퍼가 있으면 해당 비퍼를 수거하고 수거한 개수를 기억하고 있다가 결과를 돌려 주기 위한 작업을 사용자 정의 함수 'count_beeper( )'로 만들도록 합니다.

🐕 프로그램

```
1    def count_beeper( ) :          ◀······· count_beeper 함수 정의하기
2        count = 0                   ◀······· 재활용품(비퍼)의 수를 기억할 변수 선언 및 초기화하기
3        while on_beeper( ) :        ◀······· 비퍼가 남아있는 동안 4~6행을 반복 실행하기
4            pick_beeper( )          ◀······· 비퍼를 한 개 줍기
5            count = count+1         ◀······· count 변수에 1을 누적하기
6        return count                       비퍼가 없으면 반복문을 벗어나면서 count 변수에 기억된
7                                    ◀······· 비퍼의 수를 돌려 주기
8    repeat(move, 2)                 ◀······· 2칸 이동하기                              ⎫ 8~9행의 명령들은
9    print(count_beeper( ))          ◀······· count_beeper 함수를 실행하고 돌려받은 결괏값 출력하기  ⎬ 이후에 모두 삭제합
                                                                                      ⎭ 니다.
```

3️⃣ 각 재활용품의 개수를 기억하기 위한 변수를 선언하고 재활용품(비퍼)이 있으면 count_beeper( ) 함수를 실행한 결과에 따라 각각의 재활용품(플라스틱(plastic), 캔(can), 비닐(vinyl))의 개수를

54 · PART I 러플

1씩 늘려 주는 recycling( ) 함수를 정의하도록 합니다. 여러 개의 조건 중 하나를 선택할 때 다중 if문을 사용하면 효율적입니다.

 다중 if문(if~elif~…else문)은 어떻게 사용하나요?

- if~else문은 하나의 조건으로 '참' 또는 '거짓'과 관련된 명령을 실행하지만, 조건이 그 이상일 경우에는 if와 else 사이에 elif 구문을 넣어 여러 조건을 처리할 수 있습니다.
- 형식에서 조건1이 '참'이면 명령들1을 실행하고 다중 if문을 벗어나지만 그렇지 않으면 조건2가 '참'인지 비교하고 그렇지 않으면 조건3을 비교하는 방법으로 각각의 조건을 비교하여 그에 해당하는 명령들을 실행합니다. 만약 모든 조건이 거짓이면 else 다음의 명령들4를 실행하고 다중 if문을 벗어납니다.
- 경우에 따라 else 구문을 생략할 수도 있습니다.

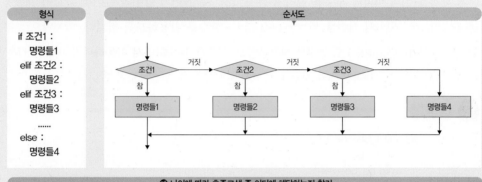

| 형식 | 순서도 |

```
if 조건1 :
    명령들1
elif 조건2 :
    명령들2
elif 조건3 :
    명령들3
    ......
else :
    명령들4
```

예 나이에 따라 초중고생 중 어디에 해당하는지 찾기

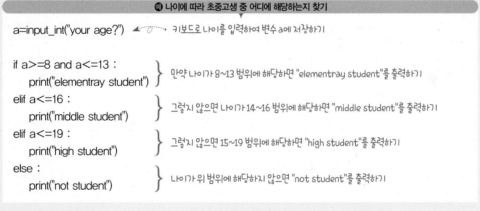

```
a=input_int("your age?")
```
→ 키보드로 나이를 입력하여 변수 a에 저장하기

```
if a>=8 and a<=13 :
    print("elementray student")
```
} 만약 나이가 8~13 범위에 해당하면 "elementray student"를 출력하기

```
elif a<=16 :
    print("middle student")
```
} 그렇지 않으면 나이가 14~16 범위에 해당하면 "middle student"를 출력하기

```
elif a<=19 :
    print("high student")
```
} 그렇지 않으면 15~19 범위에 해당하면 "high student"를 출력하기

```
else :
    print("not student")
```
} 나이가 위 범위에 해당하지 않으면 "not student"를 출력하기

각각의 재활용품에 따라 처리하는 과정을 살펴보면 다음과 같습니다.

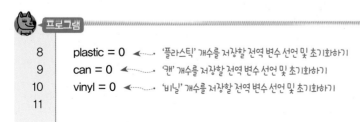

프로그램

8	plastic = 0	← '플라스틱' 개수를 저장할 전역 변수 선언 및 초기화하기
9	can = 0	← '캔' 개수를 저장할 전역 변수 선언 및 초기화하기
10	vinyl = 0	← '비닐' 개수를 저장할 전역 변수 선언 및 초기화하기
11		

12	def recycling( ) : ◄┄┄┄┄ 사용자 정의 함수 recycling 정의하기
13	global plastic, can, vinyl ◄┄ 각 재활용품의 수를 기억할 변수를 전역 변수로 명시화하기
14	move( ) ◄┄┄┄┄┄ 한 칸 이동하기
15	kind = count_beeper( ) ◄┄┄ count_beeper 함수를 실행하여 비퍼의 수를 kind 변수에 저장하기
16	
17	if kind == 1 :
18	plastic = plastic+1
19	elif kind == 2 :
20	can = can+1
21	elif kind == 3 :
22	vinyl = vinyl+1

만약 kind 변수가 1이면 플라스틱이므로 plastic 변수에 1을 누적하기

그렇지 않고 만약 kind 변수가 2이면 비닐이므로 can 변수에 1을 누적하기

그렇지 않고 만약 kind 변수가 3이면 캔이므로 vinyl 변수에 1을 누적하기

❹ 문제 해결을 위해 비퍼의 개수를 알려 주는 count_beeper( ) 함수와 수거한 각각의 재활용품 (플라스틱, 캔, 비닐)의 개수를 세는 recycling( ) 함수를 활용하도록 합니다. 마지막으로 추가할 명령문은 recycling( ) 함수에서 재활용품의 개수를 누적하면서 이동하다가 벽(10, 1)을 만나면 그동안 수거한 재활용품의 개수를 보고하는 명령들을 추가하도록 합니다.

프로그램

```
1   def count_beeper( ) :
2       count = 0
3       while on_beeper( ) :
4           pick_beeper( )
5           count = count + 1
6       return count
7
8   plastic = 0
9   can = 0
10  vinyl = 0
11
12  def recycling( ) :
13      global plastic, vinyl, can
14      move( )
15      kind = count_beeper( )
16
17      if kind == 1 :
18          plastic = plastic + 1
19      elif kind == 2 :
20          can = can + 1
21      elif kind== 3 :
22          vinyl = vinyl+1
23
24  while front_is_clear( ) :
25      recycling( )
26  print(plastic, can, vinyl)
27  turn_off( )
```

24 ◄┄┄ 앞에 벽이 없으면 25행의 명령 반복하기
25 ◄┄┄ recycling 함수 호출하여 실행하기
26 ◄┄┄ 벽이 있으면 반복문을 벗어나 수거한 플라스틱, 비닐, 캔의 개수 출력하기
27 ◄┄┄ 로봇 동작을 종료하기

실습 8 우리가 일상에서 사용하는 물품들이 더욱 다양해지면서 분리수거하는 업체도 전문화되고 있습니다. 이번에는 짝수 비퍼인 캔 종류만 수거하고 그 수량을 보고하는 프로그램으로 수정해 봅시다.

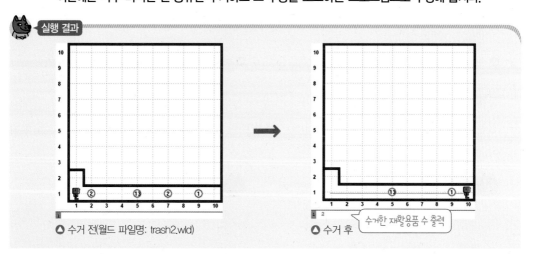

△ 수거 전(월드 파일명: trash2.wld)　　　　　　　　△ 수거 후

처리 조건 캔처럼 재활용이 가능한 물품인지를 구분하는 방법은 비퍼가 가지고 있는 숫자가 짝수이면 재활용품이고, 홀수이면 일반 쓰레기로 간주하여 수거하지 않도록 합니다.

따라하기 1 🖳 (월드 파일 열기)를 클릭하여 러플에서 제공하는 'trash2.wld' 파일을 불러 옵니다.

2 로봇은 비퍼의 값이 짝수인 재활용품만 수거해야 하므로 월드에 있던 비퍼를 count_beeper( )함수에서 모두 수거했던 것을 다시 내려놓아야 합니다. 물론, 짝수의 재활용품은 다시 수거해야 하지만 count_beeper( ) 함수의 역할은 단지 비퍼의 개수를 세는 용도로 변경하기 위함입니다.

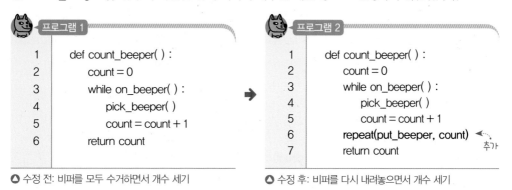

프로그램 1
```
1    def count_beeper( ) :
2        count = 0
3        while on_beeper( ) :
4            pick_beeper( )
5            count = count + 1
6        return count
```
△ 수정 전: 비퍼를 모두 수거하면서 개수 세기

프로그램 2
```
1    def count_beeper( ) :
2        count = 0
3        while on_beeper( ) :
4            pick_beeper( )
5            count = count + 1
6        repeat(put_beeper, count)    ← 추가
7        return count
```
△ 수정 후: 비퍼를 다시 내려놓으면서 개수 세기

3 이번에는 count_beeper( ) 함수의 실팟값을 가지고 재활용품의 종류와 개수를 구했던 recycling( ) 함수를 다음과 같이 수정합니다.

첫째, 각 재활용품(플라스틱, 캔, 비닐)의 개수를 구하던 작업을 한 가지 재활용품의 개수만 구하면 되므로 변수는 3개에서 1개로 줄입니다.

프로그램 1	
8	plastic = 0
9	can = 0
10	vinyl = 0

▲ 수정 전: 각 재활용품의 개수를 구할 변수들

프로그램 2	
8	recycle = 0
9	

▲ 수정 후: 재활용이 가능한 물품의 개수를 구할 변수

둘째, count_beeper( )의 결괏값에 따라 플라스틱, 캔, 비닐을 구분하던 작업을 비퍼가 가지고 있는 숫자가 짝수일 때만 count_beeper( )에서 내려놓은 만큼 다시 수거하는 작업으로 수정해야 합니다.

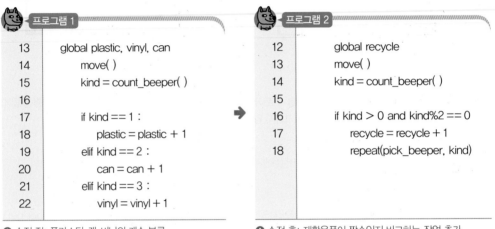

프로그램 1	
13	global plastic, vinyl, can
14	move( )
15	kind = count_beeper( )
16	
17	if kind == 1 :
18	plastic = plastic + 1
19	elif kind == 2 :
20	can = can + 1
21	elif kind == 3 :
22	vinyl = vinyl + 1

▲ 수정 전: 플라스틱, 캔, 비닐의 개수 분류

프로그램 2	
12	global recycle
13	move( )
14	kind = count_beeper( )
15	
16	if kind > 0 and kind%2 == 0 :
17	recycle = recycle + 1
18	repeat(pick_beeper, kind)

▲ 수정 후: 재활용품이 짝수인지 비교하는 작업 추가

❹ 수정하여 완성한 프로그램은 다음과 같습니다.

프로그램	
1	def count_beeper( ) : ◀-------- count_beeper 함수 정의하기
2	count = 0 ◀-------- 비퍼 수를 셀 count 변수 선언 및 초기화하기
3	while on_beeper( ) : ◀-------- 비퍼가 남아 있는 동안 반복하기
4	pick_beeper( ) ◀-------- 비퍼를 한 개 줍기
5	count = count + 1 ◀-------- count 변수에 1씩 누적하기
6	repeat(put_beeper, count) ◀-------- 수거한 비퍼 개수만큼 다시 내려놓기
7	return count ◀-------- count 변수의 값으로 함수의 결괏값을 되돌려 주기
8	
9	recycle = 0 ◀-------- 수거할 재활용품의 개수를 저장할 변수 선언 및 초기화하기
10	
11	def recycling( ) : ◀-------- 사용자 정의 함수 recycling 선언하기
12	global recycle ◀-------- 전역 변수 명시화하기
13	move( ) ◀-------- 한 칸 이동하기
14	kind = count_beeper( ) ◀-------- count_beeper 함수를 호출하여 비퍼의 개수를 kind 변수에 저장하기
15	

16	if kind > 0 and kind % 2 == 0 : `}` 만약 kind 변수가 0보다 크고 나눈 나머지가 짝수라면 재활용품이므로
17	recycle = recycle + 1　recycle 변수에 1을 누적하기
18	repeat(pick_beeper, kind) ◀---- kind 변수만큼 비퍼 수거하기
19	
20	while front_is_clear( ) : ◀---- 앞에 벽이 없는 동안 반복하기
21	recycling( ) ◀---- recyling 함수 호출하기
22	print(recycle) ◀----- 수거한 재활용품의 개수 출력하기
23	turn_off( ) ◀------- 로봇의 동작을 종료하기

5 전자 투표로 회장 선출하기

실습 9 ▶ 프로그래밍 동아리에서 회장을 선출하려고 합니다. 이에 학생들은 2명의 회장 후보에 대해 전자 투표를 실시하여 각 후보자의 득표수를 출력해 봅시다.

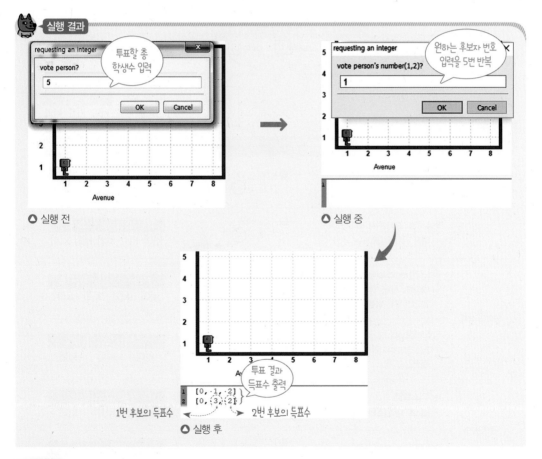

실행 결과

투표할 총 학생수 입력

원하는 후보자 번호 입력을 5번 반복

△ 실행 전　　　△ 실행 중

투표 결과 득표수 출력

1번 후보의 득표수　　2번 후보의 득표수

△ 실행 후

처리 조건
- 회장 후보는 2명이고, 각 후보의 번호는 1번과 2번입니다.
- 투표할 총 학생 수와 원하는 후보자의 번호를 키보드로 입력하도록 합니다.

① 로봇의 움직임이 없으므로 월드의 크기는 임의로 지정합니다.

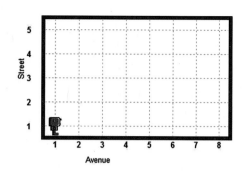

② 회장 후보 2명의 득표수를 저장할 리스트를 count로 선언하고 0으로 초기화합니다.

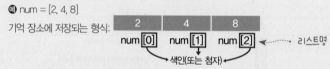

리스트(List)는 어떻게 사용하나요?

- 같은 유형(숫자형 또는 문자형)의 변수를 여러 개 선언해서 사용해야 할 경우 리스트를 이용하면 더 효율적입니다.
- 리스트는 데이터의 집합으로 여러 숫자나 문자를 같은 이름으로 저장해서 사용할 수 있습니다.
- 리스트에 나열한 데이터의 위치, 즉 인덱스를 통해 데이터를 추가, 삭제, 검색 등을 할 수 있습니다.

형식▶ 리스트명 = [데이터1, 데이터2, ……, 데이터n]

예 num = [2, 4, 8]

기억 장소에 저장되는 형식:

2	4	8
num[0]	num[1]	num[2]

← 리스트명

색인(또는 첨자)

※ 리스트 K에 다음과 같은 값이 저장되어 있을때

1	2	3
k[0]	k[1]	k[2]

• list 활용 예

구분	설명		리스트 K의 요소들
데이터 추가	리스트명.append(데이터X) → 마지막에 '데이터X' 추가	예 k.append(5) [1, 2, 3, (5)] → 추가	1 2 3 ⑤ k[0] k[1] k[2] k[3]
	리스트명.insert(위치, 데이터X)) → 해당 위치에 '데이터X' 추가	예 k.insert(3, 4) [1, 2, 3, (4), 5] → 추가	1 2 3 ④ 5 k[0] k[1] k[2] k[3] k[4]
데이터 삭제	리스트명.remove(데이터X) → 데이터x 삭제, '데이터X'가 없으면 오류 발생	예 k.remove(3) [1, 2, 4, 5] 3 삭제	1 2 4 5 k[0] k[1] k[2] k[3]
	리스트명.pop( ) → 리스트의 마지막 데이터 삭제 및 결괏값 보기	5 저장 예 (a) = k.pop( ) [1, 2, 4]	1 2 4 k[0] k[1] k[2]
관련 함수	len(리스트명) → 리스트 내 원소의 개수 보기	예 len(k) 3 ← 원소의 개수	1 2 4 k[0] k[1] k[2]
	리스트명.count(데이터X) → 리스트 내의 '데이터X'의 개수 알기	예 k = [1, 1, 2, 3, 2, 1] k.count(1) 3 ← 숫자 1의 개수	① ① 2 3 2 ① k[0] k[1] k[2] k[3] k[4] k[5]

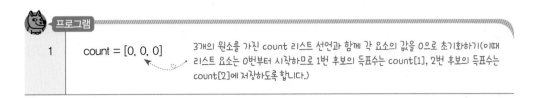

1	`count = [0, 0, 0]`

3개의 원소를 가진 count 리스트 선언과 함께 각 요소의 값을 0으로 초기화하기(이때 리스트 요소는 0번부터 시작하므로 1번 후보의 득표수는 count[1], 2번 후보의 득표수는 count[2]에 저장하도록 합니다.)

❸ 투표할 학생 수를 입력받아 persons 변수에 저장하고, 학생 수만큼 후보 번호 1과 2 중 하나를 입력받아 후보자의 득표수에 누적합니다.

프로그램

```
1    count = [0, 0, 0]         ◀------  후보 득표수 리스트 선언 및 초기화하기
2
3    persons = input_int("vote persons?")   ◀----  투표할 학생 수를 입력하여 persons 변수에 저장하기
4
5    for i in range(persons) :    ◀---  학생 수만큼 6~8행을 반복하기
6        vote = input_int("vote person's number(1,2)?")   ◀-----  후보자의 번호를 입력받아 vote에 저장하기
7        if(vote >= 1 and vote <= 2) :
8            count[vote] = count[vote] + 1       입력받은 vote가 1, 2이면 후보자의 번호 리스트에 1씩 누적하기
```

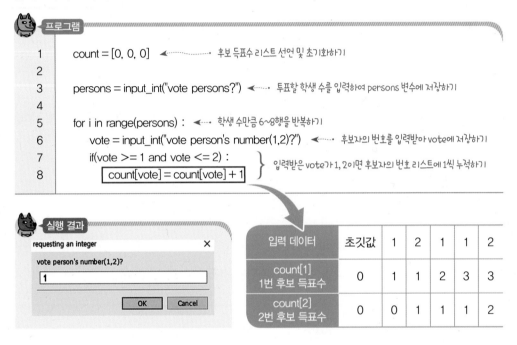

실행 결과

requesting an integer ✕

vote person's number(1,2)?

`1`

OK   Cancel

입력 데이터	초깃값	1	2	1	1	2
count[1] 1번 후보 득표수	0	1	1	2	3	3
count[2] 2번 후보 득표수	0	0	1	1	1	2

❹ 프로그램은 다음과 같이 후보자의 번호와 count 리스트에 누적된 후보자의 득표수를 출력하도록 합니다.

프로그램

```
1    count = [0, 0, 0]
2
3    persons = input_int("vote persons?")
4
5    for i in range(persons) :
6        vote = input_int("vote person's number(1,2)?")
7        if(vote >= 1 and vote <= 2) :
8            count[vote] = count[vote] + 1
9
10   print(range(3))       ◀------  후보 번호 출력(0이 포함됨)하기
11   print(count)       ◀-------  후보 득표수인 count 리스트 값 출력하기
12   turn_off( )
```

실습 10 우리는 선거철이 되면 여러 후보를 대상으로 ARS나 인터넷을 통해 투표 결과를 시뮬레이션하는 것을 볼 수 있습니다. n명의 후보자와 총 투표 인원을 입력받은 후 랜덤으로 투표가 진행된 결과를 출력하는 시뮬레이션을 구현해 봅시다.

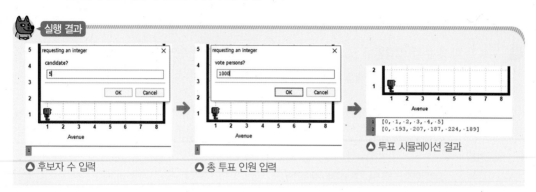

○ 후보자 수 입력 　　　○ 총 투표 인원 입력 　　　○ 투표 시뮬레이션 결과

처리 조건 후보자 수와 총 투표자 수를 입력받고 투표 과정은 컴퓨터가 임의의 수를 생성하는 랜덤 함수를 이용하여 시뮬레이션하도록 합니다.

따라하기

1 로봇의 움직임이 없으므로 월드의 크기는 임의로 지정합니다.

2 먼저 후보자의 수를 변수 n으로 입력받고, 후보자 수만큼 count 리스트를 선언합니다. 이때 리스트의 각 기억 공간, 즉 요소는 0으로 초기화합니다.

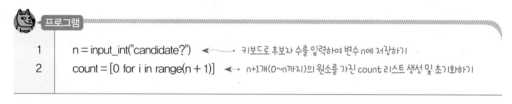

```
1    n = input_int("candidate?")    ◁---- 키보드로 후보자 수를 입력하여 변수 n에 저장하기
2    count = [0 for i in range(n + 1)]    ◁--- n+1개(0~n까지)의 원소를 가진 count 리스트 생성 및 초기화하기
```

3 투표할 사람을 입력받아 persons 변수에 저장하고, persons 변수만큼 후보 번호, 예를 들어 1 또는 2의 수를 컴퓨터가 난수로 생성하여 해당 후보자의 득표수를 누적하는 것을 반복하도록 합니다.

4 마지막으로 후보자의 번호와 count 리스트에 누적된 후보자의 득표수를 안내합니다.

리스트 초기화 및 랜덤 함수는 어떻게 사용하나요?

❶ 리스트 초기화

여러 개의 데이터를 모아 놓은 집합인 리스트를 초기화하는 방법은 다음과 같습니다.

구분	예시 및 결과
빈 리스트 생성하기	예 a = (5) ┈┈▶ [ ]
리스트 생성 및 초기화	예 a = [1, 2, 3] | 1 | 2 | 3 | a[0]　a[1]　a[2]
반복문에서 range문을 활용하여 리스트 생성 및 초기화	예 a = (i) for i in range(5)] | 0 | 1 | 2 | 3 | 4 | ┈┈▶ i값으로 초기화 a[0] a[1] a[2] a[3] a[4]
리스트 생성 및 0으로 초기화	예 a = (0) for i in range(5)] | 0 | 0 | 0 | 0 | 0 | ┈┈▶ 0으로 초기화 a[0] a[1] a[2] a[3] a[4]

❷ 랜덤 함수

- 컴퓨터가 임의의 숫자를 생성하는 함수로는 random 라이브러리의 randint 함수와 randrange 함수가 있습니다.
- 랜덤 함수를 사용하기 위해서는 'import random'을 선언하여 라이브러리를 불러 올 수 있도록 합니다.

형식 1 ▶ random.randint(시작값, 종료값)

　　　→ 시작값에서부터 종료값 사이의 수 중 컴퓨터가 임의의 수를 생성합니다.

형식 2 ▶ random.randrange(시작값, 종료값)

　　　→ 시작값에서부터 '종료값-1' 사이의 수 중 컴퓨터가 임의의 수를 생성합니다.

예 1~5 사이의 수를 임의로 생성하기

```
>>> import random
>>> random.randint(1,5)
4
```
또는
```
>>> import random
>>> random.randrange(1,6)
3
```

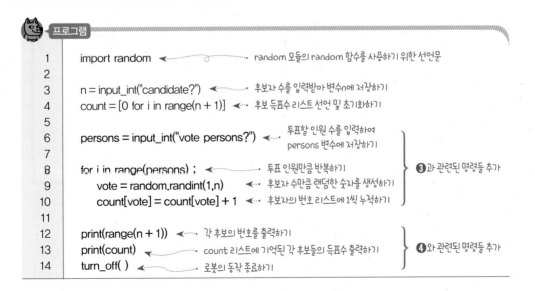

📋 **프로그램**

```
1    import random                          ┈┈● random 모듈의 random 함수를 사용하기 위한 선언문
2
3    n = input_int("candidate?")            ◀┈┈● 후보자 수를 입력받아 변수n에 저장하기
4    count = [0 for i in range(n + 1)]      ◀┈┈● 후보 득표수 리스트 선언 및 초기화하기
5
6    persons = input_int("vote persons?")   ┈┈● 투표할 인원 수를 입력하여
7                                                persons 변수에 저장하기
8    for i in range(persons) :              ◀┈┈● 투표 인원만큼 반복하기                  ❸과 관련된 명령들 추가
9        vote = random.randint(1,n)         ◀┈┈● 후보자 수만큼 랜덤한 숫자를 생성하기
10       count[vote] = count[vote] + 1      ◀┈┈● 후보자의 번호 리스트에 1씩 누적하기
11
12   print(range(n + 1))                    ◀┈┈● 각 후보의 번호를 출력하기
13   print(count)                           ◀┈┈● count 리스트에 기억된 각 후보들의 득표수 출력하기   ❹와 관련된 명령들 추가
14   turn_off( )                            ◀┈┈● 로봇의 동작 종료하기
```

앞에서 학습한 실습들을 참고하여 다음 문제들을 해결해 봅시다.

1 수확할 벼 중에는 상품성이 뛰어나 2배의 값을 받을 수 있는 우량 벼와 일반 벼가 있습니다. 벼를 수확하면서 우량 벼와 일반 벼의 개수를 각각 구해 봅시다.

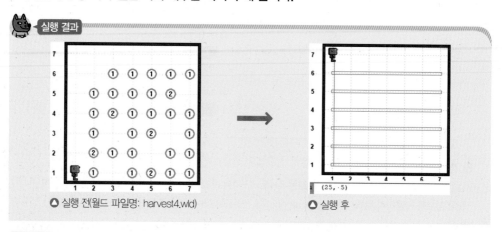

◑ 실행 전(월드 파일명: harvest4.wld)　　　　◑ 실행 후

처리 조건 • 러플에서 기본으로 제공하는 파일 중 'harvest4.wld'를 불러 옵니다.
　　　　　　• 월드에 놓인 비퍼 중에 우량 벼는 비퍼의 수가 2, 일반 벼는 비퍼의 수가 1입니다.

2 다음과 같이 벽을 따라 둘레길을 산책한 후 시작 위치로 돌아오도록 해 봅시다.

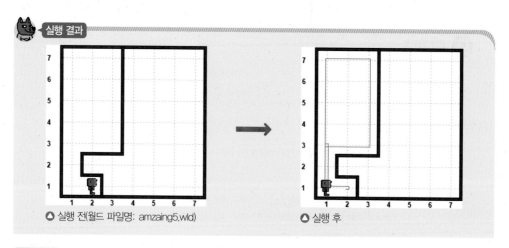

◑ 실행 전(월드 파일명: amzaing5.wld)　　　　◑ 실행 후

처리 조건 러플에서 기본으로 제공하는 파일 중 'amzaing5.wld'를 불러 옵니다.

3 18리터 이하의 주유 연료량을 입력받아 2배만큼 이동하는 자동차를 만들어 봅시다. 자동차가 이동한 경로에 비퍼를 내려놓으면서 앞으로 움직일 수 있는 남은 거리를 알려 주도록 합니다.

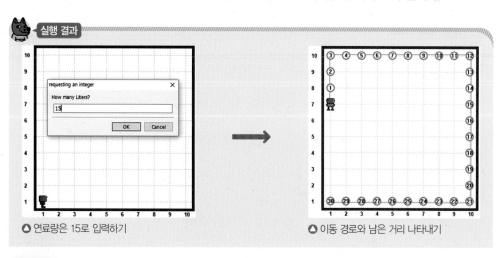

○ 연료량은 15로 입력하기　　　　　　　　　　　　　○ 이동 경로와 남은 거리 나타내기

처리 조건 월드의 크기는 10×10, 로봇에게 비퍼를 670개 이상 준 후 진행하도록 합니다.

4 광장에서 홀수 재활용품만 모으고 수거한 재활용품의 개수를 안내해 봅시다.

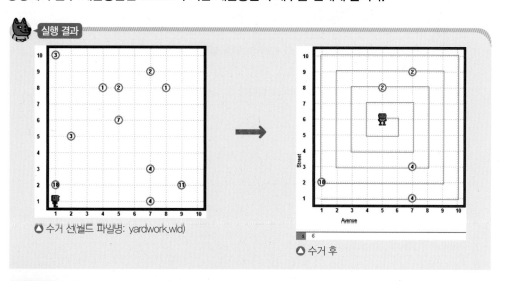

○ 수거 전(월드 파일명: yardwork.wld)　　　　　　　○ 수거 후

처리 조건 월드 파일은 러플에서 제공하는 'yardwork.wld' 파일을 불러와 사용하도록 합니다.

5 여러 명(n명)의 후보자가 있는 선거에서 투표를 한 후 1등의 번호만 안내하는 전자 투표 시스템을 완성해 봅시다.

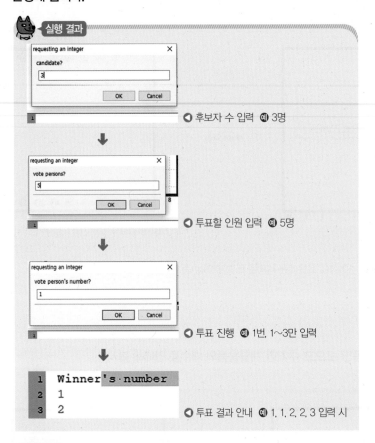

실행 결과

후보자 수 입력 **예** 3명

투표할 인원 입력 **예** 5명

투표 진행 **예** 1번, 1~3만 입력

투표 결과 안내 **예** 1, 1, 2, 2, 3 입력 시

1	Winner's number
2	1
3	2

처리 조건 월드의 크기는 임의로 지정하도록 합니다.

CHAPTER 02

러플로 실생활 프로젝트 해결하기

START

러플을 이용하여 실생활이나 다양한 분야에서 발생하는
문제 상황을 해결해 봅시다.

PROJECT 1 보물찾기

PROJECT 2 달리기 경주

PROJECT 4 두 자리 숫자 덧셈하기

PROJECT 3 구구단으로 계단 오르기

PROJECT 5 로또 번호 생성하기

PROJECT 6 신문 배달 하기

PROJECT 7 제비뽑기

PROJECT 9 호텔 객실 정리하기

PROJECT 8 효율적인 엘리베이터

PROJECT 10 순서대로 배치하기

보물찾기

활동
목표 • 우수법 알고리즘을 이해하고, 이 알고리즘을 이용하여 미로를 탐색하는
프로그램을 만들 수 있다.

⭐ 로봇이 미로를 탐색하여 숨겨진 보물을 찾도록 해 봅시다.

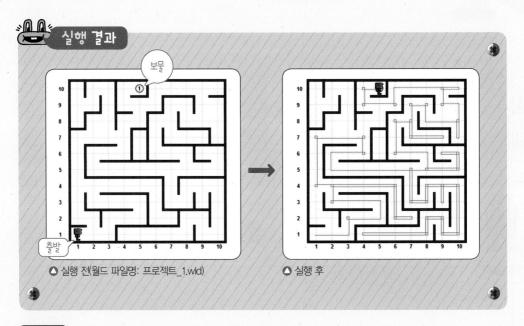

🔺 실행 전(월드 파일명: 프로젝트_1.wld)　　　🔺 실행 후

처리 조건

• 월드 파일은 미리 제공한 '프로젝트_1.wld'를 불러오도록 합니다.
• 로봇은 미로의 형태가 변경되어도 보물을 찾을 수 있도록 하고 완성 프로그램은 '프로젝트_1.rur'로 저장합니다.

68 · PART I 러플

⭐ [실행 결과]와 [처리 조건]을 분석하여 프로그램에서 수행할 작업들을 설계합니다.

【문제 분석 및 알고리즘 설계】

로봇이 미로 어딘가에 숨겨져 있는 보물을 찾기 위해서는 미로를 탐색해야 하는데, 특정 기준 없이 움직이다 보면 보물을 찾기 어렵습니다. 이 문제를 해결하기 위해 '우수법' 알고리즘을 사용합니다. '우수법' 알고리즘이란 '오른쪽 손을 벽에 대고 가면 미로를 쉽게 빠져나올 수 있다.'는 것으로 갈림길에서 오른쪽(우수)을 최우선으로 선택하여 탐색하는 방법을 말합니다.

 1단계   우수법 알고리즘을 이해하고 미로 탐색하기

 2단계   보물찾기 프로그램 완성하기

프로그래밍하기

1단계 **우수법 알고리즘을 이해하고, 이를 이용하여 미로를 탐색해 봅시다.**

우수법 알고리즘이란 다음과 같이 오른쪽에 벽이 있는지를 확인하는 작업을 먼저 수행합니다.

> ❶ 오른쪽에 벽이 없으면 우회전하고 전진하기
> ❷ 오른쪽에 벽이 있고 앞에 길이 있으면 전진하기
> ❸ 오른쪽과 앞에 모두 벽이 있으면 좌회전하기
> ❹ 보물을 찾을 때까지 ❶, ❷, ❸ 동작을 반복하기

※ 미로를 탐색하는 알고리즘에는 우수법 외에도 좌수법, 확장 좌수법, 확장 우수법, A* 등 다양한 방법이 있습니다.

위와 같이 로봇의 오른쪽에 벽이 있는지 없는지에 따라 다음 3개 동작 중 하나를 수행하도록 합니다.

❶ 오른쪽에 벽이 없으면 우회전하고 전진하기

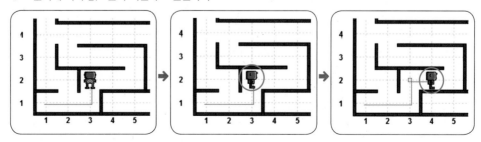

❷ 오른쪽에 벽이 있고 앞에 길이 있을 때 한 칸 전진하기

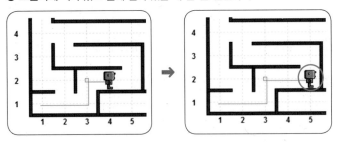

❸ 오른쪽과 앞이 모두 벽일 때 좌회전하기

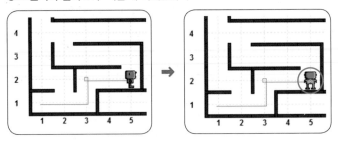

프로그램

```
1    if right_is_clear( ) :
2        repeat(turn_left, 3)
3        move( )
4    elif front_is_clear( ) :
5        move( )
6    else :
7        turn_left( )
```

} 오른쪽에 벽이 없으면 우회전 후 한 칸 전진하고 그렇지 않으면 4행으로 이동하기

} 오른쪽과 앞에 벽이 있으면 한 칸 전진하고 그렇지 않으면 6행으로 이동하기

} 오른쪽과 앞이 모두 벽인 경우로 좌회전하기

2 단계 보물찾기 프로그램을 완성해 봅시다.

보물을 찾을 때까지 우수법 알고리즘을 반복해야 합니다. 따라서 보물은 비퍼가 있는 지점이므로 비퍼가 없는 동안에는 [1단계]에서 작성한 프로그램을 반복합니다.

프로그램

```
1    while not on_beeper( ) :          · · · · · 반복문
2        if right_is_clear( ) :
3            repeat(turn_left, 3)
4            move( )
5        elif front_is_clear( ) :
6            move( )
7        else :
8            turn_left( )
9    turn_off( )          · · · · 로봇 동작 종료하기
```

우수법 알고리즘을 적용한 경우

비퍼를 만날 때까지 2행부터 8행 중 해당하는 조건의 명령을 수행하며 반복하기

 미로 속 어딘가에 있는 보물을 찾아 봅시다.

로봇은 미로 속의 보물을 찾고 원래 위치로 돌아와야 보물을 얻을 수 있습니다. 로봇이 미로를 탐색하여 보물을 찾는 과정은 매우 쉽지만, 원래의 위치로 돌아오는 것은 매우 어렵습니다. 로봇이 이동하는 경로를 모두 저장하고 중복된 길을 가는 경우는 제외하는 과정이 필요합니다. 이 부분은 매우 어려운 과정이므로 이 책을 모두 이해한 후에 도전하는 것을 권장합니다.

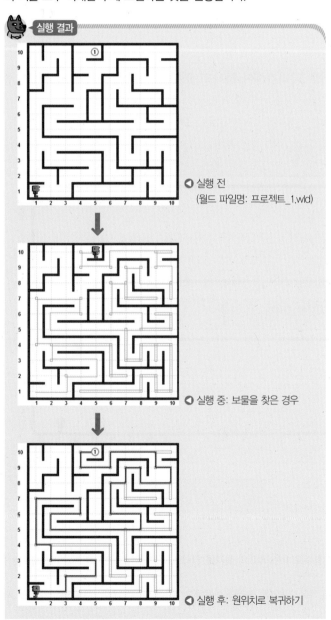

실행 결과

◑ 실행 전
(월드 파일명: 프로젝트_1.wld)

◑ 실행 중: 보물을 찾은 경우

◀ 실행 후: 원위치로 복귀하기

처리 조건
• 완성한 프로그램은 '프로젝트_1_실력쌓기.rur'로 저장합니다.

달리기 경주

활동 목표
• 랜덤으로 특정 범위의 숫자를 생성하여 프로그램에 활용할 수 있다.

★ 3대의 로봇이 랜덤한 순서로 달리기하여 하나의 로봇이 먼저 결승점에 도착하면 종료하는 미션을 수행해 봅시다.

실행 결과

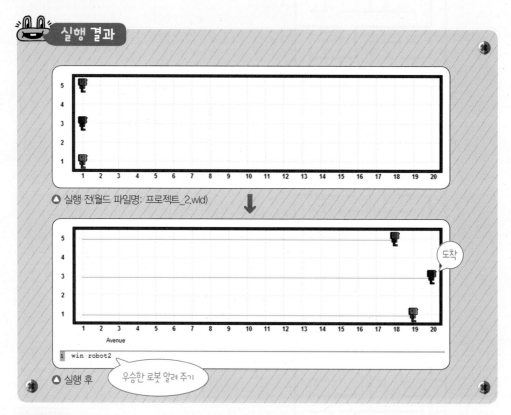

◆ 실행 전(월드 파일명: 프로젝트_2.wld)

1 win·robot2
우승한 로봇 알려 주기

◆ 실행 후

처리 조건

• 3대의 로봇을 생성하고, 랜덤 함수로 1~3 사이의 숫자를 임의로 발생하여 그 숫자에 해당하는 로봇만 한 칸씩 앞으로 이동하도록 합니다.
• 월드 파일은 미리 제공한 '프로젝트_2.wld'를 불러와 사용하고, 완성한 프로그램은 '프로젝트_2.rur'로 저장하도록 합니다.

⭐ [실행 결과]와 [처리 조건]을 분석하여 프로그램에서 수행할 작업들을 설계합니다.

【문제 분석 및 알고리즘 설계】

　　달리기 경주를 위한 로봇을 3대 생성하고, 1~3 사이의 수를 랜덤으로 발생하여 그 숫자에 해당하는 로봇만이 앞으로 한 칸씩 움직이도록 합니다. 이와 같은 작업을 반복하다가 결승점에 먼저 도착하는 로봇이 있으면 프로그램의 실행을 종료합니다.

1단계	로봇 3대 생성하기
2단계	랜덤으로 1~3 사이의 수를 임의로 생성하여 선택된 로봇은 한 칸씩 전진하기
3단계	결승점에 먼저 도착하는 로봇이 우승했음을 알려 주고 종료하기

프로그래밍하기

1단계　**3대의 로봇을 생성해 봅시다.**

　　UsedRobot 클래스를 통해 3대의 로봇을 생성합니다. 이때 이름, 좌표, 방향, 소유한 비퍼, 색상 등을 다음과 같이 지정합니다.

로봇 이름	좌표(위치)	색상
robot1	(1, 1)	보라색(purple)
robot2	(1, 3)	파란색(blue)
robot3	(5, 1)	초록색(green)

> 로봇을 생성할 때 옵션의 순서대로 입력할 경우에는 옵션명을 넣지 않아도 되지만, 생략할 옵션이 생기면 옵션 이름을 넣어야 합니다.

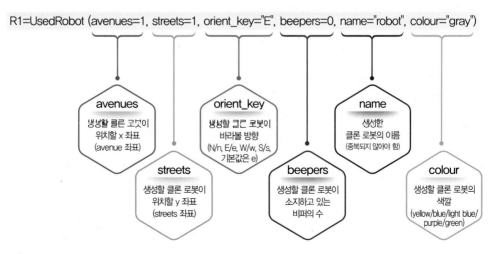

R1=UsedRobot (avenues=1, streets=1, orient_key="E", beepers=0, name="robot", colour="gray")

avenues
생성할 클론 로봇이 위치할 x 좌표
(avenue 좌표)

streets
생성할 클론 로봇이 위치할 y 좌표
(streets 좌표)

orient_key
생성할 클론 로봇이 바라볼 방향
(N/n, E/e, W/w, S/s, 기본값은 e)

beepers
생성할 클론 로봇이 소지하고 있는 비퍼의 수

name
생성한 클론 로봇의 이름
(중복되지 않아야 함)

colour
생성할 클론 로봇의 색깔
(yellow/blue/light blue/ purple/green)

실행 결과

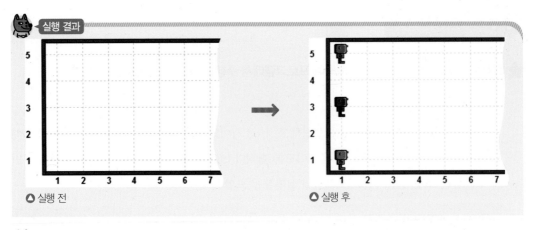

△ 실행 전   △ 실행 후

프로그램

```
1    robot1 = Usedrobot(avenues = 1, streets = 1, colour = 'purple')  ◄---  robot1을 (1, 1) 위치에 보라색으로 생성하기
2    robot2 = Usedrobot(1, 3, colour = 'blue')  ◄---  robot2를 (1, 3) 위치에 파란색으로 생성하기
3    robot3 = Usedrobot(1, 5, colour = 'green')  ◄---  robot3을 (1, 5) 위치에 녹색으로 생성하기
```

2 단계 **랜덤으로 임의의 숫자를 생성하여 로봇이 달리도록 해 봅시다.**

3대의 로봇이 임의의 순서로 달리게 하려면 어떻게 해야 할까요? 여러 가지 방법이 있지만, 여기에서는 1~3 사이의 숫자를 랜덤으로 생성하여 1이면 robot1을 한 칸 전진, 2이면 robot2를 한 칸 전진, 3이면 robot3을 한 칸 전진하도록 합니다. 이와 같은 작업을 반복하다가 robot1~3 중 하나가 먼저 결승점인 벽 앞에 도착하면 달리기를 종료합니다.

실행 결과

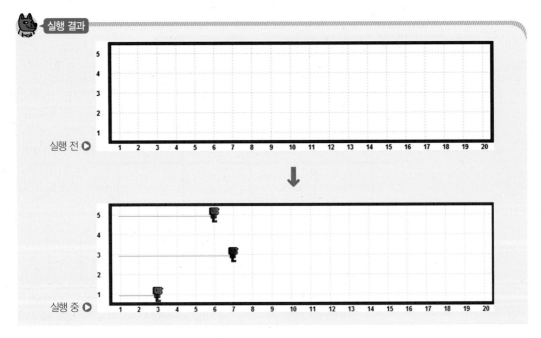

실행 전 ▶

실행 중 ▶

```
1    import random  ←----- random.randint( ) 함수를 사용하기 위한 선언문
2    robot1 = Usedrobot(avenues = 1, streets = 1, colour = 'purple')
3    robot2 = Usedrobot(1, 3, colour = 'blue')
4    robot3 = Usedrobot(1, 5, colour = 'green')
5                                                    robot1~robot3 중 하나라도 먼저
                                                     벽에 닿을 때까지 7~10행을 반복하기
6    while(robot1.front_is_clear( ) and robot2.front_is_clear( ) and robot3.front_is_clear( )) :
7        player = random.randint(1, 3)  ←---- 랜덤으로 숫자 1~3 중 임의의 수를 생성하여 player 변수에 저장하기
8        if player == 1 :
9            robot1.move( )  ←------- 임의의 수가 1이면 robot1을 한 칸 앞으로 움직이고 그렇지 않으면 9행으로 이동하기
10       elif player == 2 :
11           robot2.move( )  ←------- 임의의 수가 2이면 robot2를 한 칸 앞으로 움직이고 그렇지 않으면 10행으로 이동하기
12       else :
13           roboot3.move( )  ←------- 임의의 수가 3이므로 robot3을 한 칸 앞으로 움직이기
  ⋮                   ⋮
```

3단계 먼저 결승점에 도착한 우승 로봇을 알려 주고 종료해 봅시다.

robot1, 2, 3 중 어떤 로봇이 먼저 도착했는지를 알려 주는 부분입니다. [2단계]에서 3대의 로봇 중 한 대가 결승점에 도착하면 어떤 로봇인지 확인하여 출력 창에 안내하고 로봇들의 움직임을 종료합니다.

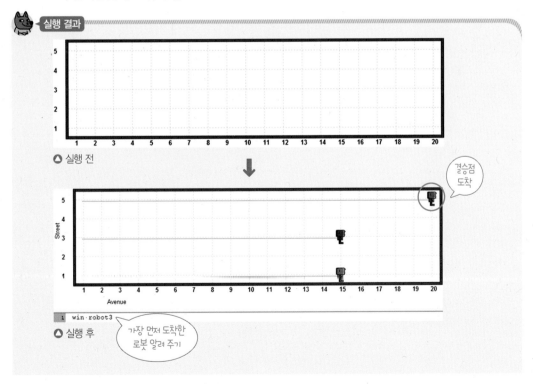

○ 실행 전

결승점 도착

```
1  win · robot3
```
가장 먼저 도착한 로봇 알려 주기

○ 실행 후

```
1    import random
2    robot1 = Usedrobot(avenues = 1, streets = 1, colour = 'purple')
3    robot2 = Usedrobot(1, 3, colour = 'blue')
4    robot3 = Usedrobot(1, 5, colour = 'green')
5
6    while(robot1.front_is_clear( ) and robot2.front_is_clear( ) and robot3.front_is_clear( )) :
7        player = random.randint(1, 3)
8        if player == 1 :
9            robot1.move( )
10       elif player == 2 :
11           robot2.move( )
12       else: roboot3.move( )
13   # 어떤 로봇이 결승점에 먼저 도착했는지 알아보기
14   if not robot1.front_is_clear( ) :
15       print("win robot1")
16   if not robot2.front_is_clear( ) :
17       print("win robot2")
18   if not robot3.front_is_clear( ) :
19       print("win robot3")
20
21   robot1.turn_off( )
22   robot2.turn_off( )
23   robot3.turn_off( )
```

14~15: } robot1의 앞쪽에 벽이 있으면 "win robot1"을 출력하기

16~17: } robot2의 앞쪽에 벽이 있으면 "win robot2"를 출력하기

18~19: } robot3의 앞쪽에 벽이 있으면 "win robot3"을 출력하기

21~23: } robot1, 2, 3의 동작을 종료하기

올림픽과 같은 경기에서는 참가자 모두의 순위를 매기고 3위까지는 시상도 합니다. 로봇이 들어 온 순서대로 1등부터 3등까지 순위를 출력해 봅시다.

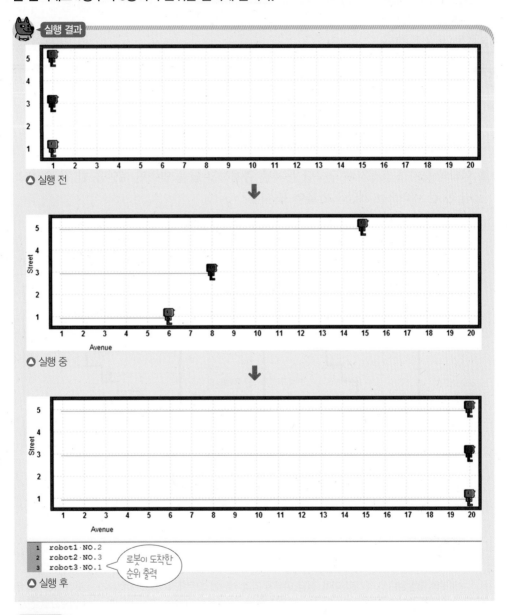

실행 결과

◯ 실행 전

◯ 실행 중

```
1   robot1·NO.2
2   robot2·NO.3
3   robot3·NO.1
```
로봇이 도착한 순위 출력

◯ 실행 후

처리 조건
- 3등까지 순위를 매기기 위해서는 순위를 기억하는 변수와 결승 지점까지 도착했는지를 확인하기 위한 변수가 필요합니다.
- 각각의 로봇이 벽 앞에 도착하는 순서대로 순위를 구해 출력하도록 합니다.
- 완성한 프로그램은 '프로젝트_2_실력쌓기.rur'로 저장합니다.

구구단으로 계단 오르기

PROJECT 3

활동 목표
• 로봇이 생성한 임의의(랜덤) 숫자로 구구단 문제를 출제하여 맞히는 프로그램을 만들 수 있다.

★ 임의의 숫자를 생성하여 구구단 문제를 출제하고 답을 맞히면 계단을 한 칸 오르고, 틀리면 한 칸 내려오는 게임을 만들어 봅시다.

실행 결과

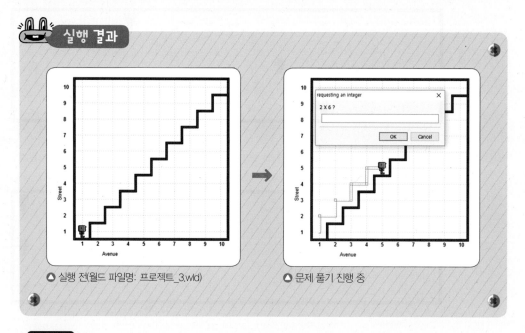

◐ 실행 전(월드 파일명: 프로젝트_3.wld)   ◐ 문제 풀기 진행 중

처리 조건

• 구구단 문제는 1~9단 범위 내에서 출제합니다. 이때 임의의 두 수는 난수로 숫자를 만들도록 합니다.
• 로봇의 출발점은 (1, 1) 위치이며, 정답 여부에 따라 계단을 오르내리기를 반복하다가 로봇이 (10, 10) 위치까지 올라가면 게임을 종료합니다. 단, (1, 1) 위치에서 문제가 틀릴 경우 더 이상 내려갈 곳이 없으므로 현재 위치를 그대로 유지합니다.
• 월드 파일은 미리 제공한 '프로젝트_3.wld'를 불러와 사용하고, 완성한 프로그램은 '프로젝트_3.rur'로 저장합니다.

문제 해결하기

⭐ [실행 결과]와 [처리 조건]을 분석하여 프로그램에서 수행할 작업들을 설계합니다.

【문제 분석 및 알고리즘 설계】

문제를 해결하려면 계단 오르기, 계단 내려오기, 구구단 문제 출제하기, 정답 여부에 따라 계단을 오를지 내려올지를 결정하는 작업이 필요합니다.

프로그램을 작성할 때는 계단 오르기와 내려오기는 사용자 정의 함수를 사용하고, 구구단 문제는 난수로 만들도록 합니다. 문제의 답에 따라 더 올라갈 계단이 있는지, 더는 내려갈 계단이 없는 위치인지를 판단하도록 합니다.

1단계 계단 오르기를 upstair( ) 함수로 정의하기

2단계 계단 내려오기를 downstair( ) 함수로 정의하기

3단계 구구단 문제 출제하기

4단계 정답 여부에 따라 계단 오르고 내려오기 수행

프로그래밍하기

1단계 **계단 오르기를 upstair( ) 함수로 정의해 봅시다.**

로봇의 위치를 (x, y)라고 가정할 때, (x+1, y+1)의 위치로 이동하는 함수를 만들도록 합니다. 그런데 출발점의 로봇 앞은 막혀 있기 때문에 계단을 오르기 위해서는 '좌회전 → 전진 → 우회전 → 전진' 순으로 동작해야 하므로 이 과정을 프로그램으로 작성합니다.

 실행 결과

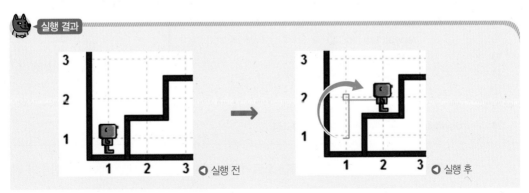

○ 실행 전   ○ 실행 후

```
1    def upstair( ) :
2        turn_left( )        ◄┄┄ 좌회전하기
3        move( )             ◄┄┄ 전진하기          사용자 정의 함수로 계단 오르기를
4        repeat(turn_left, 3) ◄┄ 좌회전을 3번 반복하기   정의하기
5        move( )             ◄┄┄ 전진하기
6    upstair( )              ◄┄┄ 계단 오르기 함수를 호출하기
```

2단계 계단 내려오기를 downstair( ) 함수로 정의하여 추가해 봅시다.

계단 내려오기 함수는 계단 오르기 함수와 반대로 로봇의 현재 위치가 (x, y)일 때, (x-1, y-1)의 위치로 이동해야 합니다. 로봇이 계단을 내려오기 위해서는 '뒤로 돌기 → 전진 → 좌회전 → 전진 → 좌회전' 순으로 동작해야 하므로 이 과정을 프로그램으로 작성합니다.

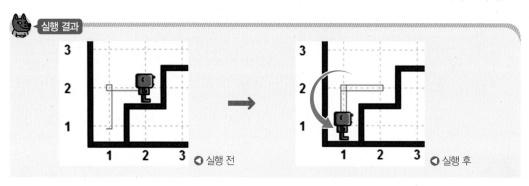

◀ 실행 전   ◀ 실행 후

```
1    def upstair( ) :
2            turn_left( )
3            move( )
4            repeat(turn_left, 3)
5            move( )
6    upstair( )
7
8    def downstair( ) :
9            repeat(turn_left, 2)  ◄┄ 왼쪽으로 회전하기를 2번 반복하기
10           move( )               ◄┄ 전진하기                          사용자 정의 함수로 계단 내려오기를
11           turn_left( )          ◄┄ 왼쪽으로 회전하기                정의하기
12           move( )               ◄┄ 전진하기
13           turn_left( )          ◄┄ 왼쪽으로 회전하기
14   downstair( )                  ◄┄┄ 계단 내려오기 함수를 호출하기
```

프로그램을 실행하여 1~5행의 계단 오르기 함수와 8~13행의 계단 내려오기 함수가 제대로 작동되는지 확인한 후 6행과 14행의 명령을 삭제합니다.

3 단계 구구단 문제를 출제해 봅시다.

구구단 문제는 보통 '3×8 ?'과 같이 2개의 숫자를 임의로 생성하여 곱셈식을 보여 주어야 하므로 1~9 범위의 수를 생성하기 위해 'random.randint( )' 함수를 사용합니다. 또한 문제를 사용자에게 보여 주면서 질문하기 위해 출력 창이나 입력 창을 이용합니다.

구분	입력 창으로 질문한 경우	출력 창으로 질문한 경우
실행 결과	requesting an integer ✕ 3 X 8 ? [ ] OK Cancel	1 3 · X · 8 · ? · 2
명령문	• 질문에 대한 대답의 자료형에 따라 입력문이 달라집니다. • 정수일 경우: input_int( ) 함수 사용 • 문자일 경우: input_string( ) 함수 사용	출력문은 print( ) 함수를 사용합니다.

임의의 두 수를 생성하여 구구단 문제를 만들기 위해 'random 클래스'를 불러와 프로그램에 적용합니다.

실행 결과

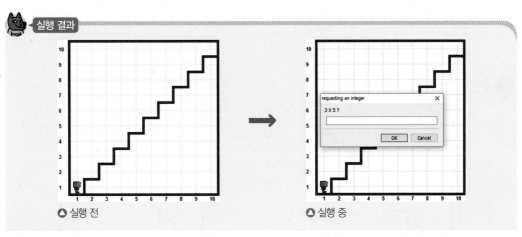

◑ 실행 전   ◑ 실행 중

프로그램

```
1    import random    ◀······ random 클래스 불러 오기
2
3    def upstair( ) :
4        turn_left( )
5        move( )                          계단 오르기 함수 정의
6        repeat(turn_left, 3)
7        move( )
8
9    def downstair( ) :
```

```
10        repeat(turn_left, 2)
11        move( )
12        turn_left( )                 계단 내려오기 함수 정의
13        move( )
14        turn_left( )
15
16    x = random.randint(1, 9)         난수로 1~9 사이의 수를 임의로 2개 생성하여 각각 x, y 변수에 저장하기
17    y = random.randint(1, 9)         입력문에서 "%d X %d ?"의 형식에 의해 '3 x 5 ?'와 같은 질문을 화
18    answer = input_int("%d X %d ? " %(x, y))    면에 보여주고, 사용자가 키보드로 입력한 계산값은 변수 answer에
                                       저장하기
```

 정답 여부에 따라 계단 오르고 내려오기를 추가해 봅시다.

[3단계]에서는 문제 출제를 한 번만 수행했지만 로봇은 계단 오르기를 (10, 10) 위치까지 이동해야 게임을 종료할 수 있습니다. 따라서 계단의 최종 목적지를 저장하거나 이긴 횟수를 저장하여 게임 종료 여부를 판단해야 합니다.

여기에서는 게임의 이긴 횟수를 저장할 변수로 win을 설정하고 win이 9이면 게임을 종료합니다. 즉, 구구단 문제에 대한 답을 맞히면 한 계단 오르고, 답이 틀리면 한 계단 내려옵니다. 이때 win의 값을 1씩 가감하여 win이 9가 되면 게임을 종료하고, win이 0인 상태에서 구구단 문제의 답이 틀릴 경우 로봇은 더 이상 내려갈 곳이 없으므로 아무런 동작을 하지 않도록 하는 것이 중요합니다.

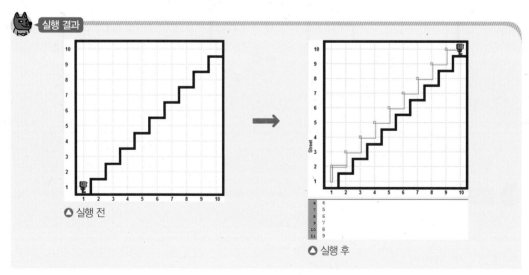

◐ 실행 전   ◐ 실행 후

```
1      import random
2
3      def upstair( ) :
4          turn_left( )
5          move( )
6          repeat(turn_left, 3)
7          move( )
8
9      def downstair( ) :
10         repeat(turn_left, 2)
11         move( )
12         turn_left( )
13         move( )
14         turn_left( )
15
16     win = 0      ◄┈┈┈┈ win은 구구단 퀴즈에서 이긴 횟수를 저장할 변수로 초깃값은 0으로 지정하기
17     while win! = 9 :
18         x = random.randint(1, 9)
19         y = random.randint(1, 9)
20         answer = input_int("%d X %d ? " %(x, y))
21         if answer == x*y :
22             win = win + 1
23             upstair( )
24         elif win > 0 :
25             win = win − 1
26             downstair( )
27         print(win)
28
29     turn_off( )
```

질문한 구구단의 계산값이 정답이면 변수 win의 값을 1 증가하고, 계단 오르기 함수를 호출하여 계단을 한 칸 오른 후 27행으로 이동하기

정답이 아니면서 win 변수의 값이 0보다 크면 win의 값을 1 감소하고, 계단 내려오기 함수를 호출하여 계단을 한 칸 내려간 후 27행으로 이동합니다. 만약 win의 값이 0이면 로봇이 (1, 1) 위치에 있는 것이므로 내려가는 동작을 하지 않고 바로 27행으로 이동하기

게임의 종료 조건인 win값이 9가 될때까지 18~27행을 반복하기

현재 변수 win의 값을 출력한 후 17행으로 이동하기

 두 사람이 함께 1~19단까지의 구구단 문제를 풀면서 계단 오르기 게임을 할 수 있도록 해 봅시다.

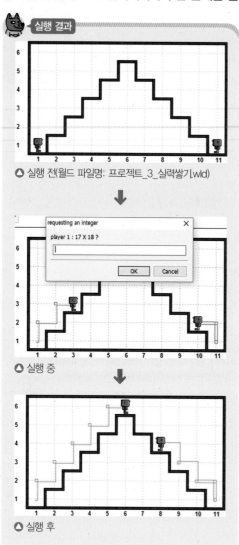

실행 결과

◎ 실행 전(월드 파일명: 프로젝트_3_실력쌓기.wld)

◎ 실행 중

◎ 실행 후

처리 조건

- 이 게임에는 두 명이 참가하여 누가 먼저 승리하는 지를 정하기 위해 보라색 로봇과 파란색 로봇을 지정합니다. 이때 보라색 로봇의 위치는 player1(1, 1), 파란색 로봇의 위치는 player2(11, 1)로 지정합니다.
- 로봇은 서로 마주보고 시작하며 번갈아 가면서 두 자리 숫자의 구구단 즉, 1~19 사이의 수를 생성하여 계산한 곱셈 값을 입력하도록 합니다.
- 두 로봇 중 먼저 종료 지점(6, 1)에 도착하면 게임을 종료합니다.
- 완성한 프로그램은 '프로젝트_3_실력쌓기.rur' 로 저장합니다.

두 자리 숫자 덧셈하기

활동
목표

•두 자리 숫자끼리의 덧셈 프로그램을 만들 수 있다.

★ 두 자리의 숫자, 즉 첫 번째 줄과 두 번째 줄의 숫자를 더한 결괏값을 일의 자리, 십의 자리, 백의 자리 순으로 알려 주도록 해 봅시다.

실행 결과

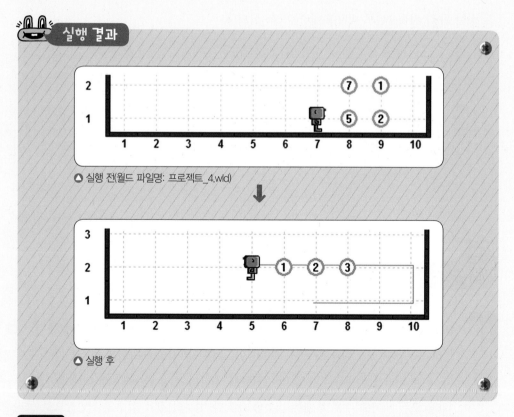

◎ 실행 전(월드 파일명: 프로젝트_4.wld)

◎ 실행 후

처리 조건

•두 자리의 수 두 개의 합, 즉 71과 52를 더한 값을 구한다고 가정할 때 로봇은 각각의 비퍼들을 하나씩 가져와서 숫자로 저장하는 작업을 진행하도록 합니다.
•월드 파일은 미리 제공한 '프로젝트_4.wld'를 불러오도록 하고, 완성한 프로그램은 '프로젝트_4.rur'로 저장합니다.

★ [실행 결과]와 [처리 조건]을 분석하여 프로그램에서 수행할 작업들을 설계합니다.

【문제 분석 및 알고리즘 설계】

두 자리의 숫자 두 개를 저장한 후 덧셈을 하기 위해서는 다음과 같이 비퍼를 숫자로 저장하고 두 수의 덧셈 결과를 비퍼로 내려놓는 작업이 필요합니다.

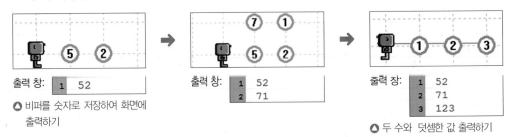

출력 창: `1` `52`

🔵 비퍼를 숫자로 저장하여 화면에 출력하기

출력 창: `1` `52` / `2` `71`

출력 장: `1` `52` / `2` `71` / `3` `123`

🔵 두 수와 덧셈한 값 출력하기

두 수, 즉 71과 52를 변수 a, b에 각각 저장하고 a와 b의 값을 더한 결과를 변수 sum에 저장한 뒤 각 자릿수별로 비퍼를 내려놓도록 합니다.

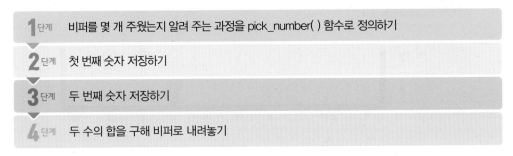

1 단계 비퍼를 몇 개 주웠는지 알려 주는 과정을 pick_number( ) 함수로 정의하기

2 단계 첫 번째 숫자 저장하기

3 단계 두 번째 숫자 저장하기

4 단계 두 수의 합을 구해 비퍼로 내려놓기

1 단계 **비퍼를 몇 개 주웠는지 알려 주는 과정을 pick_number( ) 함수로 작성해 봅시다.**

한 칸 앞에 있는 곳에 몇 개의 비퍼가 있는지를 알기 위한 작업을 함수로 만들도록 합니다. 이때 비퍼가 존재하는 동안 비퍼를 주울 때마다 특정 변수에 1씩 더해 총 개수를 구합니다. 모든 비퍼를 주운 후에는 개수를 누적한 변수의 값을 함수의 리턴값으로 돌려주고, 이 값을 화면에 출력합니다.

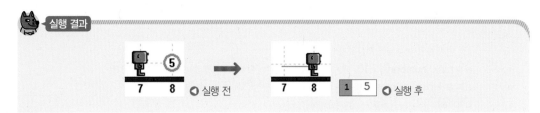

7 8 ◀ 실행 전 1 5 ◀ 실행 후

프로그램

```
1   def pick_number( ) :
2       num = 0  ◀---- 비퍼의 수를 저장할 변수 num을 생성하고 0으로 초기화하기
3       move( )  ◀---- 한 칸 전진하기
4       while on_beeper( ) :
5           pick_beeper( )
6           num = num + 1
7       return num      비퍼의 개수를 구한 변수 num의 값을
8                       호출한 함수의 리턴값으로 되돌려 주기
9   a = pick_number( )  ◀-- pick_number( ) 함수를 호출하여 1~7행을 수행한 후 결괏값, 즉 num의 값을 변수 a에 저장하기
10  print(a)  ◀---- 변수 a의 값 출력하기
```

비퍼를 하나 주울 때마다 변수 num의 값을 1씩 증가하는 작업 반복하기

한 칸 앞에 있는 비퍼의 개수를 알려주기 위한 작업을 pick_number( ) 함수로 정의하기

※ 프로그램은 9행부터 시작하고 9행에서 pick_number( ) 함수를 호출하므로 1~7행을 수행하고 복귀한 후 10행을 수행합니다.

2단계 첫 번째 숫자를 저장해 봅시다.

두 자리의 수는 비퍼가 놓인 순서에 따라 첫 번째 비퍼가 십의 자릿수, 두 번째 비퍼는 일의 자릿수가 됩니다. 따라서 십의 자리인 첫 번째 비퍼를 변수 a에 저장하고 10을 곱한 후 일의 자리인 두 번째 자리의 비퍼를 주워서 십의 자릿수를 저장한 변수 a에 누적합니다. 숫자를 저장한 후에는 두 번째 숫자 자리 뒤로 이동합니다.

실행 결과

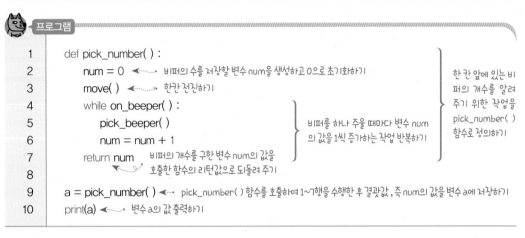

두 번째 숫자 자리 뒤로 이동하기

7 8 9 10 ◀ 실행 전 1 52 ◀ 실행 후

프로그램

```
1   def pick_number( ) :
2       num = 0
3       move( )
4       while on_beeper( ) :
5           pick_beeper( )
6           num = num + 1
```

```
7        return num
8
9    #첫 번째 수를 변수 a에 저장하기
10   a = pick_number( ) * 10   ◄----- 십의 자리 숫자를 파악한 뒤 10을 곱하여 변수 a에 저장하기
11   a = a + pick_number( )    ◄----- 일의 자리 숫자를 확인하고 변수 a에 누적하기
12   print(a)   ◄----- 변수 a의 값을 출력하기
13
14   move( )        ┐
15   turn_left( )   │  다음 숫자를 저장하기 위해 이동하기
16   move( )        │
17   turn_left( )   ┘
```

3 단계 두 번째 숫자를 저장해 봅시다.

두 번째 숫자는 첫 번째 숫자와 달리 로봇이 뒤쪽에 위치하고 있으므로 처음에 줍는 비퍼의 수는 일의 자릿수, 두 번째 줍는 비퍼의 수는 십의 자릿수가 됩니다. 숫자로 저장하기 위해 첫 번째 주운 비퍼의 수, 즉 일의 자릿수를 변수 b에 저장하고, 두 번째 주운 비퍼의 수, 즉 10의 자릿수는 10을 곱하여 변수 b에 누적합니다.

실행 결과

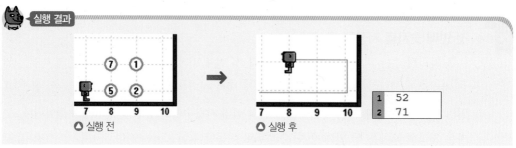

◎ 실행 전   ◎ 실행 후

| 1 | 52 |
| 2 | 71 |

프로그램

```
1    def pick_number( ) :
2        num = 0
3        move( )
4        while on_beeper( ) :
5            pick_beeper( )
6            num = num + 1
7        return num
8
9    #첫 번째 수를 변수 a에 저장하기
10   a = pick_number( ) * 10
11   a = a + pick_number( )
12   print(a)
13
14   move( )
15   turn_left( )
```

16	move( )
17	turn_left( )
18	
19	#두 번째 수를 변수 b에 저장하기
20	b = pick_number( ) ◄·········► 두 번째 숫자에서 일의 자릿수를 파악하여 변수 b에 저장하기
21	b = b + pick_number( ) * 10 ◄········► 두 번째 숫자에서 십의 자릿수를 확인하고 10을 곱한 후 변수 b에 누적하기
22	print(b) ◄········► 변수 b를 출력하기

 4 단계 두 수의 합을 비퍼로 내려놓도록 해 봅시다.

두 수가 저장된 변수 a, b를 더한 값을 변수 sum에 저장합니다. sum의 값은 두 자릿수 또는 세 자릿수입니다. sum의 값은 일의 자릿수, 십의 자릿수, 백의 자릿수로 구분하여 출력해야 하므로 나머지 값을 구할 때 사용하는 '%' 연산자를 이용하여 'sum % 10'을 하면 sum의 값을 10으로 나누었을 때 나머지 값을 구해 출력합니다. 다시 'sum/10'을 하여 sum 값의 자릿수를 줄이는 작업을 sum의 값이 0 이하일 때까지 반복합니다.

⬛ sum의 값이 123과 580이라고 가정할 때 각 자릿수의 값을 구하는 과정

구분	⬛ sum의 값이 123일 때	⬛ sum의 값이 58일 때
일의 자릿수 구하기	123 % 10 = 3만큼 비퍼 내려놓기 123 / 10 = 12	58 % 10 = 8만큼 비퍼 내려놓기 58 / 10 = 5
십의 자릿수 구하기	12 % 10 = 2만큼 비퍼 내려놓기 12 / 10 = 1	5 % 10 = 5만큼 비퍼 내려놓기 5 / 0 = 0 〈종료〉
백의 자릿수 구하기	1 % 10 = 1만큼 비퍼 내려놓기 1 / 0 = 0 〈종료〉	

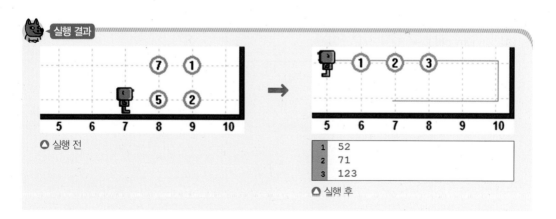

실행 결과

○ 실행 전

1	52
2	71
3	123

○ 실행 후

```
1    def pick_number( ) :
2        num = 0
3        move( )
4        while on_beeper( ) :
5            pick_beeper( )
6            num = num + 1
7        return num
8
9    #save 1st number(a)
10   a = pick_number( ) * 10
11   a = a | pick_number( )
12   print(a)
13
14   move( )
15   turn_left( )
16   move( )
17   turn_left( )
18
19   #save 2st number(b)
20   b = pick_number( )
21   b = b + pick_number( ) * 10
22   print(b)
23
24   #add and number
25   sum = a + b          ◀⋯⋯ 변수 a와 b의 더한 값을 구해 sum 변수에 저장하기
26   while sum > 0 :
27       repeat(put_beeper, sum % 10)    ◀⋯ 변수 sum 값에서 일의 자릿수만큼
28       sum = sum / 10                       비퍼를 내려놓기
29       move( )         ◀⋯⋯ 변수 sum의 값을 10으로 나눈 몫만 저장하기
30   print(a + b)        ◀⋯⋯ 변수 a와 b의 더한 값을 출력하기
31   turn_off( )         ◀⋯⋯ 로봇의 동작을 종료하기
```

sum의 값이 0이 될 때까지 덧셈 결과만큼 비퍼를 내려놓는 작업을 반복하기

다음과 같이 임의의 두 수를 곱셈한 값을 출력해 봅시다.

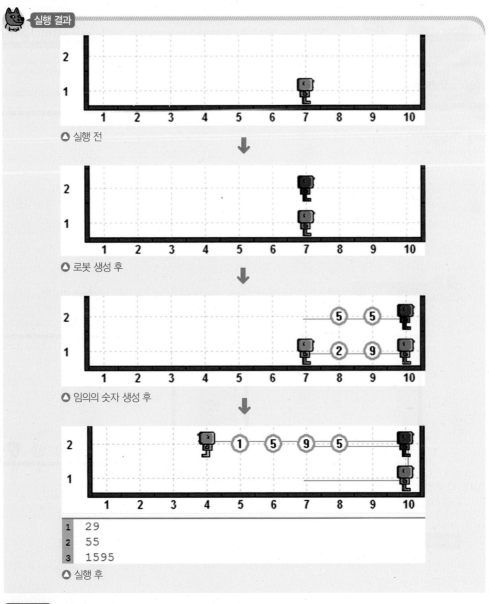

● 실행 전

● 로봇 생성 후

● 임의의 숫자 생성 후

1	29
2	55
3	1595

● 실행 후

처리 조건

• 앞에서 두 자릿수의 두 수를 덧셈하는 작업을 수행하였고, 실력 쌓기에서는 추가 로봇에 의해 색성되는 임의의 두 자릿수의 두 개 수를 곱셈한 값을 구하도록 합니다.

• 20개의 비퍼를 가진 두 로봇(robot1((7, 1) 위치의 보라색 로봇), robot2((7, 2) 위치의 파란색 로봇))이 난수로 임의의 두 자리 숫자를 비퍼로 내려놓으면 로봇이 두 숫자를 인식하여 곱셈한 결과를 내려놓고 화면에 출력하도록 합니다.

• 완성된 프로그램은 '프로젝트_4_실력쌓기.rur'로 저장합니다.

로또 번호 생성기

• 로또 복권처럼 일정 범위의 수 중에서 임의로 6개의 숫자들을 추출하는 프로그램을 만들 수 있다.

⭐ 로봇이 1~45 사이의 숫자 중 임의의 숫자를 6개 생성하여 비퍼로 결과를 알려 주도록 해 봅시다. 이 프로그램은 일정한 범위에 있는 숫자들의 순서를 임의로 바꾸고자 할 때 사용하면 좋습니다.

실행 결과

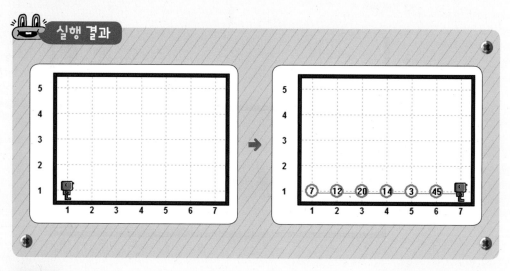

처리 조건

• 월드 크기는 7×5로 하고, 로봇은 비퍼를 500개 이상 지니게 한 후 월드 파일은 '프로젝트_5.wld'로 저장하도록 합니다.
• 1~45 사이의 숫자를 모두 리스트에 저장합니다. 45개의 숫자가 저장된 리스트 내의 위치를 임의로 100번 섞은 후 숫자를 6개씩 추출하도록 합니다.
• 완성된 프로그램은 '프로젝트_5.rur'로 저장합니다.

문제 해결하기

★ [실행 결과]와 [처리 조건]을 분석하여 프로그램에서 수행할 작업들을 설계합니다.

【문제 분석 및 알고리즘 설계】

먼저 리스트에 1부터 45까지의 정수 45개를 저장한 후 그 숫자들을 전체 섞어 주는 작업을 10번 반복합니다. 그런 다음 리스트 내의 45개 숫자 중 앞에서부터 6개를 순서대로 꺼내면서 각 숫자만큼 비퍼를 내려놓는 작업을 진행합니다.

1단계 월드 크기와 비퍼 지정하기

2단계 로또 리스트 생성 및 숫자 입력하기

3단계 로또 숫자 섞기

4단계 로또 번호 안내하기

 로또(lotto)란?

나눔 Lotto 6/45는 2002년 12월 2일부터 나눔 로 또에서 판매하는 복권입니다. 줄여서 로또복권 또는 로 또 등으로 불립니다. 사람들은 1~45 범위의 수에서 서로 다른 여섯 개의 숫자를 고르거나 자동 숫자 발생 기로 고른 6개가 적힌 복권을 삽니다. 매주 토요일 저 녁에 진행하는 추첨 결과와 일치하는 숫자의 개수에 따라 당첨금을 지급하며, 숫자의 순서는 상관없습니다. 1등 담청 확률은 1/8,145,0600이라고 합니다.

[출처] 나눔로또(http://www.nlotto.co.kr)

프로그래밍하기

 1단계 **월드 크기 및 비퍼를 지정해 봅시다.**

(월드 크기 지정)을 클릭하여 크기를 7×5로 지정하고, (비퍼 설정)을 클릭하여 로봇에게 비퍼를 500개 이상 지정합니다.

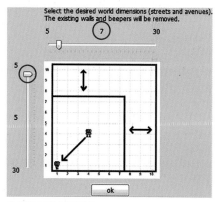

🔵 월드 크기 지정하기

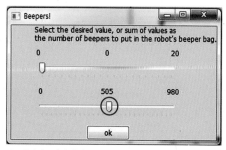

🔵 비퍼 수 지정하기

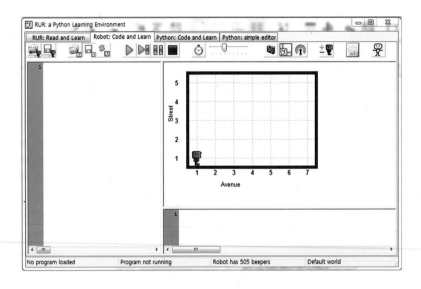

현재 월드를 저장하기 위해 ![] (월드 파일 저장)을 클릭한 후 파일명을 '프로젝트_5. wld'로 지정합니다.

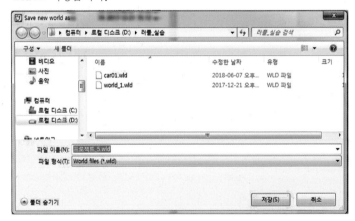

2단계 로또 리스트 생성 및 숫자를 입력해 봅시다.

로또복권은 숫자 1~45 중 임의로 6개의 수를 선택합니다. 먼저 lotto 리스트를 선언하고 여기에 1~45 사이의 정수를 생성하여 차례대로 입력합니다.

프로그램

```
1    import random  ◀······ random 함수 사용을 위해 random 클래스 호출하기
2
3    lotto= [ ]  ◀······ lotto 리스트 선언하기
4    for i in range(1, 46) :  }  반복문으로 i 변수의 값을 1부터 45까지 1씩 증가하면서 lotto 리스트에 저장하기
5        lotto.append(i)    ※ 4~5행은 'lotto = range(1, 46)'으로도 리스트 생성과 동시에 값을 입력할 수 있습니다.
6    print(lotto)  ◀······ lotto 리스트에 저장한 값을 출력하기
```

1 　[1,·2,·3,·4,·5,·6,·7,·8,·9,·10,·11,·12,·13,·14,·15,·16,·17,·18,·19,·20,·21,·22,·23,
·24,·25,·26,·27,·28,·29,·30,·31,·32,·33,·34,·35,·36,·37,·38,·39,·40,·41,·42,·43,·44,·45]

lotto 리스트에는 어떤 값들이 저장되나요?

4～5행에 의해 lotto[0]～lotto[44]까지의 요소에는 다음과 같은 값들을 저장합니다.

변수 i의 값 변화	1	2	3	4		43	44	45
	lotto[0]	lotto[1]	lotto[2]	lotto[3]	⋯	lotto[42]	lotto[43]	lotto[44]

3 단계 로또 리스트에 저장된 숫자들을 무작위로 섞어 봅시다.

리스트의 각 요소에 저장된 값은 1부터 45까지의 인덱스(상대적 위치)를 통해 접근할 수 있습니다. 임의의 두 수를 입력받아 두 인덱스에 기억된 값을 서로 바꾸는 작업을 합니다. 이 작업을 100번 정도 반복하면 초기에 기억했던 리스트 내의 값들의 위치는 다양한 위치로 바뀝니다.

예

초기 상태	1	2	3	4	5	⋯⋯	41	42	43	44	45
	lotto[0]	lotto[1]	lotto[2]	lotto[3]	lotto[4]	⋯⋯	lotto[40]	lotto[41]	lotto[42]	lotto[43]	lotto[44]

• 임의의 자리 숫자 교환 (1회): a, b = 0～44 중 임의의 수를 생성
예 a = 3, b = 42

두 요소의 값 서로 바꾸기

1회 후	1	2	3	43	5	⋯⋯	41	42	4	44	45
	lotto[0]	lotto[1]	lotto[2]	lotto[3]	lotto[4]	⋯⋯	lotto[40]	lotto[41]	lotto[42]	lotto[43]	lotto[44]

• 임의의 자리 숫자 교환 (2회): a, b = 0～44 중 임의의 수를 생성
예 a = 42, b = 1

교환

2회 후	1	4	3	43	5	⋯⋯	41	42	2	44	45
	lotto[0]	lotto[1]	lotto[2]	lotto[3]	lotto[4]	⋯⋯	lotto[40]	lotto[41]	lotto[42]	lotto[43]	lotto[44]

⋮

리스트 내의 두 요소에 기억된 값을 서로 맞바꾸기 위해서는 임시로 사용할 기억 장소, 즉 변수가 하나 필요합니다.

예 lotto[1]과 lotto[3]의 값을 서로 교환하기(임시 기억 장소는 'temp' 변수를 사용)

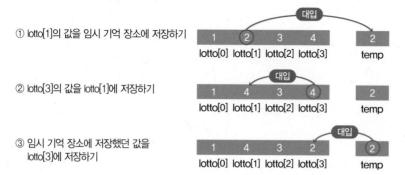

① lotto[1]의 값을 임시 기억 장소에 저장하기

② lotto[3]의 값을 lotto[1]에 저장하기

③ 임시 기억 장소에 저장했던 값을
lotto[3]에 저장하기

위와 같은 작업에 의해 lotto[1]과 lotto[3]의 값이 서로 교환됩니다.

위의 과정을 프로그램으로 작성하면 다음과 같습니다.

프로그램

```
1    import random
2
3    lotto= [ ]
4    for i in range(1, 46) :
5        lotto.append(i)
6    print(lotto)          ← 숫자 1~45를 lotto[0]부터 lotto[44]까지 기억한 값 출력
7
8    for i in range(100) :  ← 색인 변수 i는 9~13행을 100번 반복하기
9        a = random.randint(0, 44)  ⎫ 랜덤으로 0~44 범위의 숫자를 2개 생성하여 변수 a와 b에 저장하기
10       b = random.randint(0, 44)  ⎭
11       temp = lotto[a]     ⎫
12       lotto[a] = lotto[b]  ⎬ 임의의 자리인 lotto[a]와 lotto[b] 요소에 기억된 값을 서로 교환하기
13       lotto[b] = temp     ⎭
14   print(lotto)          ← 반복문을 벗어나 무작위로 바꾼 lotto 리스트의 값(lotto [0]~lotto[44])을 모두 출력하기
```

실행 결과

1 [1, 2, 3, 4, 5, 6, 7, 8, 9, 10, 11, 12, 13, 14, 15, 16, 17, 18, 19, 20, 21, 22, 23, 24, 25, 26, 27, 28, 29, 30, 31, 32, 33, 34, 35, 36, 37, 38, 39, 40, 41, 42, 43, 44, 45]
○ 실행 전

⬇

2 [18, 20, 13, 36, 27, 16, 1, 21, 28, 35, 3, 11, 33, 40, 39, 25, 2, 30, 44, 22, 38, 32, 42, 9, 26, 8, 34, 7, 19, 5, 6, 15, 23, 45, 14, 31, 29, 12, 41, 37, 24, 17, 43, 4, 10]
○ 실행 후

4 단계 로또 번호 6개를 출력해 봅시다.

[2단계] 작업에 의해 lotto 리스트 내의 45개 숫자들의 위치가 재배치되었습니다. 로또는
6개의 숫자로 구성되므로 lotto 리스트의 0번에서부터 5번까지 6개의 수를 출력하도록 합

니다. lotto[0]~lotto[5]에 저장된 숫자를 월드에서 (1, 1)~(6, 1) 위치에 비퍼들을 차례대로 내려놓으면서 로또 번호를 출력하는 프로그램을 작성합니다.

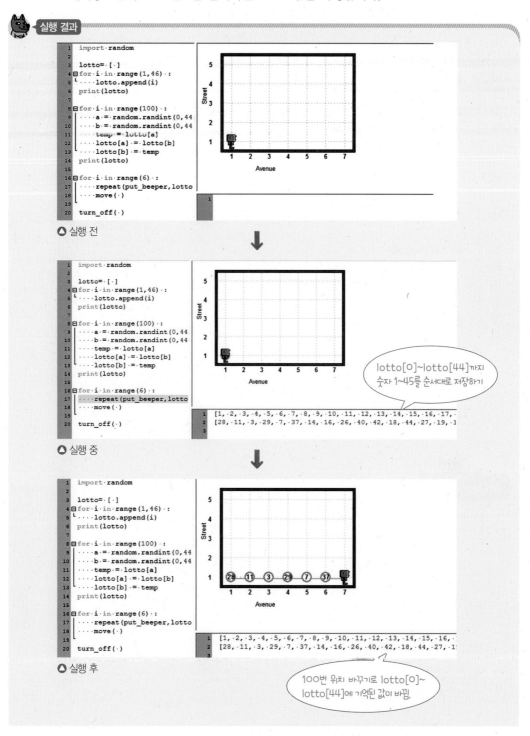

위의 과정을 프로그램으로 작성하면 다음과 같습니다.

```
1    import random
2
3    lotto= [ ]
4    for i in range(1, 46) :
5        lotto.append(i)
6    print(lotto)
7
8    for i in range(100) :
9        a = random.randint(0, 44)
10       b = random.randint(0, 44)
11       temp = lotto[a]
12       lotto[a] = lotto[b]
13       lotto[b] = temp
14   print(lotto)
15
16   for i in range(6) :
17       repeat(put_beeper, lotto[i])
18       move( )
19
20   turn_off( )
```

lotto[0]~lotto[5]에 기억된 값을 비퍼 숫자로 내려놓고, 한 칸씩 전진하는 동작을 6번 반복하기, 즉 월드의 (1, 1) 위치부터 (6, 1) 위치까지 비퍼 내려놓기

MEMO

 [번호 생성 알고리즘]을 이용하여 1~45 범위의 서로 다른 숫자를 6개 생성하여 다음과 같이 출력해 봅시다.

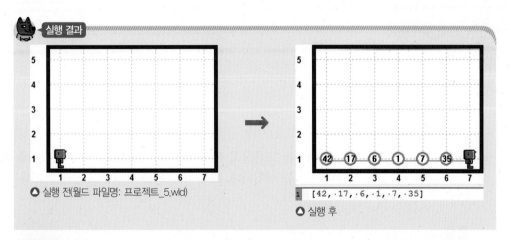

실행 결과

○ 실행 전(월드 파일명: 프로젝트_5.wld)

`1 [42, ·17, ·6, ·1, ·7, ·35]`

○ 실행 후

처리 조건

• '프로젝트_5'에서는 45개의 숫자를 저장한 리스트의 내부 숫자를 모두 변경한 다음 앞에서부터 6개의 로또 번호를 출력했습니다. 여기에서는 아래의 [번호 생성 알고리즘]과 같은 방법으로 로또 번호를 출력하도록 합니다.

번호 생성 알고리즘

1단계: 랜덤 함수로 1~45 범위의 수 중에서 임의의 숫자 1개 생성하기

2단계: 생성한 숫자가 로또 번호를 저장한 숫자들과 비교하여 중복된 수가 아니면 리스트에 추가하고, 만약 저장된 숫자와 새로 생성한 숫자가 중복될 경우 [1단계]로 이동하여 다시 숫자 생성하기

3단계: 리스트의 크기가 6미만, 즉 6개의 숫자가 생성되지 않았으면 [1단계]와 [2단계]를 반복하고 그렇지 않으면 [4단계]로 이동하기

4단계: 생성한 6개의 로또 번호 출력하기

• 완성한 프로그램은 '프로젝트_5_실력쌓기.rur'로 저장합니다.

신문 배달하기

활동 목표
• 요청한 장소에 신문을 배달하는 프로그램을 만들 수 있다.

★ 우리는 정보 기술의 발달로 택배를 드론으로 배달하는 시대에 살고 있으며, 다가올 미래에는 로봇이 신문을 배달하기도 할 것입니다. 로봇이 신문을 배달하고 돌아오도록 해 봅시다.

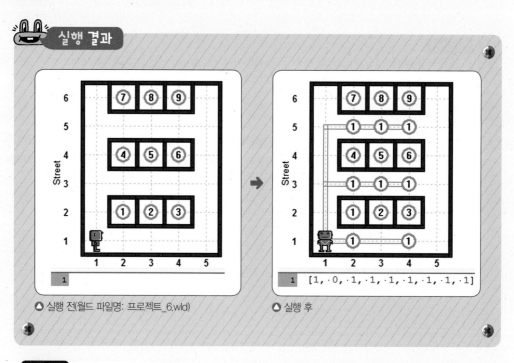

○ 실행 전(월드 파일명: 프로젝트_6.wld)   ○ 실행 후

처리 조건

• 러플 마을에는 거리마다 세 집씩 9개의 집이 있고 신문 보급소에서는 로봇을 이용하여 신문을 구독하는 집 앞에 비퍼 신문을 배달합니다.
• 로봇은 신문을 배달할 때마다 임의로 ①~⑨번의 집 중 신문을 넣을 곳을 결정하여 신문을 배달하고 복귀합니다.
• 월드 파일은 미리 제공한 '프로젝트_6.wld'를 불러와 사용하고, 완성한 프로그램은 '프로젝트_6.rur'로 저장합니다.

문제 해결하기

★ [실행 결과]와 [처리 조건]을 분석하여 프로그램에서 수행할 작업들을 설계합니다.

【문제 분석 및 알고리즘 설계】

로봇이 해결해야 하는 문제는 신문 보급소에서 지정한 ①에서부터 ⑨번 집 앞에 비퍼 신문을
1개씩 내려놓는 것입니다. 먼저 신문 보급소에서 배달할 집을 임의로 지정해 주는 부분이 필요하
고, 로봇은 신문 배달을 위해 한 거리에 세 집씩 있는 곳을 지나면서 집 앞에 신문을 내려놓을지
말지를 결정하는 작업이 필요합니다. 이 과정에서 로봇은 순서대로 집들을 지나가기 위해 ① →
② → ③, ④ → ⑤→ ⑥, ⑦ → ⑧ → ⑨와 같이 방문하도록 로봇의 움직임을 함수로 정의합
니다.

1단계 임의로 신문을 배달할 집 선정하기

2단계 반복되는 로봇의 움직임을 함수로 정의하기

3단계 신문 배달 프로그램 완성하기

프로그래밍하기

1단계 임의로 신문을 배달할 집을 선정해 봅시다.

러플 마을에는 집이 ①~⑨까지 순서대로 존재하므로 리스트를 정의하고 신문을 배달할
집은 1, 배달하지 않을 집은 0을 저장하여 구분합니다. 이때 0과 1은 random 함수로 정합
니다.

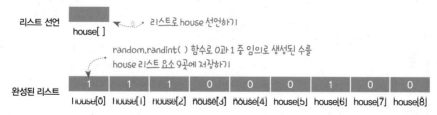

 실행 결과

```
1  [1, ·1, ·1, ·0, ·0, ·0, ·1, ·0, ·0]
```
house[0]~house[8]에
기억된 값 출력하기

```
1    import random  ←------ random 함수를 사용하기 위해 random 클래스를 불러오기
2
3    house = [ ]  ←------ 리스트를 house로 정의하고 각 요소에는 저장된 값이 없음
4    for i in range(0, 9) :
5        house.append(random.randint(0,1))
6    print(house)  ←
```

난수로 0 또는 1의 수를 생성하여 house 리스트, 즉 house[0]~house[8]까지의 각 요소에 값을 차례대로 저장하기

색인 변수 i의 값은 0~8까지 1씩 증가하면서 5행을 9번 반복하기

반복문을 벗어난 후 house 리스트, 즉 house[0]~house[8]에 기억된 값을 모두 출력하기

2단계 반복되는 로봇의 움직임을 함수로 정의해 봅시다.

로봇은 신문 배달을 위해 리스트에 있는 각 집을 순서대로 방문하는 것이 편리합니다. 이때 한 거리에 있는 세 집을 방문하고 다음 거리로 이동하여 다시 세 집을 방문하는 방법으로 진행합니다.

따라서 로봇의 움직임 중 ① → ② → ③을 갔다가 다시 ① 위치로 돌아오는 반복되는 과정을 back_avenue( ) 함수로 정의하면 다음과 같습니다.

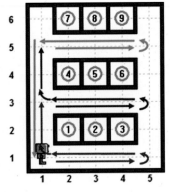

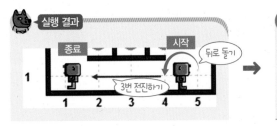
실행 결과

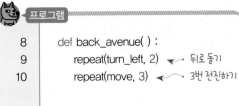
프로그램

```
8    def back_avenue( ) :
9        repeat(turn_left, 2)  ←--- 뒤로 돌기
10       repeat(move, 3)  ←--- 3번 전진하기
```

또한 ③ → ④ 또는 ⑥ → ⑦과 같이 두 거리로 이동하는 부분을 next_street( ) 함수로 정의하면 다음과 같습니다.

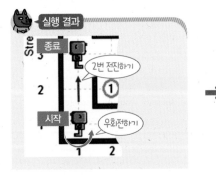
실행 결과

프로그램

```
12   def next_street( ) :
13       repeat(turn_left, 3)  ←-------- 우회전하기
14       repeat(move, 2)  ←-------- 2번 전진하기
15       repeat(turn_left, 3)  ←-------- 우회전하기
```

마지막으로 ⑨ → ①인 시작 위치로 돌아오기 위한 동작을 back_home( ) 함수로 정의하여 진행합니다.

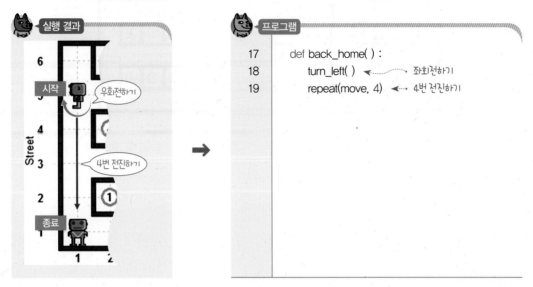

실행 결과

프로그램

```
17    def back_home( ) :
18        turn_left( )          좌회전하기
19        repeat(move, 4)       4번 전진하기
```

3 단계 신문 배달 프로그램을 완성해 봅시다.

로봇이 ①~⑨까지의 집들을 순서대로 방문하면서 house 리스트, 즉 house[0]~house[8]에 저장된 값이 1이면 해당 집 앞에 신문을 내려놓고, 0이면 신문을 내려놓지 않도록 합니다.

이처럼 집집마다 방문하여 신문을 놓을지 말지를 결정하는 작업을 한 줄에 세 집(avenue)씩 3번 반복해야 하는데, 이때 중첩 for문을 이용하여 처리하면 효율적입니다.

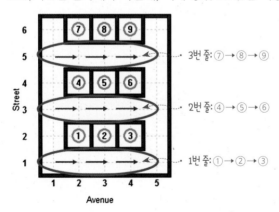

```
1    import random
2
3    house = [ ]
4    for i in range(0, 9) :
5        house.append(random.randint(0, 1))        신문 배달할 집을 난수로 생성하기
6    print(house)
7
8    def back_avenue( ) :
9        repeat(turn_left, 2)        back_avenue( ) 함수 정의하기
10       repeat(move, 3)
11
12   def next_street( ) :
13       repeat(turn_left, 3)
14       repeat(move, 2)           next_street( ) 함수 정의하기
15       repeat(turn_left, 3)
16
17   def back_home( ) :
18       turn_left( )              back_home( ) 함수 정의하기
19       repeat(move, 4)
20
21   count = 0   ◁····· 집집마다 방문하기 위해 집 번호를 카운트하기 위한 변수로 초깃값을 0으로 지정하기
22   for i in range(3) :  ◁·····  각 거리마다 집이 세 채씩있으므로 집을 방문할 때마다 24~28행을 반복
23       for j in range(3) :        하면서 집 앞에 신문을 놓을지 말지를 결정하는 작업을 3번 반복하기
24           if(house[count] == 1) :
25               move( )
26               put_beeper( )      만약에 house[count] 요소의 값이 1이면 비퍼를
27           else :                 내려놓고 이동하고, 0이면 그냥 이동하기
28               move( )
29           count = count + 1   ◁····· 다음 집의 리스트 요소 값을 확인하기 위해 변수 count의 값을 1 증가하기
30       back_avenue( )   ◁····· 한 줄(한 거리)이 끝나면 back_avenue( ) 함수를 호출하기
31       if(i < 2) :           다음 줄로 이동하는 명령으로 총 2번만 이동하기 위해 i변수의 값이 0
32           next_street( )     과 1일때만 실행하기 위한 조건문
33   back_home( )   ◁····· 모든 임무를 마치고 시작 위치(1,1)로 복귀하기
34   turn_off( )
```

거리는 총 3줄
(street)이
므로 23~32행
안의 동작을 3
번 반복하기

신문을 배달할 집 번호를 직접 입력해 봅시다.

[프로젝트_6]의 신문 배달에서는 난수를 생성하여 신문을 넣을 집인지 아닌지를 임의로 결정하였습니다. 하지만 실력 쌓기에서는 입력문으로 배달할 집 번호를 입력하면 그 숫자를 리스트에 저장하고 해당 집 앞에 비퍼 신문을 배달하도록 합니다.

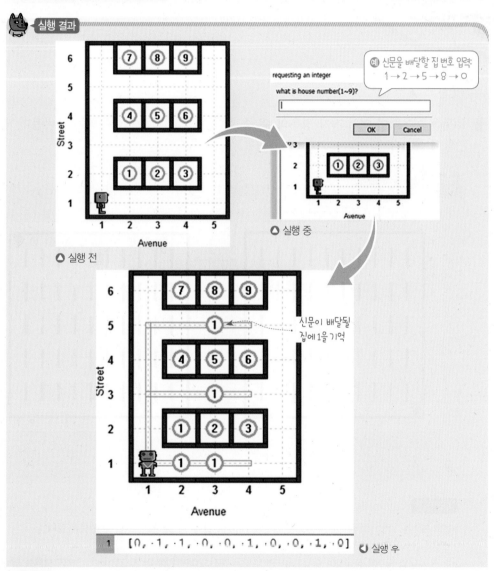

처리 조건

• 1~9 사이의 숫자가 입력되면 리스트에 저장하고, 이외의 숫자가 입력되면 모든 집이 입력되었다고 가정하고 신문 배달을 시작합니다.

• 완성된 프로그램은 '프로젝트_6_실력쌓기.rur'로 저장합니다.

제비뽑기

활동 목표

• 여러 숫자 중 하나를 선택하여 이동하는 제비뽑기 프로그램을 작성할 수 있다.

⭐ 로봇을 이용하여 여러 가지 경우의 수 중 한 가지를 선택하여 이동하는 제비뽑기 게임을 만들어 봅시다.

실행 결과

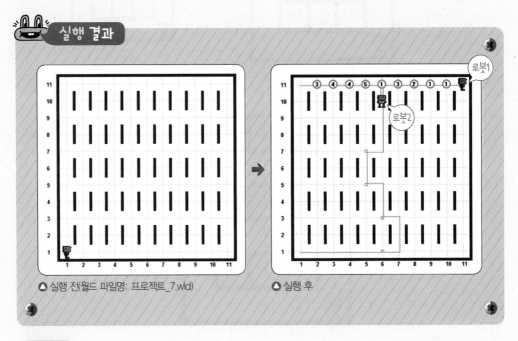

🔺 실행 전(월드 파일명: 프로젝트_7.wld)　　🔺 실행 후

처리 조건

• 맵의 크기는 11×11의 월드로 구성하며, 최대 9가지 경우의 수 중 하나를 선택할 수 있도록 합니다.
• 로봇은 (1, 1) 위치에 있다가 (6, 1) 위치로 이동한 다음 움직이도록 합니다.
• 1~3 사이의 난수를 생성하여 숫자가 1이면 로봇은 전진, 2이면 왼쪽 앞 칸으로 이동, 3이면 오른쪽 앞 칸으로 이동하는 작업을 통해 위로 올라가도록 합니다.
• 월드 파일은 미리 제공한 '프로젝트_7.wld'를 불러와 사용하고, 완성된 프로그램은 '프로젝트_7.rur'로 저장합니다.

⭐ [실행 결과]와 [처리 조건]을 분석하여 프로그램에서 수행할 작업들을 설계합니다.

【문제 분석 및 알고리즘 설계】

제비뽑기는 다음과 같이 두 가지 역할을 담당하는 로봇이 있습니다.

• **[로봇 1]** 선택한 경우의 수를 임의로 배치하는 임의 숫자 배치: 게임에 참여할 사람의 수를 입력하여 임의로 섞어서 배치합니다.

• **[로봇 2]** 출발 지점부터 경우의 수가 배치된 위치로 찾아가는 제비뽑기: 출발 지점에서 1~3까지 임의의 방향으로 목적지까지 이동합니다.

1 단계	로봇이 제비뽑기를 위해 시작 위치로 이동하기
2 단계	제비뽑기 참가자 수 입력 및 임의의 수를 생성하여 위치 정하기
3 단계	제비뽑기 진행 및 결과 안내하기

프로그래밍하기

1 단계 **로봇이 제비뽑기를 위해 시작 위치로 이동해 봅시다.**

월드 크기가 11×11로 구성된 맵에서 첫 번째 줄을 시작으로 하여 11번째 줄까지 제비뽑기를 위해 이동합니다. 이때 제비뽑기할 로봇은 가운데 즉, (6, 1) 위치에서 시작하여 위로 올라가도록 합니다.

실행 결과

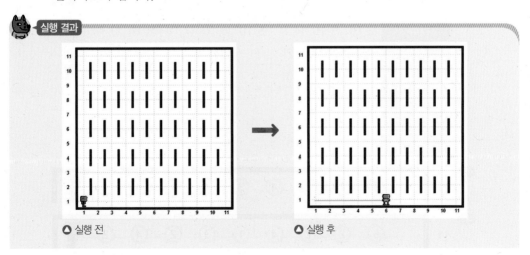

🔺 실행 전　　　　　　　🔺 실행 후

```
1      import random  ◄---------- random 클래스의 함수를 사용하기 위해 불러오기
2
3      def turn_right( ) :        ⎫
4          repeat(turn_left, 3)   ⎬ 사용자 정의 함수 turn_right( ) 생성하기
5                                 ⎭
6      repeat(move, 5)            ⎫ 로봇은 (6,1) 위치로 이동한 후 위쪽을 보게 하기
7      turn_left( )               ⎭
```

2단계 **제비뽑기 참가자 수를 입력받고, 임의의 수를 생성하여 위치를 정해 봅시다.**

제비뽑기를 위해 참가자의 수를 입력받고 임의의 수를 생성하여 참가자들의 위치를 배치합니다. 제비뽑기를 종이로 할 때에는 사람들이 원하는 위치를 고르지만, 여기에서는 로봇이 위치를 임의로 정하도록 합니다. 이때 게임의 극적 효과를 높이기 위해 사용자가 선택한 번호를 동등하게 표시하지 않고 랜덤하게 배치합니다. 예를 들어, 사용자가 5명이면 번호를 표시할 칸이 9개이므로 1~5번이 9/5=1.8번 출력됩니다. 하지만, 1~5번을 임의의 개수만큼 나오게 하여 게임의 재미를 높였습니다. 예를 들어, 1번 0개, 2번 3개, 3번 1개, 4번 1개, 5번 3개가 표시될 수도 있습니다.

제비뽑기할 경우의 수가 5명일 때 진행 과정을 살펴보면 다음과 같습니다.

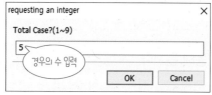

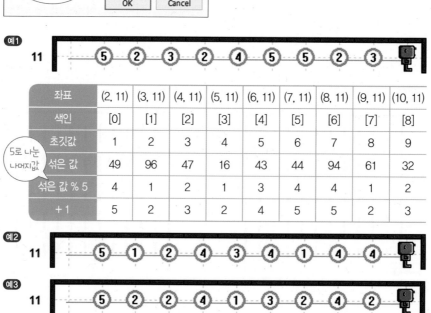

좌표	(2, 11)	(3, 11)	(4, 11)	(5, 11)	(6, 11)	(7, 11)	(8, 11)	(9, 11)	(10, 11)
색인	[0]	[1]	[2]	[3]	[4]	[5]	[6]	[7]	[8]
초깃값	1	2	3	4	5	6	7	8	9
섞은 값	49	96	47	16	43	44	94	61	32
섞은 값 % 5	4	1	2	1	3	4	4	1	2
+1	5	2	3	2	4	5	5	2	3

5로 나눈 나머지값

게임 참가자가 선택한 번호를 (2, 11)에서 (10, 11)까지 9개 위치에 임의 개수만큼 배치하기 위해 새로운 로봇으로 생성합니다. 임의의 숫자를 만들기 위해 1~99개의 원소를 가진 리스트를 생성하여 임의로 섞습니다. 그리고 나머지 값을 구하는 연산자를 이용하며 사용자 수 이하로 출력하도록 합니다.

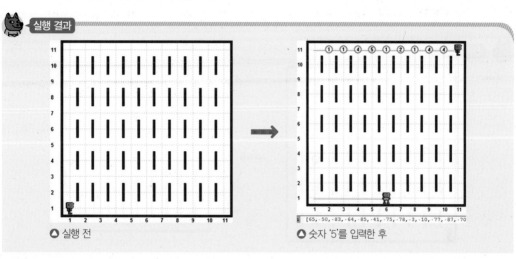

🔺 실행 전 　　　　　🔺 숫자 '5'를 입력한 후

```
1    import random
2
3    def turn_right( ) :
4        repeat(turn_left, 3)
5
6    repeat(move, 5)
7    turn_left( )
8
9    #input and shuffle list
10   case = input_int("Total Case?(1~9)")
11   robot1 = UsedRobot(1, 11, beepers=100, colour='purple')
12   robot1.move( )
13   case_list = range(1,100)
14   random.shuffle(case_list)
15   print(case_list)
16
17   for i in range(0, 9) :
18       repeat(robot1.put_beeper,case_list[i] % case + 1)
19       robot1.move( )
```

제비뽑기에 참가할 사용자의 수를 변수 case로 입력받기 (최소 1~최대 9인 경우의 수)

제비뽑기에서 사람들이 선택한 숫자를 임의로 배치하기 위해 새로운 로봇 생성하기

임의의 숫자는 (2,11)에서 (10,11)까지 9개를 놓게 되는데, 시작 지점은 (2,11)로 이동하기

임의의 숫자를 생성하기 위해 1~99까지의 값을 갖는 리스트 생성하기

리스트 내의 요소들을 임의로 섞어 주기

섞인 리스트를 출력 창에 보여 주기

섞인 리스트 중 0~9번의 값을 (2, 11)에서부터 (10, 11) 위치까지 비퍼를 내려놓기. 이때 임의의 숫자가 사람들이 선택한 값 이하로 출력하기 위해 '(리스트의 값 % 사용자 수) + 1'로 변환하여 비퍼를 내려놓기

3 단계 제비뽑기 진행 및 결과를 안내해 봅시다.

제비뽑기 로봇은 사용자가 선택한 숫자 중에 한곳으로 이동하여 당첨 번호를 선택하는 단계입니다. 숫자 1~3 중 임의의 수를 생성하여 전진, 왼쪽으로 한 칸 전진, 오른쪽으로 한 칸 전진을 하면서 벽까지 이동합니다. 모두 이동했으면 당첨된 번호를 안내하기 위해 로봇이 춤을 추도록 합니다.

실행 결과

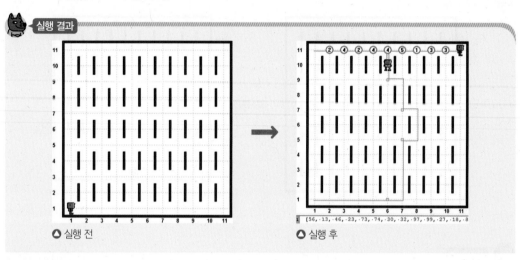

◎ 실행 전   ◎ 실행 후

프로그램

```
1    import random
2
3    def turn_right( ) :
4        repeat(turn_left, 3)
5
6    repeat(move, 5)
7    turn_left( )
8
9    #input and shuffle list
10   case = input_int("Total Case?(1~9)")
11   robot1 = UsedRobot(1, 11, beepers = 100, colour = 'purple')
12   robot1.move( )
13   case_list = range(1,100)
14   random.shuffle(case_list)
15   print(case_list)
16
17   for i in range(0, 9) :
18       repeat(robot1.put_beeper,case_list[i] % case + 1)
19       robot1.move( )
20
21   while(front_is_clear( )) :
22       x = random.randint(1, 3)
```

23	`#print(x)`	}1이면 전진하기	
24	`if x == 1 : # go stright`		
25	`    repeat(move, 2)`	}2이면 왼쪽으로 한 칸 이동하기 (예 (6, 1) → (5, 2)로 이동)	로봇이 벽에 닿을 때까지 숫자 1~3 중 하나를 임의 로 생성하여 전진, 왼쪽 앞 칸, 오른쪽 앞 칸 중 한 곳 으로 이동하는 작업 반복하기
26	`elif x == 2 : # go left`		
27	`    turn_left( )`		
28	`    move( )`		
29	`    turn_right( )`		
30	`    repeat(move, 2)`	}3이면 오른쪽으로 한 칸 이동하기 (예 (6, 1) → (5, 3)으로 이동)	
31	`else : # go right`		
32	`    turn_right( )`		
33	`    move( )`		
34	`    turn_left( )`		
35	`    repeat(move, 2)`		
36	`repeat(turn_left, 2)`	}로봇은 당첨된 칸의 숫자를 보여 주기 위해 뒤로 후진하여 승리의 춤추기	
37	`move( )`		
38	`repeat(turn_left, 100)`		
39			
40	`turn_off( )`		

MEMO

미션에서는 참가자 수만큼 공정하게 출력되지 않아서 제비뽑기 당첨 확률이 0%인 경우도 있었습니다. 이번에는 참가자 수만큼 공정하게 비퍼를 내려놓도록 수정해 봅시다.

【알고리즘】

1단계 빈 리스트를 생성합니다.

2단계 1부터 사용자의 수(n)까지 9/n 번 출력합니다.
- 예1 n이 3이면 1, 1, 1, 2, 2, 2, 3, 3, 3 (9개)
- 예2 n이 4이면 1, 1, 2, 2, 3, 3, 4, 4 (8개)

3단계 [2단계]에서 리스트의 개수가 9개가 아니면 나머지는 0을 채웁니다.

4단계 리스트를 임의의 순서로 섞어 줍니다.

5단계 리스트의 순서대로 비퍼를 내려놓습니다.

실행 결과

◎ 실행 전

◎ 실행 후(예 사용자 수가 4일 때)

11 ① ② ① ② ① ① ② ②

```
1   [1, ·1, ·1, ·1, ·2, ·2, ·2, ·2, ·0]
2   [1, ·2, ·0, ·1, ·2, ·1, ·1, ·2, ·2]
```

◁ 사용자 수가 2일 때
선택 번호배치

11 ③ ① ② ① ③ ① ② ③

```
1   [1, ·1, ·1, ·2, ·2, ·2, ·3, ·3, ·3]
2   [3, ·1, ·2, ·2, ·1, ·3, ·1, ·2, ·3]
```

◁ 사용자 수가 3일 때
선택 번호 배치

처리 조건 완성된 프로그램은 '프로젝트_7_실력쌓기.rur'로 저장합니다.

효율적인 엘리베이터

활동 목표

• 여러 개의 엘리베이터 중 나와 가장 가까운 거리에 있는 엘리베이터가 오도록 프로그램을 작성할 수 있다.

★ 초고층 건물에 두 대의 엘리베이터가 있을 경우, 버튼을 누르면 멀리 있는 엘리베이터가 오는 경우가 있습니다. 이번 프로젝트에서는 사용자가 있는 층의 번호를 입력 창에 넣으면, 내가 있는 층과 가장 가까운 곳에 있는 로봇 엘레베이터가 먼저 도착하도록 프로그래밍해 봅시다.

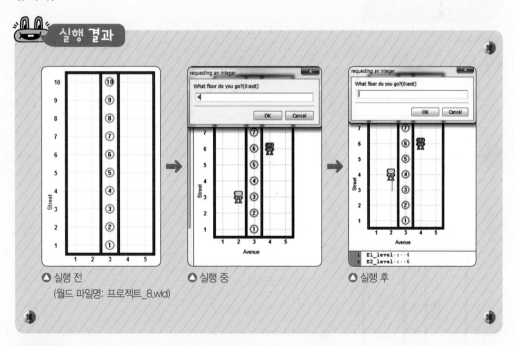

🐰 실행 결과

◎ 실행 전
(월드 파일명: 프로젝트_8.wld)

◎ 실행 중

◎ 실행 후

처리 조건

• 10층 건물에 두 대의 엘리베이터가 있다고 가정합니다.
• 두 대의 엘리베이터가 있는 위치는 난수로 1~10 사이의 수를 임의로 생성하여 정하도록 합니다.
• 위의 작업을 반복하다가 입력값이 0이면 종료합니다.
• 완성된 프로그램은 '프로젝트_8.rur'로 저장합니다.

★ [실행 결과]와 [처리 조건]을 분석하여 프로그램에서 수행할 작업들을 설계합니다.

【문제 분석 및 알고리즘 설계】

10층 건물에서 두 대의 로봇 엘리베이터를 효율적으로 움직이기 위해서는 사용자가 있는 층과 가장 가까운 곳에 있는 로봇 엘리베이터를 움직이게 하는 것입니다. 먼저 두 대의 로봇 엘리베이터를 생성하고 1~10층 중 임의의 위치로 초기화하는 작업과 사용자가 있는 층의 번호를 입력하면 현재 위치와의 거리를 계산하여 가까운 곳에 있는 엘리베이터가 입력된 숫자의 층으로 이동하는 작업이 필요합니다.

1 단계 두 대의 로봇 엘리베이터 생성 및 위치 초기화하기

2 단계 사용자가 입력한 층으로 엘리베이터 이동하기

프로그래밍하기

1 단계 두 대의 로봇 엘리베이터 생성 및 위치를 초기화해 봅시다.

1번 로봇 엘리베이터(E1)는 2번 칸에서 움직이고, 2번 로봇 엘리베이터(E2)는 4번 칸에서 움직입니다. 그리고 시작하는 위치를 초기화하기 위해 random.randrange( ) 함수를 사용합니다.

 실행 결과

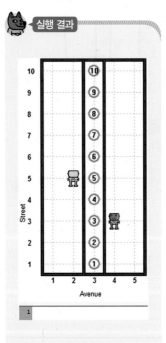

🐾 프로그램

```
1   import random
2   import math
3
4   E1_level = random.randrange(1, 10)
5   E2_level = random.randrange(1, 10)
6
7   E1 = UsedRobot(2, E1_level, 'n', colour = 'yellow')
8   E1.set_delay(0)
9   E2 = UsedRobot(4, E2_level, 's', colour = 'green')
10  E2.set_delay(0)
```

설명

1행	임의의 수를 생성하기 위해 random 클래스를 불러 옵니다.
2행	수학 관련 함수를 사용하기 위해 math 클래스를 불러 옵니다. ([2단계]에서 사용합니다.)
4~5행	E1, E2 로봇 엘레비이터의 시작 층을 지정하기 위해 임의의 숫자를 생성합니다.
7행	E1 로봇은 2번 칸에 생성합니다.
8행	E1 로봇의 움직임을 가장 빠르게 설정합니다.
9행	E2 로봇을 4번 칸에 생성합니다.
10행	E2 로봇의 움직임을 가장 빠르게 설정합니다.

2 단계 사용자가 입력한 층으로 엘리베이터를 이동해 봅시다.

사용자가 입력한 층과 E1, E2의 엘리베이터가 있는 층들을 비교하여 가장 가까운 곳에 있는 로봇 엘리베이터를 사용자가 입력한 층으로 오도록 하는 단계로 다음과 같은 순서에 의해 프로그램이 실행되도록 합니다.

❶ 사용자가 있는 층을 입력하여 E1, E2 엘리베이터 중 가까운 로봇 엘리베이터를 선정합니다.
❷ 로봇의 방향이 북쪽이나 남쪽을 바라보고 있으므로 사용자가 있는 층과 로봇 엘리베이터가 있는 위치를 비교하여 방향을 변경합니다.
❸ 로봇 엘리베이터가 있는 층과 사용자가 입력한 층의 차이만큼 이동합니다.
❹ 프로그램을 종료하려면 '0'을 입력합니다.

위의 과정을 도식화하면 다음과 같습니다.

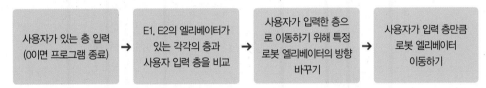

이 중에서 두 번째 단계인 사용자가 입력한 층과 가까운 로봇 엘리베이터를 선정하려면 사용자가 입력한 층과 E1의 거리 차이를 절댓값으로 구하고, E2도 같은 방법으로 절댓값을 구한 후, 어느쪽이 가까운지의 차이를 비교합니다. 이때 절댓값을 구하기 위해 수학 함수 중 abs( ) 함수를 사용합니다.

 abs( ) 함수는 어떻게 사용하나요?

절댓값을 반환해 주는 수학 함수입니다.
예 print (abs(-2)) ◀┈┈ -2는 음수이지만 abs( ) 함수를 사용하면 절댓값을 구하므로 2를 출력합니다.
　　 print (abs(10-20)) ◀┈┈ '10 - 20 = -10'이지만 절댓값을 구하므로 10을 출력합니다.

세 번째 단계에서는 사용자가 입력한 층보다 엘리베이터가 더 높은 층에 있으면 남쪽 방향으로 이동하고 그렇지 않으면 북쪽 방향으로 이동해야 합니다. 그러기 위해서는 현재 로봇 엘리베이터의 방향을 알아야 합니다. facing_north( ) 함수는 로봇이 현재 북쪽을 바라보고 있는지 그렇지 않은지를 알려 주는 함수입니다.

facing_north( ) 함수

로봇은 항상 남쪽이나 북쪽을 바라보고 있으므로 facing_north( ) 함수의 반환값이 'True(참)'이면 북쪽, 'False(거짓)'이면 남쪽으로 판단합니다.

로봇의 방향	명령문	결괏값
↓ 🤖 (남쪽)	print(facing_north( ))	False(거짓)
↑ 🤖 (북쪽)	print(facing_north( ))	True(참)

실행 결과

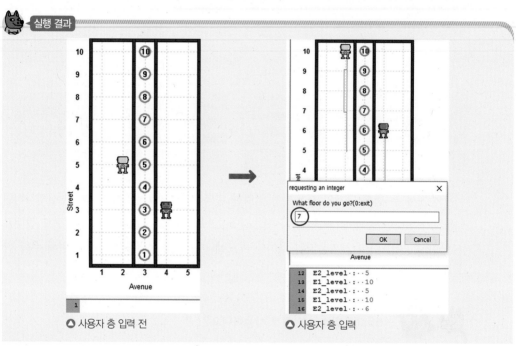

🔺 사용자 층 입력 전　　　🔺 사용자 층 입력

프로그램

```
1    import random
2    import math
3
4    E1_level = random.randrange(1,10)
5    E2_level = random.randrange(1,10)
6
7    E1 = UsedRobot(2, E1_level, 'n', colour = 'yellow')
8    E1.set_delay(0)
9    E2 = UsedRobot(4, E2_level, 's', colour = 'green')
10   E2.set_delay(0)
11
12   needs = 0   ◀┈┈ 사용자가 입력한 층을 저장할 변수 needs를 선언하고 0으로 초기화하기
```

13	diff = 0 ◁‥‥‥‥ 가까운 곳에 있는 로봇 엘리베이터 층과의 거리를 저장할 변수 diff를 선언하고 초기화하기
14	needs = input_int("What floor do you go?(0:exit)") ◁‥‥‥‥ 사용자가 있는 층을 입력하여 변수 needs에 저장하기
15	while needs != 0 :
16	if abs(needs − E1_level) <= abs(needs − E2_level) :
17	#run E1
18	diff = abs(needs − E1_level) ◁‥ E1과 사용자 입력 층과의 거리를 구해 변수 diff에 저장하기
19	if(E1_level > needs and E1.facing_north( )) : ⎫ 만약 E1 엘리베이터보다 사용자 입력 층이 더 위에 있고 E1
20	repeat(E1.turn_left, 2) ⎬ 의 방향이 북쪽이면 남쪽을 바라보도록 방향을 변경하기
21	elif(E1_level < needs and not E1.facing_north( )) : ⎫ 만약 E1 엘리베이터가 사용자 입력 층보다 아래에
22	repeat(E1.turn_left, 2) ⎬ 있고 E1의 방향이 남쪽이면 북쪽을 바라보도록 방향을 변경하기
23	
24	repeat(E1.move, diff) ◁‥‥ E1 엘리베이터를 사용자 입력 층으로 이동하기
25	E1_level = needs ◁‥‥‥ E1의 층에 diff 변수의 값을 대입하기
26	else :
27	#run E2
28	diff = abs(needs − E2_level) ◁‥‥ E2 엘리베이터와 사용자 입력 층과의 거리를 구해 변수 diff에 저장하기
29	if(E2_level > needs and E2.facing_north( )) : ⎫ 만약 E2보다 사용자 입력 층이 위에 있고 E2의 방향
30	repeat(E2.turn_left, 2) ⎬ 이 북쪽이면 남쪽을 바라보도록 방향을 변경하기
31	elif(E2_level < needs and not E2.facing_north( )) : ⎫ 만약 E2이 사용자 입력 층보다 아래에 있고 E2
32	repeat(E2.turn_left, 2) ⎬ 의 방향이 남쪽이면 북쪽을 바라보도록 방향을 변경하기
33	
34	repeat(E2.move, diff) ◁‥‥ E2를 사용자 입력 층으로 이동하기
35	E2_level = needs ◁‥‥‥ E2의 층에 diff 변수의 값을 대입하기
36	print 'E1_level : ', E1_level ⎫ 현재 E1, E2의 층을 출력하기
37	print 'E2_level : ', E2_level ⎭
38	needs = input_int("What floor do you go?(0:exit)") ◁‥ 사용자가 있는 층을 입력하여 변수 needs에 저장하기
39	E1.turn_off( ) ⎫ E1, E2의 움직임을 종료하기
40	E2.turn_off( ) ⎭

설명

15~44행   사용자가 입력한 층이 0이 아닌 동안 내부의 동작을 반복합니다.

16~28행   사용자 입력 층과의 거리가 E1에 가까우면 18~25행을 수행합니다.

26~35행   만약 사용자 입력 층과의 거리가 E2에 가까우면 28~35행을 수행합니다.

건물이 높고 크기가 커질수록 엘리베이터의 수도 많아집니다. 이번에는 3대의 엘리베이터가 있는 상황에서 사용자가 있는 층을 입력하면 해당 층과 가장 가까운 로봇 엘리베이터가 움직이도록 해 봅시다.

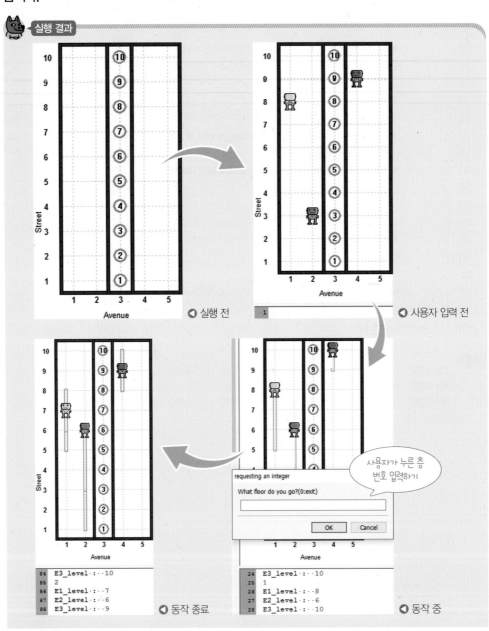

◁ 실행 전

◁ 사용자 입력 전

◁ 동작 종료

```
84   E3_level·:···10
85   2
86   E1_level·:···7
87   E2_level·:···6
88   E3_level·:···9
```

사용자가 누른 층 번호 입력하기

requesting an integer

What floor do you go?(0:exit)

OK   Cancel

```
24   E3_level·:···10
25   1
26   E1_level·:···8
27   E2_level·:···6
28   E3_level·:···10
```

◁ 동작 중

처리 조건 완성된 프로그램은 '프로젝트_8_실력쌓기.rur'로 저장합니다.

PROJECT 9

호텔 객실 정리하기

활동
목표

• 객실에 필요한 물품이나 환경을 정리하는 도우미 로봇 프로그램을 작성할 수
있다.

★ 호텔은 여행하는 사람이 편히 머물기 위한 장소입니다. 로봇을 이용하여 호텔 객실의 청
소뿐만 아니라 필요한 물품들을 준비는 작업을 시뮬레이션해 봅시다.

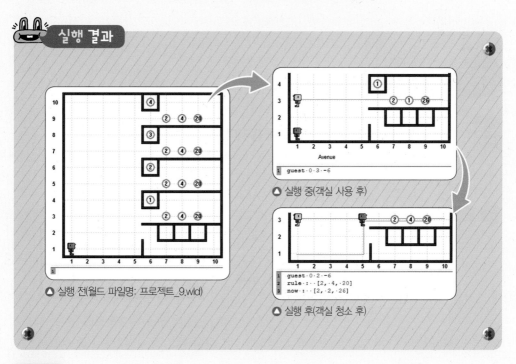

실행 **결과**

◆ 실행 전(월드 파일명: 프로젝트_9.wld)

```
1 guest · 0 · 3 · -6
```
◆ 실행 중(객실 사용 후)

```
1 guest · 0 · 2 · -6
2 rule : · · [2, · 4, · 20]
3 now : · · [2, · 2, · 26]
```
◆ 실행 후(객실 청소 후)

처리 조건

• 손님이 호텔 객실을 사용한 후 체크아웃하면 로봇은 객실의 정소뿐만 아니라 생수 2개, 수건 4상, 객실 온노 20노
유지하기 등의 준비를 하도록 합니다.
• 월드 파일은 미리 제공한 '프로젝트_9.wld'를 불러와 사용하고, 완성한 프로그램은 '프로젝트_9.rur'로 저장합니다.

⭐ [실행 결과]와 [처리 조건]을 분석하여 프로그램에서 수행할 작업들을 설계합니다.

【문제 분석 및 알고리즘 설계】

호텔 내의 생수, 수건, 온도 등을 일정하게 준비하고 유지하는 프로그램을 구현하기 위해 먼저 손님이 객실을 사용하면서 생수와 수건을 사용하고 온도를 조절하도록 시뮬레이션합니다. 아울러 손님이 객실을 체크아웃하면 청소 로봇이 객실로 이동하여 준비물(생수, 수건, 온도 상태)을 파악한 후 객실에 구비할 물품들을 정리합니다.

1 단계   손님 로봇이 객실 사용하기

2 단계   청소 로봇이 객실의 생수, 수건, 온도 상태 파악하기

3 단계   객실의 생수, 수건, 온도 상태 등을 정리하기

프로그래밍하기

1 단계 **손님 로봇이 객실을 사용하도록 해 봅시다.**

손님 로봇을 생성하여 객실 안에서는 다음과 같은 [처리 조건]에 따라 물품들을 사용하고 체크아웃하도록 합니다.

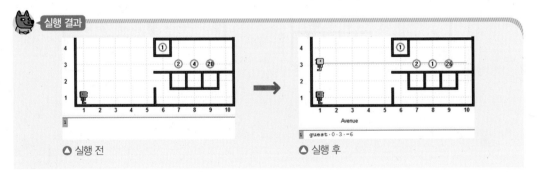

▲ 실행 전   →   ▲ 실행 후

처리 조건

• 손님 로봇의 위치는 (10, 3)으로 하고 서쪽을 바라보며 (1, 3) 위치로 이동하면 체크아웃한 것으로 가정합니다. 이때 객실 안의 손님 로봇은 이동하면서 생수 2개 이하, 수건 4개 이하를 사용할 수 있으며, 온도는 20도를 기준으로 ±10도 범위 내에서 온도를 조절할 수 있습니다.

• 객실의 기준 품목인 생수, 수건, 온도를 room_rule 리스트에 저장하고, 손님 로봇이 이동 후 객실 안의 상태는 room_status 리스트에 저장합니다.

• 손님 로봇이 사용할 물건을 저장할 기억 장소로는 resource 리스트를 생성하고, 사용하는 생수(0~2)와 수건(0~4), 온도(-10~+10)는 난수로 임의의 수를 발생하여 저장합니다. 손님 로봇은 해당 물품과 온도는 임의로 생성한 숫자만큼 사용하면서 (1, 3) 위치로 이동하면 체크아웃하는 것으로 간주합니다.

```
1    import random
2
3    room_rule = [2, 4, 20]
4    room_status = [0, 0, 0]
5
6    #R1.random setting
7    R1 = UsedRobot(10, 3, 'w', 100, colour = 'light blue')
8    R1.set_delay(0)              온도
9    resource = [random.randrange(20) - 10, random.randrange(4), random.randrange(2)]
10   print "guest", resource[2], resource[1], resource[0]       수건        생수
11   for i in range(3) :
12       R1.move( )
13       if resource[i] > 0 :
14           repeat(R1.pick_beeper, resource[i])
15       else :
16           repeat(R1.put_beeper, -resource[i])
17   while R1.front_is_clear( ) :
18       R1.move( )
```

설명

1행   임의의 수를 생성하기 위해 random 클래스를 불러 옵니다.
3행   생수(2), 수건(4), 기준 온도(20) 등 객실의 기본 상태를 room_rule 리스트에 저장합니다.
4행   손님 로봇이 객실 내의 물품들을 사용한 내용을 저장하기 위해 room_status 리스트를 생성하고 0으로 초기화합니다.
7행   손님 로봇은 (10, 3) 위치에서 서쪽을 바라보며 100개의 비퍼를 가진 밝은 파란색 로봇 R1을 생성합니다.
8행   생성된 R1 로봇의 지연 시간을 최소화합니다.
9행   R1 로봇이 객실에서 조절한 온도(-10~+10), 사용한 수건(0~4), 생수(0~2)의 숫자를 난수로 생성하여 저장합니다.
10행 9행에서 생성된 정보를 출력 창으로 보여 줍니다.
11~16행 손님 로봇이 생수, 수건, 온도를 순서대로 쓸 수 있게 3번 반복합니다.
12행 손님 로봇이 한 칸 이동합니다.
13~16행 각 물품의 수량(또는 온도)이 0보다 크면 난수로 생성한 개수만큼 비퍼 줍기를 반복합니다.

2 단계 **청소 로봇을 이용하여 객실의 생수, 수건, 온도 상태를 파악해 봅시다.**

청소 로봇이 객실로 이동하여 손님 로봇이 사용한 생수, 수건, 온도 상태를 파악하는 단계입니다. 이때 남아 있는 비퍼의 수를 파악하여 room_status 리스트에 저장합니다. 비퍼의 수를 알기 위해서는 비퍼가 있는 동안 한 개씩 주우면서 개수를 누적하고, 다시 있던 비퍼의 수만큼 내려놓으며 개수를 알려 주는 부분을 pick( ) 함수로 처리하도록 합니다.

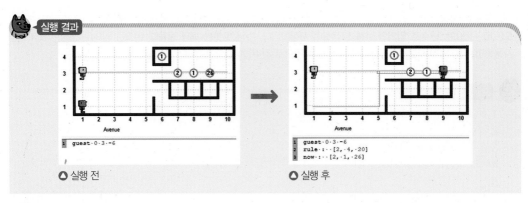

◐ 실행 전   ◐ 실행 후

프로그램

```
1    import random
2
3    room_rule = [2, 4, 20]
4    room_status = [0, 0, 0]
5
6    #R1.random setting
7    R1 = UsedRobot(10, 3, 'w', 100, colour = 'light blue')
8    R1.set_delay(0)
9    resource = [random.randrange(20) − 10, random.randrange(4), random.randrange(2)]
10   print "guest",resource[2], resource[1], resource[0]
11   for i in range(3) :
12       R1.move( )
13       if resource[i] > 0 :
14           repeat(R1.pick_beeper, resource[i])
15       else :
16           repeat(R1.put_beeper, −resource[i])
17   while R1.front_is_clear( ) :
18       R1.move( )
19
20   def pick( ) :
21       n = 0
22       while on_beeper( ) :
23           pick_beeper( )
24           n += 1
25       for i in range(n) :
26           put_beeper( )
27       return n
28
29   #clean room
30   while front_is_clear( ) :
31       move( )
32
33   turn_left( )
34   repeat(move, 2)
```

20~27: 현재 위치에서 비퍼의 개수를 파악하기 위해 비퍼를 하나씩 주울 때마다 변수 n에 1씩 누적하고, 다시 원상태로 돌려놓기 위해 n개만큼 비퍼를 내려놓고 n의 개수를 반환값으로 알려 주는 pick( ) 함수를 정의하기

30~31: 청소 로봇을 해당 객실의 생수 위치 전까지 이동하기

```
35    repeat(turn_left, 3)
36    move( )
37    for i in range(3) :
38        move( )
39        room_status[i] = pick( )
40    print "rule : ", room_rule
41    print "now : ", room_status
42    repeat(turn_left, 2)
```

생수, 수건, 온도를 나타내는 비퍼 위에서 pick( ) 함수를 호출하여 개수를 알아낸 뒤 room_status 리스트에 저장하기

print "rule : ", room_rule ← 객실 내의 기본 물품 및 온도를 출력 창에 표시하기

print "now : ", room_status ← 현 객실의 물품 및 온도 상태를 출력 창에 표시하기

repeat(turn_left, 2) ← 로봇이 물품 정리를 하기 위해 뒤로 돌게 하기

3 단계 객실 내의 생수, 수건, 온도 등을 정리해 봅시다.

청소 로봇이 파악한 객실의 상태와 객실의 기준을 비교하여 객실의 물품과 온도를 조절하는 단계입니다. 청소 로봇의 위치에서 온도 → 수건 → 생수 순으로 room_rule과 room_status의 리스트를 비교하여 기준 개수만큼 비퍼를 내려놓거나 줍는 동작을 합니다.

실행 결과

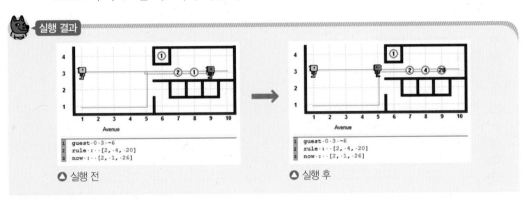

○ 실행 전   ○ 실행 후

프로그램

```
1     import random
2
3     room_rule = [2, 4, 20]
4     room_status = [0, 0, 0]
5
6     #R1.random setting
7     R1 = UsedRobot(10, 3, 'w', 100, colour = 'light blue')
8     R1.set_delay(0)
9     resource = [random.randrange(20) − 10, random.randrange(4), random.randrange(2)]
10    print "guest", resource[2], resource[1], resource[0]
11    for i in range(3) :
12        R1.move( )
13        if resource[i] > 0 :
14            repeat(R1.pick_beeper, resource[i])
15        else :
16            repeat(R1.put_beeper, −resource[i])
```

```
17    while R1.front_is_clear( ) :
18        R1.move( )
19
20    def pick( ) :
21        n = 0
22        while on_beeper( ) :
23            pick_beeper( )
24            n += 1
25        for i in range(n) :
26            put_beeper( )
27        return n
28
29    #clean room
30    while front_is_clear( ) :
31        move( )
32
33    turn_left( )
34    repeat(move, 2)
35    repeat(turn_left, 3)
36    move( )
37    for i in range(3) :
38        move( )
39        room_status[i] = pick( )
40    print "rule : ", room_rule
41    print "now : ", room_status
42    repeat(turn_left, 2)
43
44    for i in range(2, -1, -1) :
45        if room_rule[i] > room_status[i] :
46            repeat(put_beeper, room_rule[i]-room_status[i])
47        else :
48            repeat(pick_beeper, room_status[i]-room_rule[i])
49        move( )
50    move( )
51    repeat(turn_left, 2)
52    turn_off( )
```

객실의 기준 물품 및 온도를 맞추기 위해 객실의 현 상태와 비교하여 해당 물건이나 온도의 개수만큼 비퍼를 내려놓거나 줍도록 합니다. 이때 청소 로봇은 온도 → 수건 → 생수 순으로 만나기 때문에 범위를 리스트의 참조 번호를 2 → 1 → 0 순으로 for문의 range 범위를 range(2, -1, -1)로 지정하기

다음 방 청소를 위해 위치와 방향 조절하기

로봇의 동작을 종료하기

 청소 로봇을 이용하여 호텔의 모든 방을 정리해 봅시다.

[프로젝트 9]에서는 하나의 객실만 정리했지만, 이번에는 청소 로봇이 호텔의 모든 방을 돌면서 정리하도록 프로그램을 개선해 봅시다.

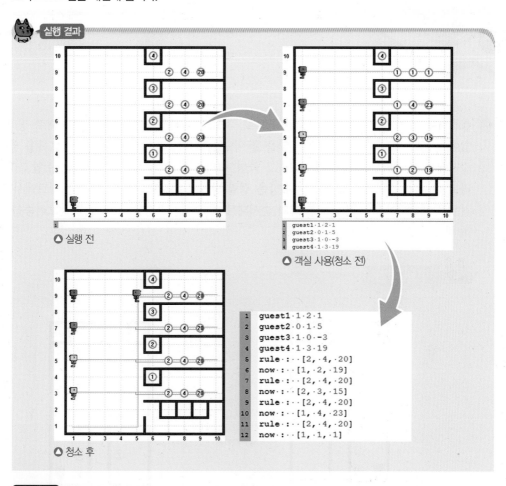

처리 조건

- 청소 로봇이 객실 4개를 정리하도록 프로그램을 수정해 봅시다. 이때, 프로그램 실행 전 로봇이 비퍼를 충분히 가지고 있는지 확인하도록 합니다.
- 완성된 프로그램은 '프로젝트_9_실력쌓기.rur'로 저장합니다.

PROJECT 10 순서대로 배치하기

활동 목표

• 많은 자료를 크기 순서대로 재배치 하는 정렬 프로그램을 작성할 수 있다.

★ 컴퓨터는 아주 많은 자료가 저장된 곳으로, 자료들이 특정 기준에 따라 순서대로 정리되어 있어야 쉽고 빠르게 찾아 원하는 일을 할 수 있습니다. 리스트에 저장된 자료들을 일정한 순서에 의해 나열하는 것을 정렬이라고 하며, 이러한 알고리즘을 정렬(sorting) 알고리즘이라고 합니다. 정렬 알고리즘에는 수많은 정렬 방법이 존재합니다. 이번 프로젝트에서는 무작위로 배치되어 있는 비퍼들을 크기 순서대로 배치하는 과정을 통해 정렬 알고리즘을 경험해 봅시다.

실행 결과

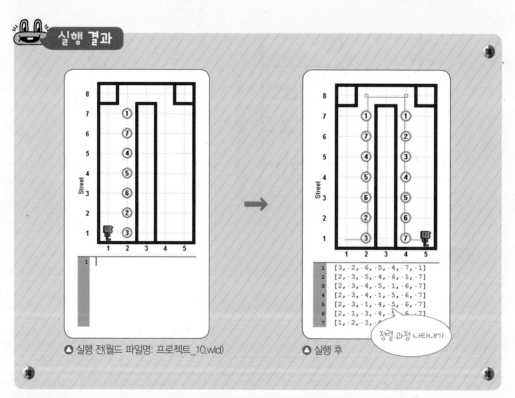

◐ 실행 전(월드 파일명: 프로젝트_10.wld)

◐ 실행 후

```
1   [3, 2, 6, 5, 4, 7, 1]
2   [2, 3, 5, 4, 6, 1, 7]
3   [2, 3, 4, 5, 1, 6, 7]
4   [2, 3, 4, 1, 5, 6, 7]
5   [2, 3, 1, 4, 5, 6, 7]
6   [2, 1, 3, 4,  6, 7]
7   [1, 2, 3,
```

정렬 과정 나타내기

처리 조건 완성된 프로그램은 '프로젝트_10.rur'로 저장합니다.

⭐ [실행 결과]와 [처리 조건]을 분석하여 프로그램에서 수행할 작업들을 설계합니다.

【문제 분석 및 알고리즘 설계】

로봇이 무작위로 놓인 비퍼들을 크기 순으로 배치하기 위해서는 비퍼들을 주우면서 각 개수를 기억한 후 비퍼 개수가 작은 것부터 큰 순서대로 내려놓도록 해야 합니다.

1단계 월드에 놓인 비퍼의 개수 알아보기

2단계 비퍼들을 크기 순으로 정렬하기

3단계 정렬한 비퍼 배치하기

프로그래밍하기

1단계 **월드에 놓인 비퍼의 개수를 알아봅시다.**

무작위로 놓인 비퍼들의 개수를 파악하는 단계입니다. 총 7개의 비퍼 모음들을 한 칸씩 이동하면서 현재 위치에 비퍼가 몇 개 있는지를 파악하여 beep 리스트에 저장하도록 합니다.

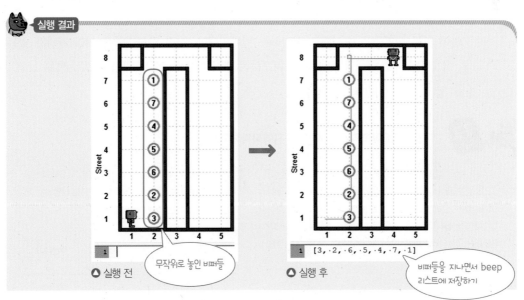

실행 결과

무작위로 놓인 비퍼들

[3, ·2, ·6, ·5, ·4, ·7, ·1]

🔵 실행 전   🔵 실행 후

비퍼들을 지나면서 beep 리스트에 저장하기

```
1    beep = [0, 0, 0, 0, 0, 0, 0]          놓여 있는 비퍼를 저장할 beep 리스트를 선언하고 원소 7개는
2                                          모두 0으로 초기화하기
3    def turn_right( ) :          }
4        repeat(turn_left, 3)     }        우회전을 위한 turn_right( ) 함수 선언하기
5
6    def pick_beep( ) :
7        count = 0
8        while on_beeper( ) :
9            count = count + 1             현재 위치에 놓인 비퍼의 개수를 알려 줄 pick_beep( ) 함수 선언하기
10           pick_beeper( )
11       repeat(put_beeper, count)
12       return count
13
14   def search( ) :
15       global beep
16       for i in range(7) :              놓여 있는 비퍼를 한 칸씩 이동하면서 개수를 beep 리스트에
17           beep[i] = pick_beep( )       저장할 search( ) 함수 선언하기
18           move( )
19       print beep
20
21   move( )
22   turn_left( )
23   search( )                            위치를 이동하며 놓여 있는 비퍼의 개수를 저장하는
24   turn_right( )                        search( ) 함수 실행하기
25   repeat(move, 2)
26   turn_right( )
```

2 단계 비퍼들을 크기 순으로 정렬해 봅시다.

놓여 있는 비퍼들을 순서대로 정렬하는 단계입니다. 정렬 알고리즘은 여러 가지가 있는데, 여기서는 바로 옆에 있는 값끼리 비교하여 순서대로 나열하는 버블 정렬(bubble sorting) 알고리즘을 사용하도록 합니다.

버블 정렬 알고리즘이 어떻게 진행되나요?

여러 개의 값들을 작은 값에서 큰 값 순으로 나열한다고 가정할 때, 버블 정렬은 인접한 두 개의 값끼리 비교하여 더 작은 값을 앞에 배치하기 위해 서로 위치를 교환하는 작업을 합니다. 버블 정렬은 이러한 과정을 반복하여 가장 큰 값을 리스트의 가장 뒷부분으로 보내는 동작을 하면서 정렬을 합니다.

예 다음과 같이 4개의 자료가 beep 리스트에 저장되어 있을 때, 오름차순(작은 값에서 큰 값 순으로 나열하는 과정)으로 나열하는 과정을 살펴봅시다.

정렬 전 자료

beep[0]	beep[1]	beep[2]	beep[3]
5	3	6	2

전체 4개의 값 중 가장 왼쪽의 값을 기준으로 설정하고, 나머지 3개의 자료를 비교 대상으로 하여 비교 작업을 진행합니다. 이때 정렬 기준은 i, 비교 대상은 j 변수로 정의하여 진행하면 다음과 같습니다.

• 1차 정렬: i = 0일 때, j = 1~3까지 비교 작업 진행

1차 정렬 후 beep[0]~beep[3] 원소 중 가장 큰 값이 beep[3] 원소에 정렬됩니다.

• 2차 정렬: i = 0, j = 1~2까지 비교 작업 진행

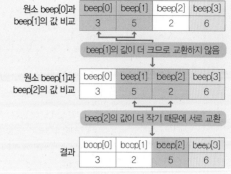

2차 정렬 후 beep[0]~beep[2] 원소 중 가장 큰 값이 beep[2] 원소에 정렬됩니다.

• 3차 정렬: i = 0, j = 1~1까지

3차까지 정렬 후 beep[0]~beep[3] 원소의 값이 모두 크기 순으로 정렬된 것을 볼 수 있습니다. 이처럼 버블 정렬은 리스트의 값들이 가장 오른쪽부터 왼쪽 방향으로 정렬되는 것을 볼 수 있습니다.

각 비퍼들의 값이 [3, 2, 6, 5, 4, 7, 1]일 때 버블 정렬을 진행하면 다음과 같은 과정을 거치면서 정렬됩니다.

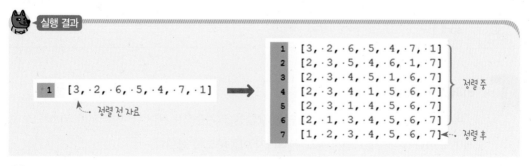

```
1    beep=[0, 0, 0, 0, 0, 0, 0]
2
3    def turn_right( ) :
4        repeat(turn_left, 3)
```

```
 5
 6    def pick_beep( ) :
 7        count = 0
 8        while on_beeper( ) :
 9            count = count + 1
10            pick_beeper( )
11        repeat(put_beeper, count)
12        return count
13
14    def search( ) :
15        global beep
16        for i in range(7) :
17            beep[i] = pick_beep( )
18            move( )
19        print beep
20
21    move( )
22    turn_left( )
23    search( )
24    turn_right( )
25    repeat(move, 2)
26    turn_right( )
27
28    def sort( ) :
29        global beep
30        for i in range(0, 6) :        ◀------• beep 리스트 기준 참조 번호를 i로 설정하여 반복하기
31            for j in range(0, 6 - i) :  ◀------• beep 리스트 참조 번호 j를 0부터 6-i번까지 반복하기
32                if beep[j] > beep[j + 1] : ⎫
33                    temp = beep[j]        ⎬  만약 현재 기준이 되는 beep[j]의 값이 비교 대상 beep[j+1] 원소의
34                    beep[j] = beep[j + 1] ⎬  값보다 크면 두 원소의 값을 교환하기
35                    beep[j + 1] = temp    ⎭
36        print beep    ◀------• 현재 beep 리스트 값을 출력하기
37
38    sort( )    ◀------• sort( ) 함수를 실행하기
```

3단계 **비퍼를 배치해 봅시다.**

버블 정렬을 이용하여 리스트의 원소 값들을 크기순으로 배치한 후 비퍼를 리스트의 순서대로 하나씩 내려놓으면서 종료 지점까지 이동하도록 합니다.

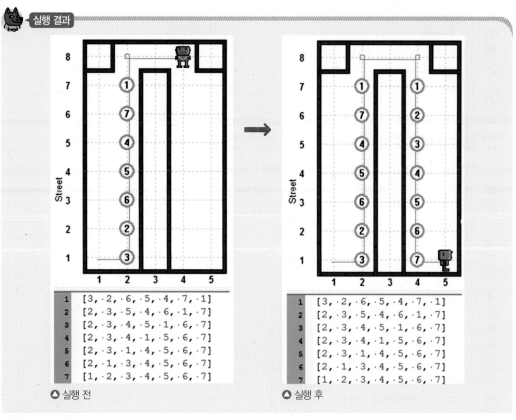

◉ 실행 전   ◉ 실행 후

프로그램

```
1    beep=[0, 0, 0, 0, 0, 0, 0]
2
3    def turn_right( ) :
4        repeat(turn_left, 3)
5
6    def pick_beep( ) :
7        count = 0
8        while on_beeper( ) :
9            count = count + 1
10           pick_beeper( )
11       repeat(put_beeper,count)
12       return count
13
14   def search( ) :
15       global beep
16       for i in range(7) :
17           beep[i] = pick_beep( )
18           move( )
19       print beep
20
21   move( )
```

```
22    turn_left( )
23    search( )
24    turn_right( )
25    repeat(move, 2)
26    turn_right( )
27
28    def sort( ) :
29        global beep
30        for i in range(0, 6) :
31            for j in range(0, 6 − i) :
32                if beep[j] > beep[j + 1] :
33                    temp = beep[j]
34                    beep[j] = beep[j + 1]
35                    beep[j + 1] = temp
36        print beep
37
38    sort( )
39
40    def run( ) :
41        global beep
42        for x in range(0, 7) :
43            move( )
44            repeat(put_beeper, beep[x])
45
46    run( )
47    turn_left( )
48    move( )
49    turn_off( )
```

정렬된 리스트의 원소 값을 순서대로 배치하기
위한 run( ) 함수를 정의하기

run( ) 함수를 실행한 후 (5, 1) 종료 위치로 이동하기

로봇의 움직임을 종료하기

순서대로 배치하는 정렬 알고리즘은 컴퓨터 과학에서 자료들을 보다 빠르게 찾을 수 있게 하는 아주 중요한 알고리즘입니다. 실력 쌓기에서는 [프로젝트_10]의 자료를 가지고 삽입 정렬을 이용하여 로봇이 주은 비퍼들을 순서대로 배치해 봅시다.

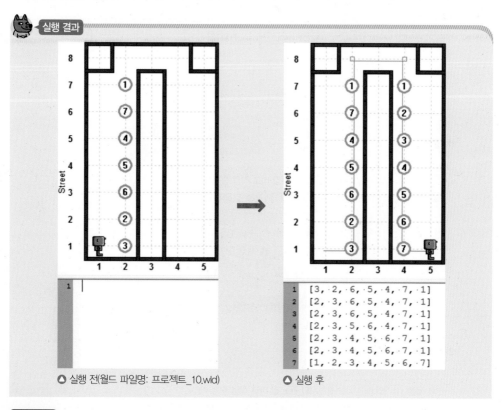

실행 결과

▲ 실행 전(월드 파일명: 프로젝트_10.wld)

▲ 실행 후

```
1  [3, ·2, ·6, ·5, ·4, ·7, ·1]
2  [2, ·3, ·6, ·5, ·4, ·7, ·1]
3  [2, ·3, ·6, ·5, ·4, ·7, ·1]
4  [2, ·3, ·5, ·6, ·4, ·7, ·1]
5  [2, ·3, ·4, ·5, ·6, ·7, ·1]
6  [2, ·3, ·4, ·5, ·6, ·7, ·1]
7  [1, ·2, ·3, ·4, ·5, ·6, ·7]
```

처리 조건

• 완성한 삽입 정렬 프로그램은 '프로젝트_10_실력쌓기.rur'로 저장합니다.

 삽입 정렬 알고리즘은 어떻게 진행되나요?

리스트에 기억된 자료들 중 두 번째 자료부터 앞에 정렬된 자료와 비교하여, 크기 순으로 자료를 삽입하는 과정을 통해 정렬을 완성하는 알고리즘입니다.

예 다음과 같이 4개의 자료가 beep 리스트에 저장되어 있을 때, 작은 값에서 큰 값 순으로 나열하기

정렬 전 자료

beep[0]	beep[1]	beep[2]	beep[3]
5	3	6	2

정렬 기준은 i, 비교 대상은 j 변수로 정의하여 진행합니다.

• 1차 정렬: i = 1일 때, j = 0~0까지의 원소 값 비교 작업 진행

beep[1]의 값을 기준으로 하여 beep[0]~beep[0]의 원소 값을 비교하여 작은 값을 앞쪽으로 이동하는 작업을 진행합니다.

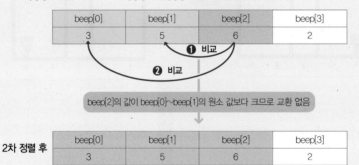

1차 정렬 후

beep[0]	beep[1]	beep[2]	beep[3]
3	5	6	2

• 2차 정렬: i = 2일 때, j = 0~1까지의 원소 값 비교 작업 진행

beep[2]의 값을 기준으로 beep[0]~beep[1]의 원소 값을 비교합니다.

beep[0]	beep[1]	beep[2]	beep[3]
3	5	6	2

❶ 비교
❷ 비교

beep[2]의 값이 beep[0]~beep[1]의 원소 값보다 크므로 교환 없음

2차 정렬 후

beep[0]	beep[1]	beep[2]	beep[3]
3	5	6	2

• 3차 정렬: i = 3일 때, j = 0~2까지의 원소 값 비교 작업 진행

beep[3]의 값을 기준으로 beep[0]~beep[2]의 원소 값을 차례대로 비교합니다.

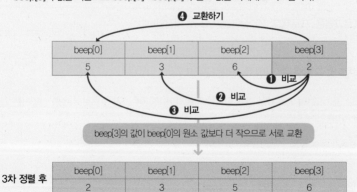

3차 정렬 후

beep[0]	beep[1]	beep[2]	beep[3]
2	3	5	6

이처럼 3차까지 정렬 후 beep[0]~beep[3] 원소의 값들이 모두 크기순으로 정렬된 것을 알 수 있습니다.

• 삼양미디어 홈페이지(www.samyangm.com)의
[고객센터]-[자료실]에서 '러플과 함께하는 파
이선&햄스터_소스 파일'을 다운로드하여 활용
해 보세요.

PART

II

파이선

CHAPTER

01

파이선 기본 익히기

파이선 프로그램을 다운로드하여 설치하고, 기본 예제들을
따라하면서 문제를 해결하는 방법을 익혀 봅시다.

START

SECTION

1 파이선 시작하기

SECTION

2 자료형과 입력문 이해

SECTION

3 리스트와 딕셔너리 자료형 이해

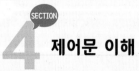

SECTION

4 제어문 이해

파이선 시작하기

활동
목표

• 파이선 언어의 특징을 이해할 수 있다.
• 파이선을 다운로드하여 설치하고 간단한 프로그래밍을 할 수 있다.

파이선(Python)은 네덜란드 수학자 귀도 반 로섬(Guido Van Rossum)이 개발한 프로그래밍 언어 중 하나로, 번역 과정은 인터프리터 방식을 사용하는 대화형 언어입니다. 파이선이란 명칭은 고대 신화 때문이 아니고 귀도가 좋아하는 코미디 쇼인 "Monty Python's Flying Circus(몬티 파이선의 날아다니는 서커스)"에서 따왔다고 합니다.

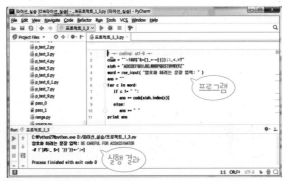

🔺 **파이선 로고** 로고에 뱀 모양이 등장하는 이유는 고대 신화에 나오는 파르나소스 산의 동굴에 살던 큰 뱀의 이름이 Python이기 때문이라고 합니다.

🔺 파이선으로 작성한 프로그램 예

 인터프리터 방식이 뭐예요?

인간이 쉽게 이해할 수 있는 고급 언어로 작성한 프로그램은 컴퓨터가 직접 이해하지 못하므로 번역 프로그램에 의해 기계어로 변환해 주어야 내용을 이해할 수 있습니다. 이때 사용하는 번역 프로그램의 종류로는 '컴파일러'와 '인터프리터' 등이 있으며, 프로그래밍 언어에 따라 번역 방식이 다릅니다.

• 컴파일러 방식: 고급 언어로 작성한 프로그램을 컴퓨터가 이해할 수 있도록 한꺼번에 기계어로 바꾸어 줍니다. 이 방식은 실행 파일이 따로 만들어지므로 필요할 때마다 또 다시 번역하지 않고도 컴퓨터가 프로그램을 바로 실행하여 처리할 수 있으므로 실행 속도가 빠르다는 장점이 있습니다.

• 인터프리터 방식: 고급 언어로 작성한 프로그램을 한 줄씩 기계어로 번역하여 실행하는 방식입니다. 매번 프로그램을 실행할 때마다 한 줄씩 번역해야 하므로 처리 속도는 느리지만, 장점은 기계어로 만드는 컴파일 단계를 거치지 않는다는 점입니다.

파이선의 특징 알기

- 문법이 간결하여 프로그래밍에 대한 기초 지식이 없어도 쉽게 배워 프로그래밍 할 수 있습니다.
- 특정 동작을 위한 명령들을 들여쓰기를 함으로써 블록을 구분하는 특성이 있어 가독성이 높아 프로그램의 흐름을 쉽게 이해할 수 있습니다.
- 대화 형식의 언어로 명령문을 한 줄씩 작성하고 바로 실행하여 결과를 확인할 수 있으므로 프로그래밍이 용이하며, 개발 속도도 빨라 다음과 같은 유머가 탄생하였다고 합니다.

> "Life is too short, You need python." (인생은 너무 짧으니 파이선이 필요해.)

- 파이선은 기본적으로 광범위한 라이브러리를 포함하고 있으며 확장성도 높습니다.
- 파이선은 무료로 사용할 수 있는 오픈 소스 언어이며, 다른 프로그래밍 언어로 개발한 프로그램도 쉽게 활용할 수 있습니다.

 ## 파이선 프로그램 다운로드하여 실행하기

따라하기 1 파이선 공식 홈페이지(https://www.python.org)에 접속한 후 메뉴 중 [다운로드]에서 '윈도용 파이선 프로그램' 설치 파일을 다운로드 합니다. 파이선은 'Python 3.x 버전'과 '2.7x 버전'이 있는데, 아직까지 활용도가 높은 2.7x 버전을 다운로드하여 사용하도록 합니다.

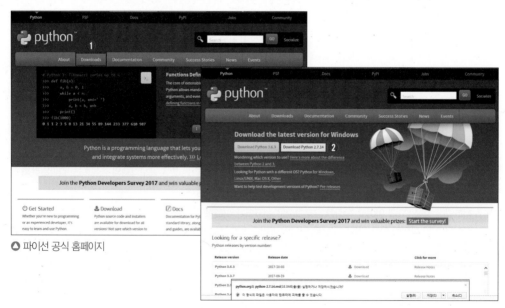

⬢ 파이선 공식 홈페이지

파이선 프로그램의 2.7x 버전과 3.x 버전의 차이는 무엇인가요?

파이선은 호환성, 라이브러리 활용 등의 이유로 2.7x 버전을 많이 사용하고 있으며 2.7x 버전과 3.x 버전의 차이점은 다음과 같습니다.

• 3.x 버전에서는 출력 명령으로 'print( )' 함수만을 사용할 수 있는 데 반해, 2.7x 버전은 'print 문장'을 사용하면서 'print( )' 함수를 사용할 수 있지만 일부 오류가 발생할 수 있습니다.

• 3.x 버전은 숫자 연산 시 자동으로 형 변환이 이루어 집니다.

구분	2.7x 버전	3.x 버전
출력문 예	print "Hello Python"	print ('Hello Python')
자동 형 변환	3 / 4 → 0 (정수와 정수의 계산으로 결괏값도 정수형 값이 나옴)	3 / 4 → 0.75 (정수와 정수의 계산이지만 실수형으로 변환되어 결괏값이 실수형으로 나옴)

• 3.x 버전부터는 기본 소스 코드 인코딩 방식이 'utf-8'이므로 해당 명령을 생략할 수 있지만, 2.7x 버전에서는 한글을 사용할 경우 소스 코드 첫 줄에 반드시 'utf-8'에 관한 문장을 명시해 주어야 합니다.

※ 이외에도 다른 미세한 차이가 있지만 전문적이지 않으면 고려하지 않아도 됩니다.

❷ 다운로드 한 파이선 프로그램은 다음과 같은 순서에 의해 설치됩니다.

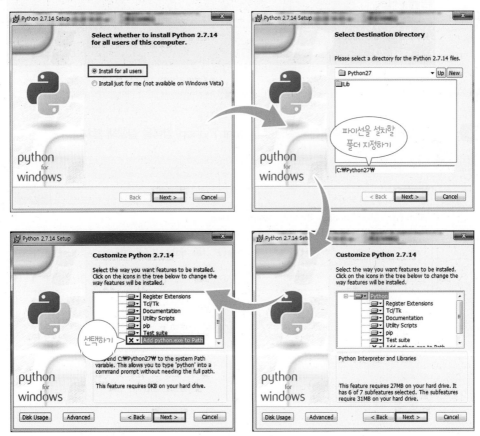

※ "Add python.exe to Path"를 설치해야 실습을 진행할 때 오류 없이 프로그램을 실행할 수 있습니다.

❸ 파이선이 제대로 설치되었는지 확인하기 위해 윈도 [시작] 메뉴의 [모든 프로그램(모든 앱)]-
[Python 2.7]을 순서대로 선택한 후 다음 메뉴를 확인합니다.

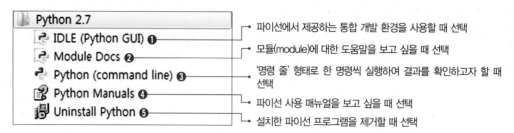

IDLE (Python GUI) ❶	파이선에서 제공하는 통합 개발 환경을 사용할 때 선택
Module Docs ❷	모듈(module)에 대한 도움말을 보고 싶을 때 선택
Python (command line) ❸	'명령 줄' 형태로 한 명령씩 실행하여 결과를 확인하고자 할 때 선택
Python Manuals ❹	파이선 사용 매뉴얼을 보고 싶을 때 선택
Uninstall Python ❺	설치한 파이선 프로그램을 제거할 때 선택

 설치한 파이선에서 제공하는 툴로 간단한 명령을 입력하여 실행해 봅시다.

실습 1 ▶ 파이선을 '명령 줄' 형태로 실행한 후 print 'Python'의 명령을 입력하여 실행해 봅시다.

명령문	print 'Python'
실행	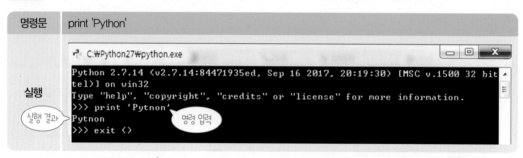

힌트 윈도 [시작] 메뉴의 [모든 프로그램(모든 앱)]-[Python 2.7]에서 Python (command line) 을 선택하여 위와 같이 명령을 입력합니다.

실습 2 ▶ 이번에는 'IDLE' 형태로 파이선을 실행한 후 print 'Python' 명령을 실행해 봅시다.

명령문	print 'Python'
실행	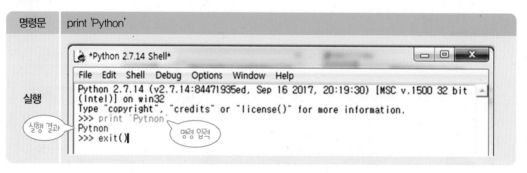

힌트 윈도 [시작] 메뉴의 [모든 프로그램(모든 앱)]-[Python 2.7]에서 IDLE (Python GUI) 을 선택합니다.

실습3 파이선의 'Module Docs'를 실행하여 'sys' 모듈을 검색해 봅시다.

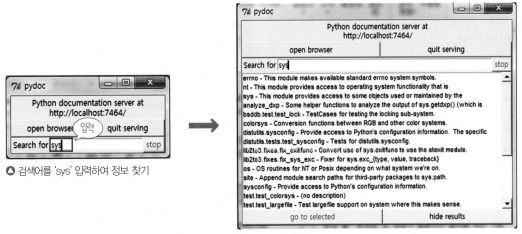

⊙ 검색어를 'sys' 입력하여 정보 찾기

⊙ 'sys' 모듈에 관한 정보 보기

3 통합 개발 환경(IDE) 및 편집기(editer) 이해하기

파이선으로 프로그램을 작성하여 실행할 때 '명령 줄'이나 'IDLE' 메뉴를 사용하는 것이 프로그래밍을 익힐 때는 유용할 수 있지만, 여러 줄로 구성된 프로그램을 작성하여 실행하기 위해서는 관련 통합 개발 환경(IDE) 또는 편집기(editor)를 이용하는 것이 더 편리합니다. 통합 개발 환경 또는 편집기에는 다음과 같이 다양한 종류의 프로그램이 있습니다.

⊙ 파이참(http://www.jetbrains.com/pycharm/download)
파이선 통합 개발 환경(IDE)으로 프로그램 작성 시 자동 완성, 문법 체크 등 편리한 기능들을 많이 제공합니다

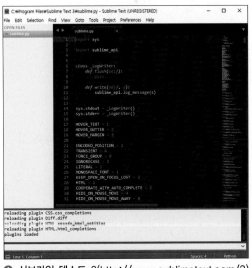

⊙ 서브라임 텍스트 3(http://www.sublimetext.com/3)
사용자 인터페이스가 심플하고 사용하기 쉬워 다양한 프로그래밍 언어에서도 많이 활용됩니다.

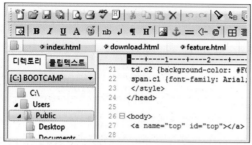

▲ 에디트 플러스(http://www.editplus.com/kr(상용)) 윈도
용 문서 편집기로 자바, C, HTML 등 여러 프로그램의 편집, 수정,
제작 등을 할 수 있습니다.

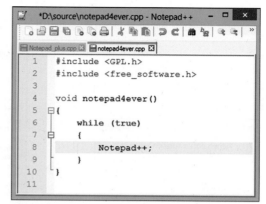

▲ 노트패드++(https://notepad-plus-plus.org) 문서 편집
및 프로그래밍 언어 소스 코드 편집기로 오픈 소스인 자유 소프
트웨어 입니다.

　　여기에서는 무료 버전인 'PyCharm Community' 버전을 설치하여 프로그래밍 실습을 진행하도
록 합니다.

4 프로그래밍 통합 개발 환경 파이참 설치하기

따라하기
❶ 구글(www.google.co.kr) 사이트에서 검색어
　　를 '파이참' 또는 'pycham'으로 검색하여 파이
　　참 공식 홈페이지(http://www.jetbrains.
　　com/pycharm)에 접속합니다.

▲ 구글

❷ 무료로 사용할 수 있는 'Community'를 다운
　　로드합니다.

▲ 파이참 공식 홈페이지

❸ 다운로드 한 파이참 IDE를 다음과 같은 순서에 따라 설치합니다.

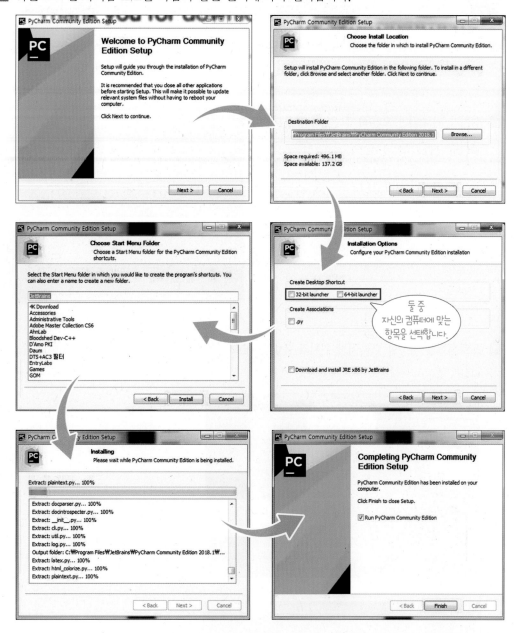

파이참 프로젝트 생성하기

① 앞으로 프로그램을 작성하고 관리하기 위한 프로젝트를 생성하기 위해 'Create New Project'
를 클릭합니다.

② 설치가 완료되면 오른쪽 같은 화면이 나
옵니다.

③ 프로젝트를 저장할 드라이브 위치와 폴더를 새로 만들거나 임의로 지정하고 [Create]를 클릭합
니다.

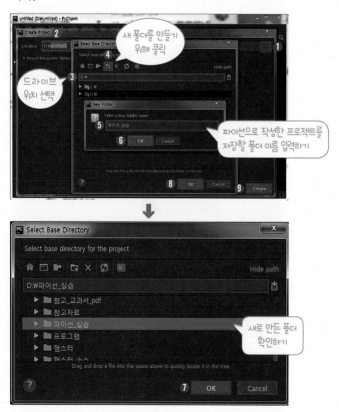

실습4 "Python과 만나게 되어 반갑습니다."를 출력하는 프로그램을 만들고 실행해 봅시다. 참고로 원하는 내용을 출력하기 위한 명령문은 'print'이며, 출력할 내용을 " " 안에 입력하면 그대로 출력됩니다.

따라하기
① 프로그램을 작성하여 저장하기 위해 [File] - [New] - [Python File]을 선택합니다.

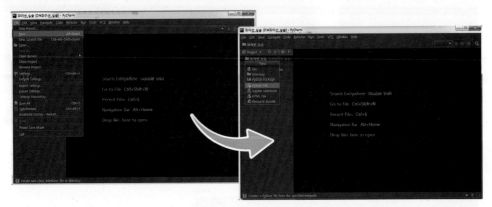

② 대화 상자가 나타나면 저장할 파일명을 'test1'로 입력하고 [OK]를 클릭합니다.

③ 파일이 생성되면 다음과 같이 명령문과 함께 출력할 내용을 입력해 봅시다.

프로그램

```
# -*- coding = utf-8 -*-   ← 프로그램에서 한글을 사용할 때 필요한 코드로 반드시 입력할 것
print "Python과 만나게 되어 반갑습니다."
```

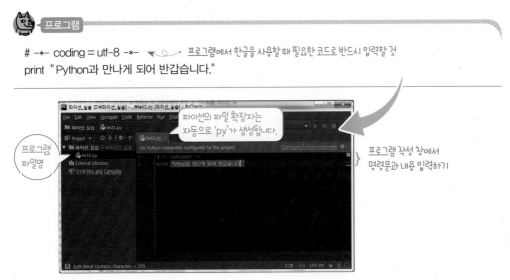

파이선의 파일 확장자는 자동으로 'py'가 생성됩니다.

프로그램 파일명

프로그램 작성 창에서 명령문과 내용 입력하기

❹ 메뉴에서 [Run] - [Run]을 클릭한 후 실행할 파일명 'test1'을 클릭합니다.

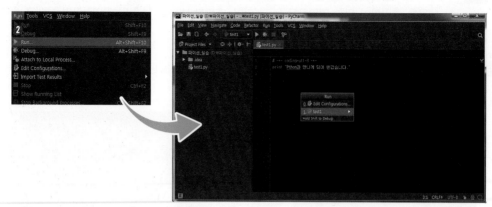

❺ 하단 창에 실행 결과가 나타납니다.

프로그램 파일명

실행 결과

파이참 실행 화면을 흰색으로 조정하려면 [File] - [Settings] - [Editor] - [Color Scheme] - [Default]를 선택하도록 합니다.

print문이 하는 역할은 무엇인가요?

print는 출력문으로 print 다음에 있는 값이 계산식일 경우에는 계산된 값을, " "로 묶인 경우에는 그 안의 값을 문자로 간주하여 그대로 출력합니다.

구분	사용 예	실행 결과
숫자 출력	print 5	5
계산값 출력	print 10 + 35	45
문자 출력	print "안녕? 친구!"	안녕? 친구!

1 다음 프로그램을 작성하고 실행 결과를 예측하여 써 봅시다.

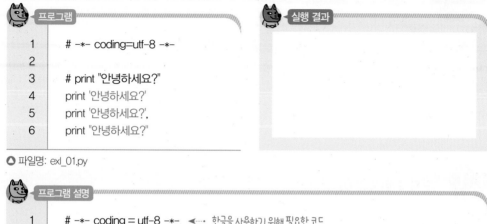

프로그램

```
1   # -*- coding=utf-8 -*-
2
3   # print "안녕하세요?"
4   print '안녕하세요?'
5   print '안녕하세요?',
6   print "안녕하세요?"
```

실행 결과

⬤ 파일명: exl_01.py

프로그램 설명

```
1   # -*- coding = utf-8 -*-  ◀···· 한글을 사용하기 위해 필요한 코드
2
3   # print "안녕하세요?"
4   print '안녕하세요?'  ◀···· ' '는 " "와 같은 의미로 ' '안의 내용을 그대로 출력
5   print '안녕하세요?'  ◀···· 콤마(,)는 일정 간격을 띄우고 같은 줄에 출력하라는 의미
6   print "안녕하세요?"
```

#은 설명 문구를 기재하는 주석문을 의미하는 것으로 실행과는 무관함

2 다음과 같이 출력되는 프로그램을 작성한 후 실행해 봅시다.

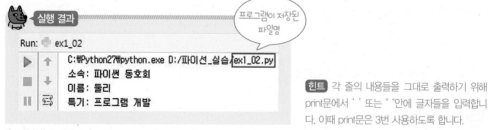

실행 결과

프로그램이 저장된 파일명

```
Run: ex1_02
    C:\Python27\python.exe D:/파이썬_실습/ex1_02.py
    소속: 파이썬 동호회
    이름: 둘리
    특기: 프로그램 개발
```

⬤ 파일명: exl_02.py

힌트 각 줄의 내용들을 그대로 출력하기 위해 print문에서 ' ' 또는 " "안에 글자들을 입력합니다. 이때 print문은 3번 사용하도록 합니다.

SECTION 2

자료형과 입력문 이해

활동 목표

- 숫자와 문자열의 자료형을 이해하여 프로그래밍에 활용할 수 있다.
- 산술 연산자를 이해하여 프로그래밍에 활용할 수 있다.
- 입력문을 이해하여 프로그래밍에 활용할 수 있다.

① 숫자 자료형의 이해

숫자 자료형은 덧셈, 뺄셈과 같이 연산을 수행할 수 있으며, 크게 소수점이 없는 정수형과 소수점이 있는 실수형으로 분류할 수 있습니다.

📙 정수형 자료: 17, −987, 0 등
   실수형 자료: 3.14, −0.15 등

실습 1 ▶ 숫자들을 특정 기억 장소, 즉 변수에 저장했다가 출력해 봅시다.

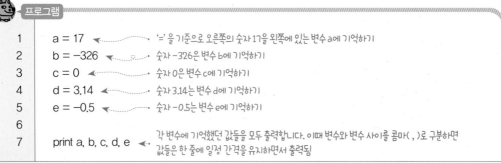

프로그램

```
1      a = 17            ← '=' 을 기준으로 오른쪽의 숫자 17을 왼쪽에 있는 변수 a에 기억하기
2      b = −326          ← 숫자 −326은 변수 b에 기억하기
3      c = 0             ← 숫자 0은 변수 c에 기억하기
4      d = 3.14          ← 숫자 3.14는 변수 d에 기억하기
5      e = −0.5          ← 숫자 −0.5는 변수 e에 기억하기
6
7      print a, b, c, d, e   ← 각 변수에 기억했던 값들을 모두 출력합니다. 이때 변수와 변수 사이를 콤마( , )로 구분하면
                              값들은 한 줄에 일정 간격을 유지하면서 출력됨
```

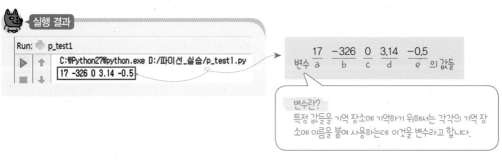

실행 결과

```
Run:  p_test1
      C:\Python27\python.exe D:/파이썬_실습/p_test1.py
      17 −326 0 3.14 −0.5
```

         17 −326   0   3.14 −0.5
변수   a   b   c   d   e   의 값들

변수란?
특정 값들을 기억 장소에 기억하기 위해서는 각각의 기억 장소에 이름을 붙여 사용하는데 이것을 변수라고 합니다.

2 문자열 자료형의 이해

파이선에서 문자열은 " " 또는 ' '로 묶어 표현합니다. 그리고 문자열을 " " " 또는 ' ' '로 묶으면 여러 줄에 걸쳐 표현할 수 있습니다.

예 "Python과 만나게 되어 반갑습니다.", '안녕하세요?'

예 ' ' '
Hi!
Happy Birthday to you!
' ' '

실습 2 ▶ 다음 프로그램을 작성하고 실행해 봅시다.

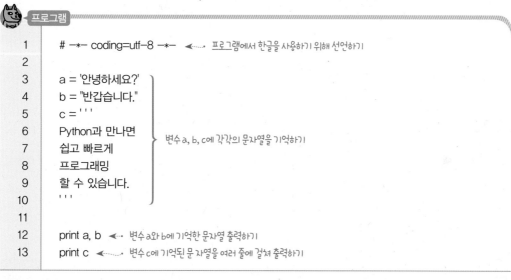

프로그램

```
1    # -*- coding=utf-8 -*-          ◀---- 프로그램에서 한글을 사용하기 위해 선언하기
2
3    a = '안녕하세요?'
4    b = "반갑습니다."
5    c = ' ' '
6    Python과 만나면
7    쉽고 빠르게                      변수 a, b, c에 각각의 문자열을 기억하기
8    프로그래밍
9    할 수 있습니다.
10   ' ' '
11
12   print a, b    ◀---- 변수 a와 b에 기억한 문자열 출력하기
13   print c       ◀---- 변수 c에 기억된 문자열을 여러 줄에 걸쳐 출력하기
```

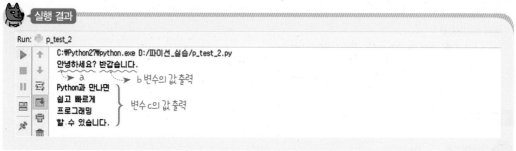

실행 결과

```
Run:  p_test_2
      C:\Python27\python.exe D:/파이선_실습/p_test_2.py
      안녕하세요? 반갑습니다.
           a         b 변수의 값 출력
      Python과 만나면
      쉽고 빠르게              변수 c의 값 출력
      프로그래밍
      할 수 있습니다.
```

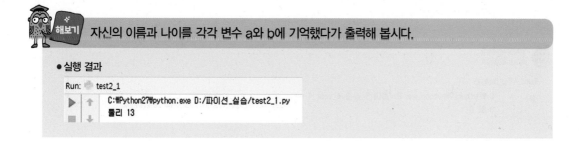

해보기 자신의 이름과 나이를 각각 변수 a와 b에 기억했다가 출력해 봅시다.

● 실행 결과

```
Run:  test2_1
      C:\Python27\python.exe D:/파이선_실습/test2_1.py
      몰리 13
```

3 산술 연산자의 이해

산술 연산자는 덧셈, 뺄셈, 곱셈, 나눗셈 등과 같은 계산식에 필요하며, 종류는 다음과 같습니다.

연산자	의미	예
+	덧셈	5 + 10 → 15
−	뺄셈	23 − 8 → 15
*	곱셈	4 * 6 → 24
/	나눗셈	45 / 5 → 9
%	나눈 나머지 값 구하기	20 % 3 → 2
**	거듭제곱	2 ** 3 → 8
//	나눈 몫을 구하기	15 // 3 → 5

 두 수 3과 4를 변수에 기억한 후 사칙 연산을 수행해 봅시다.

프로그램

```
1    a = 3       ┐ 숫자형 자료 3과 4를 변수 a와 b에 각각 기억하기
2    b = 4       ┘
3
4    print a + b, a − b, a * b, a / b    ← 두 수, 즉 a와 b에 기억된 숫자로 덧셈, 뺄셈, 곱셈, 나눗셈한 값 출력하기
```

실행 결과

```
Run:  p_test_3
      C:\Python27\python.exe D:/파이썬_실습/p_test_3.py
      7 -1 12 0
```

 다음 프로그램을 실행해 봅시다.

프로그램

```
1    a, b = 3, 4    ← 변수 a에는 3, b에는 4를 기억하기
2
3    print a % b, a ** b, a // b    ← a와 b의 연산으로 왼쪽부터 3을 4로 나누었을 때의 나머지
                                      값, 3⁴ 제곱 값, 3을 4로 나눈 몫을 출력하기
```

실행 결과

```
Run:  p_test_4
      C:\Python27\python.exe D:/파이썬_실습/p_test_4.py
      3 81 0
```

실습5 문자열과 문자열에 산술 연산자를 적용한 후 결과를 확인해 봅시다.

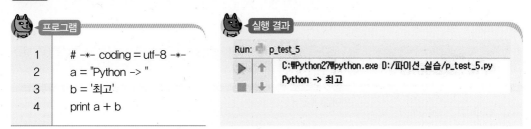

프로그램
```
1    # -*- coding = utf-8 -*-
2    a = "Python -> "
3    b = '최고'
4    print a + b
```

실행 결과
```
Run:    p_test_5
        C:\Python27\python.exe D:/파이썬_실습/p_test_5.py
        Python -> 최고
```

실습6 문자열에 연산식을 적용한 후 결과를 확인해 봅시다.

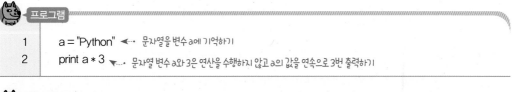

프로그램
```
1    a = "Python"    ◀┈ 문자열을 변수 a에 기억하기
2    print a * 3     ◀┈ 문자열 변수 a와 3은 연산을 수행하지 않고 a의 값을 연속으로 3번 출력하기
```

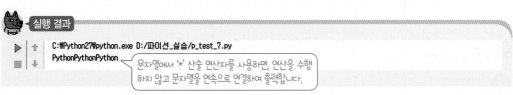

실행 결과
```
C:\Python27\python.exe D:/파이썬_실습/p_test_7.py
PythonPythonPython
```
문자열에서 '*' 산술 연산자를 사용하면, 연산을 수행하지 않고 문자열을 연속으로 연결하여 출력합니다.

해보기 다음과 같이 출력되는 프로그램을 작성해 봅시다.

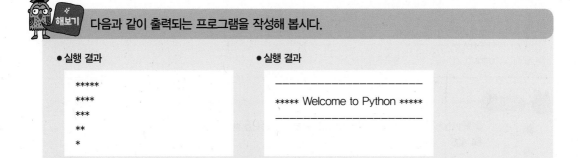

● 실행 결과
```
*****
****
***
**
*
```

● 실행 결과
```
_____
***** Welcome to Python *****
_____
```

힌트 print문에서 문자열을 그대로 출력하기 위해서는 '*'를 ' '로 묶어 줍니다.

---

4 대입문 알아보기

대입 연산자인 '='을 기준으로 오른쪽에 있는 변수, 상수, 수식 등의 결괏값을 왼쪽 변수에 저장합니다.

형식

변수 = 상수, 변수 수식 중 하나

예 c = 10   ◀┈ =을 기준으로 오른쪽의 값 10을 왼쪽 변수 c에 저장하기
a = 400 - 25   ◀┈ 뺄셈한 값을 변수 a에 저장하기

다음과 같이 대입 연산자와 함께 산술 연산자를 사용하면 수식을 더 간단하게 표현할 수 있습니다.

연산자	사용 예	설명
+=	c += a → c = c + a	=을 기준으로 변수 c의 값과 a값을 더한 값을 변수 c에 저장, 즉 누적하라는 의미입니다.
-=	c -= a → c = c - a	변수 c의 값에서 a의 값을 뺀 값을 다시 변수 c에 저장합니다.
*=	c *= a → c = c * a	변수 c의 값과 a의 값을 곱한 값을 다시 변수 c에 저장합니다.
/=	c /= a → c = c / a	변수 c의 값을 a의 값으로 나눈 값을 다시 변수 c에 저장합니다.
%=	c %= a → c = c % a	변수 c의 값을 a의 값으로 나눈 후 나머지 값을 다시 변수 c에 저장합니다.
**=	c **= a → c = c ** a	변수 c의 값을 a의 값만큼 거듭제곱한 값을 다시 변수 c에 저장합니다.
//=	c //= a → c = c // a	변수 c를 a로 나누었을 때의 몫을 구해 변수 c에 저장합니다.

실습7 ▶ a = 45, b = 9일 때 두 수의 합과 곱을 구한 값을 변수 c와 d에 각각 기억했다가 출력해 봅시다.

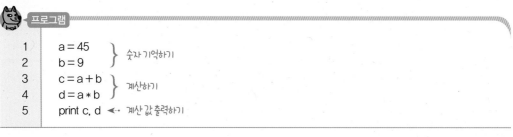

프로그램

```
1    a = 45        } 숫자 기억하기
2    b = 9
3    c = a + b      } 계산하기
4    d = a * b
5    print c, d    ◀ 계산 값 출력하기
```

실행 결과

```
C:\Python27\python.exe D:/파이선_실습/p_test_6.py
54 405
```

5 입력문 알아보기

임의의 자료를 키보드로 입력하기 위해서는 입력문이 필요합니다. 파이선에서는 숫자 자료형을 입력받을 때는 'input'문, 문자 자료형을 입력받을 때는 'raw_input'문을 사용합니다.

숫자 입력문 형식

변수 = input('설명문구')

예 a = input('숫자?')
   ↳ 입력한 숫자를 변수 a에 저장하기

문자 입력문 형식

변수 = raw_input('설명문구')

예 b = raw_input('문자?')
   ↳ 입력한 문자 혹은 문자열을 변수 b에 저장하기

실습 8 ▶ 숫자와 문자를 각각 입력하고 각각의 자료형을 출력해 봅시다.

실행 결과

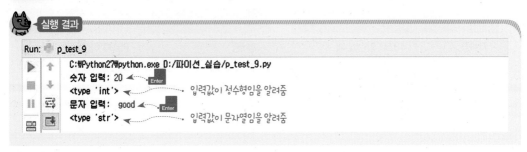

프로그램

```
1    # -*- coding=utf-8 -*-
2    a = input('숫자 입력: ')          ◀┈┈┈┈ 숫자를 입력하여 변수 a에 기억하기
3    print type(a)                     ◀┈┈┈┈ 입력받은 a의 자료형 출력하기
4    b = raw_input('문자 입력: ')      ◀┈┈┈┈ 문자열을 입력하여 변수 b에 기억하기
5    print type(b)                     ◀┈┈┈┈ 입력받은 b의 자료형 출력하기
```

실습 9 ▶ 이름, 키, 몸무게를 입력받아 다음과 같이 체질량 지수(BMI)를 구한 후 출력해 봅시다.

실행 결과

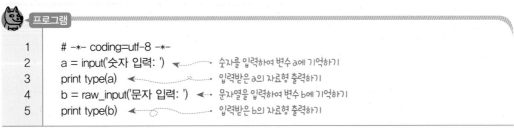

입력 예시
• 이름은? 홍길동
• 키는? 175
• 몸무게는? 67.5

처리 조건 숫자와 문자열을 구분하여 자료를 입력하고, 체질량 지수를 구하는 방법을 찾아 결과를 출력합니다.

따라하기 1 먼저 체질량 지수를 구하는 과정을 알아봅시다.

체질량 지수(BMI; Body Mass Index)는 '저체중', '과체중', '비만'을 분류하기 위한 방법으로 kg단위의 체중을 m단위인 키의 제곱으로 나눈 값을 말합니다.

예 체중이 70kg이고 키가 1.75m일 때 체질량 지수(BMI) 구하기

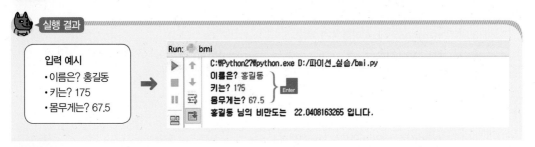

$$체질량\ 지수(BMI) = \frac{체중(kg)}{키의\ 제곱(m^2)} = \frac{70\ kg}{1.75\ m^2} = \frac{70}{3.06} = 22.9$$

공식에 의해 구한 체질량 지수 '22.9'는 어느 범위에 속하는지 다음 표에서 찾아보도록 합니다.

분류	체질량 지수(BMI)	분류	체질량 지수(BMI)
저체중	18.50 미만일 때	과체중	25.00 이상일 때
고도 저체중	16.00 미만일 때	전(前)비만	25.00 ~ 29.99
중도 저체중	16.00 ~ 16.99	비만	30.00 이상일 때
경도 저체중	17.00 ~ 18.49	경도 비만(1단계 비만)	30.00 ~ 34.99
정상 체중	18.50 ~ 24.99	중도 비만(2단계 비만)	35.00 ~ 39.99
		고도 비만(3단계 비만)	40.00 이상일 때

❷ 이름, 키, 몸무게를 입력하여 체질량 지수를 구해 출력하는 프로그램을 작성하면 다음과 같습니다.

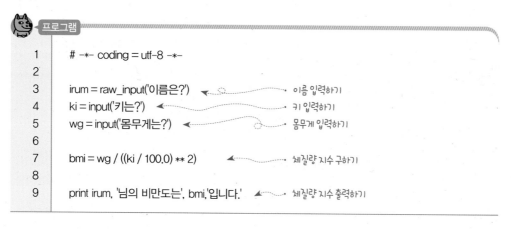

```
1    # -*- coding = utf-8 -*-
2
3    irum = raw_input('이름은?')              이름 입력하기
4    ki = input('키는?')                      키 입력하기
5    wg = input('몸무게는?')                  몸무게 입력하기
6
7    bmi = wg / ((ki / 100.0) ** 2)          체질량 지수 구하기
8
9    print irum, '님의 비만도는', bmi,'입니다.'   체질량 지수 출력하기
```

1 다음과 같이 초를 입력하여 시간을 구하는 프로그램을 작성해 봅시다.

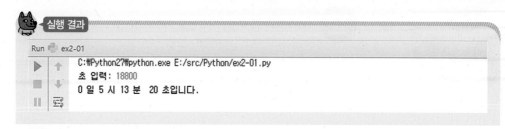

실행 결과

Run ex2-01

```
C:\Python27\python.exe E:/src/Python/ex2-01.py
초 입력: 18800
0 일 5 시 13 분  20 초입니다.
```

처리 조건 입력값은 0보다 크고 1000000보다 작은 값을 입력하고, 시간으로 환산하여 출력합니다.

2 다음과 같이 출력되는 프로그램을 작성해 봅시다.

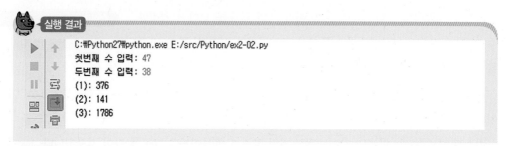

실행 결과

```
C:\Python27\python.exe E:/src/Python/ex2-02.py
첫번째 수 입력: 47
두번째 수 입력: 38
(1): 376
(2): 141
(3): 1786
```

처리 조건 입력값은 10보다 크고 100보다 작은 두 개의 숫자를 입력하여 두 값을 곱하는 과정의 계산 값과 그 결과를 다음 내용을 참고하여 출력하도록 합니다.

예   47 ◄······ 입력값
      ×38 ◄······ 입력값
      ─────
       376 ◄─── ❶
      141 ◄─── ❷
     ─────
     1786 ◄─── ❸

SECTION 3

리스트와 딕셔너리 자료형 이해

 활동 목표 ·리스트와 딕셔너리 자료형을 이해하고 프로그래밍에 활용할 수 있다.

 리스트 자료형 살펴보기

리스트 자료형은 하나의 이름으로 여러 개의 자료를 모아서 처리할 수 있으며, 값들은 대괄호([ ])로 묶어서 표현합니다. 따라서 많은 변수를 사용해야 할 때 리스트 자료형을 이용하면 편리합니다.

형식

리스트 이름 = [값1, 값2, …]

'='을 기준으로 오른쪽의 값들을 왼쪽 리스트 이름, 즉 변수에 저장합니다. 예를 들어 1부터 10까지의 숫자 중 3의 배수를 리스트 자료형에 저장하려면 's = [3, 6, 9]'와 같이 선언합니다.

리스트 자료형 s는 다음과 같이 3개의 기억 장소가 만들어지고 그곳에 값이 저장됩니다.

기억 장소	3	6	9
	s[0]	s[1]	s[2]

([ ] 안의 0, 1, 2는 색인 또는 첨자라고 합니다.)

실습1 ▶ 리스트에 다양한 자료를 저장하고 출력해 봅시다.

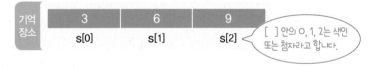

프로그램

```
1    a = [3, 6, 9]                    숫자 상수 3개를 리스트 자료형 a에 저장하기
2    b = ['P', 'y', 't', 'h', 'o', 'n']   문자 상수 6개를 리스트 자료형 b에 저장하기
3    c = [1, 2, 'P', 'y']              숫자 상수 1, 2와 문자 상수 'P', 'y'를 리스트 자료형 c에 저장하기
4    d = [ [ 1, 2 ], [ 'Py' ] ]        리스트 자료형 d에 [1, 2], ['Py']를 저장하기
5
6    print a, b, c, d                  각각의 리스트 자료형 a, b, c, d에 저장한 값들을 출력하기
```

실습 2 ▶ 하나의 리스트에 숫자형과 문자형 자료를 저장하고 출력해 봅시다.

프로그램

```
1   a = [8, 15, 'Py', 'good']
2   print a[2], a[3], a[1], a[0]
```

실행 결과

Run: list_2

C:₩Python27₩python.exe D:/파이선_실습/list_2.py
Py good 15 8

설명

1행   리스트 a에는 4개의 기억 장소가 설정되며, 각 요소에는 다음과 같이 기억됩니다.

8	15	Py	good
a[0]	a[1]	a[2]	a[3]

2행   각 요소에 기억된 값들을 한 줄로 출력합니다.

실습 3 ▶ 리스트와 리스트를 결합해 봅시다.

'+' 기호를 이용하여 리스트와 리스트의 값을 하나로 결합하여 표현할 수 있습니다.

프로그램

```
1   a = [1, 2]        리스트 a에 두 개의 값을 저장하기
2   b = [3, 4]        리스트 b에 두 개의 값을 저장하기
3   print a + b       리스트 a와 b의 값을 결합하여 출력하기
```

기억 장소	1	2
	a[0]	a[1]
	3	4
	b[0]	b[1]

실행 결과

Run: list_3

C:₩Python27₩python.exe D:/파이선_실습/list_3.py
[1, 2, 3, 4]

해보기   리스트 a에는 문자열 "Good", b에는 문자 "-", c에는 "Bye"를 각각 기억한 후 '+' 기호를
이용하여 다음과 같은 실행 결과가 나오게 해 봅시다.

● 실행 결과

C:₩Python27₩python.exe D:/파이선_실습/list_ex_1.py
Good-Bye

▶ 리스트의 값을 여러 번 반복하여 출력해 봅시다.

리스트를 반복하려고 할 때는 '*' 기호를 사용합니다.

프로그램

```
1    a = [1, 2]  ◀┈┈ 리스트 a에 두 개의 값 기억하기
2
3    print a * 3  ◀┈┈ 리스트 a의 값을 3번 반복하여 출력하기
```

실행 결과

```
Run:  list 4
  C:\Python27\python.exe D:/파이썬_실습/list_4.py
  [1, 2, 1, 2, 1, 2]
```

▶ 리스트 요소의 값을 다른 값으로 수정해 봅시다.

프로그램

```
1    a = [1, 2]  ◀┈┈ 리스트 a의 값을 1, 2로 기억하기
2    a[0] = 3    ◀┈┈ 리스트 a[0]의 요솟값을 3으로 대체하기
3    print a     ◀┈┈ 리스트 a에 기억된 값을 모두 출력하기
```

실행 결과

```
Run:  list_5
  C:\Python27\python.exe D:/파이썬_실습/list_5.py
  [3, 2]  ◀┈┈ a[0]번째 값이 '1'에서 '3'으로 변경됨
```

▶ 'del' 명령을 사용하여 특정 리스트의 값을 삭제해 봅시다.

프로그램

```
1    a = [1, 2]  ◀┈┈ 리스트 a의 값을 1, 2로 기억하기
2    del a[1]    ◀┈┈ 리스트 a[1]의 요솟값을 삭제하기
3    print a     ◀┈┈ 리스트 a에 기억된 값을 모두 출력하기
```

실행 결과

```
Run:  list_6
  C:\Python27\python.exe D:/파이썬_실습/list_6.py
  [1]  ◀┈┈ a[1]의 값을 삭제했으므로 a[0]의 값만 출력함
```

튜플 자료형 살펴보기

튜플 자료형은 리스트 자료형과 유사하지만 값들을 괄호(( ))로 감싸고 지정한 값을 변경할 수 없는 것이 다릅니다.

형식 ▶ 튜플 이름 = (값1, 값2, …)

'='을 기준으로 오른쪽의 값들을 왼쪽 튜플 이름, 즉 변수에 기억합니다.

예 튜플 자료형에 숫자와 문자를 저장하고 출력해 봅시다.

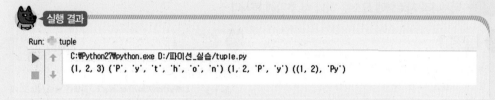

```
1    a = (1, 2, 3)
2    b = ('P', 'y', 't', 'h', 'o', 'n')          각 튜플 자료형에 값들을 기억하기
3    c = (1, 2, 'P', 'y')
4    d = ((1, 2), ('Py'))
5
6    print a, b, c, d  ◀------ 튜플 자료형에 기억된 값들을 출력하기
```

실행 결과

```
Run:  tuple
  ▶  ↑   C:\Python27\python.exe D:/파이선_실습/tuple.py
  ■  ↓   (1, 2, 3) ('P', 'y', 't', 'h', 'o', 'n') (1, 2, 'P', 'y') ((1, 2), 'Py')
```

2 딕셔너리 자료형 살펴보기

우리가 사전에서 특정 단어를 검색하면 해당 단어와 그 뜻이 함께 나오는 것을 볼 수 있습니다. 딕셔너리 자료형에서는 값을 중괄호({ }) 안에 '키(key): 값(value)'과 같은 형식으로 표현합니다.

형식

딕셔너리 이름 = {'키1': '값1', '키2': '값2'…'키n': '값n'}

딕셔너리 자료형은 '키1과 값1', '키2와 값2'…와 같이 각각의 값을 키와 함께 한 쌍씩 묶어서 저장합니다.

예를 들어 '이름은 홍길동'과 같이 저장하려고 할 때 딕셔너리 자료형에서는 '이름'은 키(key)가 되고, '홍길동'은 값이 되어 '이름: 홍길동'으로 저장할 수 있습니다.

실습 7 ▶ 딕셔너리 자료형에 개인 주소록을 저장한 후 출력해 봅시다.

키	값
이름	홍길동
전화	010-1234-5678
주소	마포구

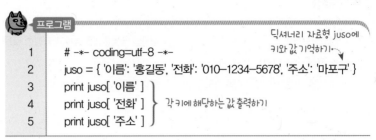

프로그램

딕셔너리 자료형 juso에 키와 값 기억하기

```
1    # -*- coding=utf-8 -*-
2    juso = { '이름': '홍길동', '전화': '010-1234-5678', '주소': '마포구' }
3    print juso[ '이름' ]
4    print juso[ '전화' ]     각 키에 해당하는 값 출력하기
5    print juso[ '주소' ]
```

실행 결과

Run: dic_1

C:\Python27\python.exe D:/파이선 실습/dic 1.py
홍길동 ◀······· 이름 키에 저장된 내용 출력
010-1234-5678 ◀······· 전화번호 키에 저장된 내용 출력
마포구 ◀······· 주소 키에 저장된 내용 출력

실습 8 ▶ 딕셔너리 자료형에 요소를 하나 더 추가해 봅시다.

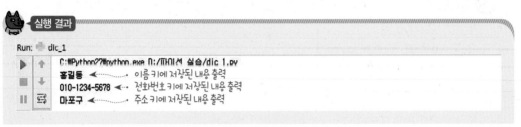

프로그램

```
1    a = {1: 'a'}           1키 즉, a[1] 요소에 문자 'a'를
                            기억하기
2    a[2] = 'b'             2키 즉, a[2] 요소에 문자 'b'
3                           를 기억하기
4    print a                딕셔너리 자료형 a의 값을
                            모두 출력하기
```

실행 결과

Run: dic_2

C:\Python27\python.exe D:/파이선_실습/dic_2.py
{1: 'a', 2: 'b'}

실행 결과에서 보듯이 2행에 의해 딕셔너리 자료형 a의 키는 2, 값은 'b'인 요소를 추가했음을 알수 있습니다.

실습 9 ▶ **실습 8**의 3행에 'del' 명령을 추가하여 특정 딕셔너리를 삭제해 봅시다.

프로그램

```
1    a = {1: 'a'}
2    a[2] = 'b'
3    del a[1]           ◀······· 지정한 키에 해당하는 a[1] 요소를 삭제하기
4    print a            ◀······· 딕셔너리 자료형 a의 값을 모두 출력하기
```

실행 결과

Run: dic_3

C:\Python27\python.exe D:/파이선_실습/dic_3.py
{2: 'b'}   ◀······· a[1]의 요소가 삭제되었으므로 s[2]의 요소 값만 출력됨

실습 10 다음과 같이 주어진 주소록에서 친구의 이름을 입력하여 주소를 찾아 봅시다.

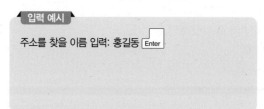

주소록 예시

이름	주소
홍길동	마포구
홍길순	은평구
홍판서	강서구

입력 예시

주소를 찾을 이름 입력: 홍길동 Enter

실행 결과

예 1

Run: list_7

C:\Python27\python.exe D:/파이선_실습/list_7.py
주소를 찾을 이름 입력: 홍판서 ◄── Enter
강서구

예 2

Run: list_7

C:\Python27\python.exe D:/파이선_실습/list_7.py
주소를 찾을 이름 입력: 홍길순 ◄── Enter
은평구

처리 조건 리스트와 딕셔너리 자료형을 이용하는 프로그램을 각각 만들도록 합니다.

정리하기 ① 리스트를 이용하여 친구들의 이름과 주소를 저장하고 원하는 친구의 주소를 출력해 봅시다.

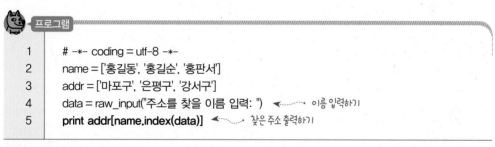

프로그램

```
1    # -*- coding = utf-8 -*-
2    name = ['홍길동', '홍길순', '홍판서']
3    addr = ['마포구', '은평구', '강서구']
4    data = raw_input("주소를 찾을 이름 입력: ")      ◄----- 이름 입력하기
5    print addr[name.index(data)]      ◄----- 찾은 주소 출력하기
```

실행 결과

Run: list_7

C:\Python27\python.exe D:/파이선_실습/list_7.py
주소를 찾을 이름 입력: 홍길순 ◄── Enter
은평구

설명

2행 name 리스트에 3명의 이름을 저장합니다.

3행 addr 리스트에는 각 이름에 대응하는 3명의 주소를 저장합니다.

• name 리스트에 저장된 값들

홍길동	홍길순	홍판서
name[0]	name[1]	name[2]

• addr 리스트의 기억 장소

마포구	은평구	강서구
addr[0]	addr[1]	addr[2]

4행 " " 안의 안내문과 함께 키보드로 이름을 입력하면 data 변수에 저장됩니다.

5행 찾는 사람의 이름을 저장한 data 변수와 같은 이름이 있는 위치를 name 리스트에서 index( ) 함수로 찾은 후, addr 리스트의 값 중 이름과 같은 위치에 있는 주소를 출력합니다.

index( ) 함수는 어떤 역할을 하나요?

리스트에서 해당 위치 값을 반환합니다.

형식 ▶ index(위치 값)

예 a = [1, 2, 3]
   print a.index(3), a.index(1)
   숫자 3과 1이 기억된 위치 출력하기

실행 결과 ▶ 2, 0

[설명] a 리스트에 저장된 값들

1	2	3
a[0]	a[1]	a[2]

리스트 a에서 3이 기억된 위치는 a[2]이므로 2를 반환하고, 1이 기억된 위치는 a[0]이므로 0을 반환합니다.

❷ 딕셔너리를 이용하여 친구들의 이름과 주소를 저장하고 원하는 친구의 주소를 출력해 봅시다.

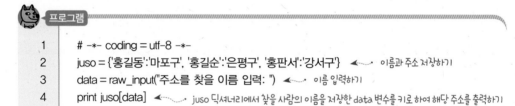

프로그램

```
1    # -*- coding = utf-8 -*-
2    juso = {'홍길동':'마포구', '홍길순':'은평구', '홍판서':'강서구'}   ◀········ 이름과 주소 저장하기
3    data = raw_input("주소를 찾을 이름 입력: ")   ◀········ 이름 입력하기
4    print juso[data]   ◀········ juso 딕셔너리에서 찾을 사람의 이름을 저장한 data 변수를 키로 하여 해당 주소를 출력하기
```

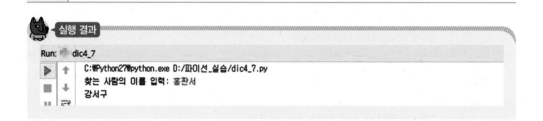

실행 결과

```
Run:    dic4_7
  ▶  ↑   C:\Python27\python.exe D:/파이선_실습/dic4_7.py
  ■  ↓   찾는 사람의 이름 입력: 홍판서
  �II  ⇄   강서구
```

 다음과 같이 이름, 주소, 전화번호를 저장한 후 찾을 친구의 이름을 입력하여 관련 정보를 모두 출력해 봅시다.

입력 예시

이름	주소	전화번호
둘리	마포구	010-111-2222
모나리자	종로구	010-222-3333
홍두깨	양서구	010-333-4444
뽀로로	영등포구	010-555-6666
모모	강남구	010-777-8888

실행 결과

Run: mission_2 ▼

```
C:\Python27\python.exe D:/파이선_실습/mission_2.py
찾는 사람의 이름 입력: 뽀로로      ◀┈┈ 찾을 이름 입력하기
영등포구 010-555-6666      ◀┈┈┈┈┈ 주소와 전화번호 출력하기
```

제어문 이해

활동
목표

- 선택문인 if문, if~elif~else문을 이해하고 프로그래밍에 이용할 수 있다.
- 반복문인 while문, for문을 이해하고 프로그래밍에 이용할 수 있다.

if문 이해

두 개 이상의 값을 비교하여 조건에 따라 다른 작업을 수행할 때 선택문 중 하나인 if문을 사용합니다.

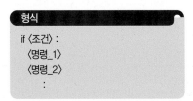

```
형식

if <조건> :
  <명령_1>
  <명령_2>
     :
```

if문은 주어진 조건이 참일 때만 if문에 속해 있는 '명령_1, 명령_2…'들을 수행합니다.

실습 1 ▶ 한 개의 숫자를 입력하여 양수이면 '0보다 큼'을 출력해 봅시다.

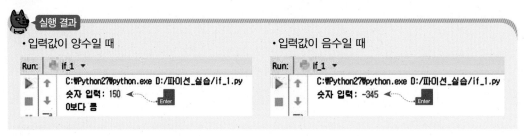

실행 결과

- 입력값이 양수일 때

Run: if_1 ▾
C:\Python27\python.exe D:/파이썬_실습/if_1.py
숫자 입력: 150 ◀— Enter
0보다 큼

- 입력값이 음수일 때

Run: if_1 ▾
C:\Python27\python.exe D:/파이썬_실습/if_1.py
숫자 입력: -345 ◀— Enter

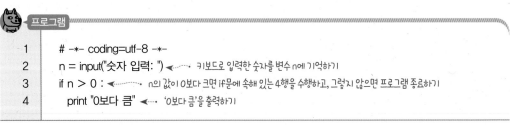

프로그램

```
1    # -*- coding=utf-8 -*-
2    n = input("숫자 입력: ")  ◀········· 키보드로 입력한 숫자를 변수 n에 기억하기
3    if n > 0 :  ◀········· n의 값이 0보다 크면 if문에 속해 있는 4행을 수행하고, 그렇지 않으면 프로그램 종료하기
4      print "0보다 큼"  ◀— '0보다 큼'을 출력하기
```

비교 연산자의 종류는 어떤 것이 있나요?

조건에서 두 개 이상의 값을 비교하여 참 또는 거짓인지를 판단하기 위해 사용합니다.

연산자	설명	사용 예
==	연산자를 기준으로 양쪽의 값이 서로 같을 때 참이 됩니다.	(10 == 20) → 거짓
!=	양쪽의 값이 서로 같지 않을 때 참이 됩니다.	(10 != 20) → 참
>	연산자 왼쪽의 값이 더 클 때 참이 됩니다.	(10 > 20) → 거짓
<	연산자 오른쪽의 값이 더 클 때 참이 됩니다.	(10 < 20) → 참
>=	연산자 왼쪽의 값이 더 크거나 같을 때 참이 됩니다.	(10 >= 20) → 거짓
<=	연산자 오른쪽의 값이 더 크거나 같을 때 참이 됩니다.	(10 <= 20) → 참

실습 2 현재 가지고 있는 현금을 입력하여 분식집에서 라면을 사 먹을 수 있는지를 판단해 봅시다. 그런데 현금을 3,000원 이상 가지고 있을 때만 라면을 사먹을 수 있음을 알려 줍니다.

실행 결과

프로그램

```
1    # -*- coding = utf-8 -*-
2    n = input("가지고 있는 금액 입력: ")     ← 가지고 있는 금액을 입력하여 변수 n에 기억하기
3    if n >= 3000 :     ← 입력한 금액이 3,000원 이상이면 4행을 수행하고 그렇지 않으면 프로그램 종료하기
4        print n, "원이 있으니 라면을 사먹을 수 있겠네!"     ← 가지고 있는 돈의 금액 n과 함께 " " 안의 메시지 출력하기
```

실습 3 난수로 0~1 범위의 실수를 생성하여 해당 숫자가 0.5 이상인지를 판단해 봅시다.

실행 결과

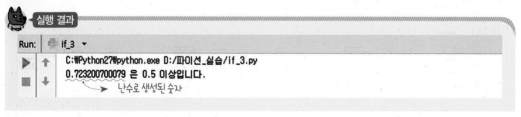

프로그램

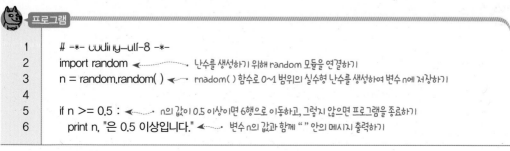

```
1    # -*- coding-utf-8 -*-
2    import random     ← 난수를 생성하기 위해 random 모듈을 연결하기
3    n = random.random( )     ← rnadom( ) 함수로 0~1 범위의 실수형 난수를 생성하여 변수 n에 저장하기
4
5    if n >= 0.5 :     ← n의 값이 0.5 이상이면 6행으로 이동하고, 그렇지 않으면 프로그램을 종료하기
6        print n, "은 0.5 이상입니다."     ← 변수 n의 값과 함께 " " 안의 메시지 출력하기
```

import 모듈은 어떤 역할을 하나요?

import 모듈은 다음과 같이 두 가지 형식이 있습니다.

형식1 import 모듈 ◀┈┈┈ 모듈 전체를 가져오려고 할 때 사용하기
예1 난수를 생성하기 위해 random 모듈 전체를 가져오려고 할 때 'import random'으로 선언합니다.

형식2 from 모듈 import 변수 또는 함수 ◀┈┈┈ 모듈 내에서 변수 또는 함수만 가져오려고 할 때 사용하기
예2 random 모듈 중에서 randrange 함수만 사용하려고 할 때 'from random import randrange'로 선언합니다.

 while문 이해

while문을 사용하면 특정 명령을 원하는 만큼 반복 수행할 수 있습니다. 따라서 주어진 조건이 참인 동안 while문에 속해 있는 명령_1, 명령_2…'들을 반복하여 수행합니다.

형식

```
while <조건> :
    <명령_1>
    <명령_2>
        :
```

실습4 다음과 같은 [실행 결과]가 나오는 프로그램을 작성해 봅시다.

실행 결과

```
Run:    while_1  ▼
  ▶  ↑   C:\Python27\python.exe D:/파이선_실습/while_1.py
  ■  ↓   *******
  ‖  ⇄   ******
  ▣  ▣   *****
  ▣  ▦   ****
  ✕  ▦   ***
      ▦   **
          *
```

프로그램

```
1    n = 7 ◀┈┈┈ 변수 n의 값을 7로 초기화하기
2
3    while n > 0 : ◀┈┈┈ n의 값이 0보다 크면 4~5행을 반복 수행하고 그렇지 않으면 프로그램 종료하기
4        print '*' * n ◀┈┈┈ n의 값만큼 '*'를 출력하기
5        n -= 1 ◀┈┈┈ 'n = n-1'과 같은 의미로 n의 값을 1씩 감소하기
                    즉 n의 값은 7, 6, 5, 4, 3, 2, 1, 0이 됨
```

while문에 속한 명령들이 반복되는 과정을 순서대로 정리하면 다음과 같습니다.

n의 값	조건(n > 0)	수행 명령 print '*' * n	수행 명령 n -= 1
n = 7	7 > 0 → 참	*******	n의 값을 1씩 감소
n = 6	6 > 0 → 참	******	n의 값을 1씩 감소
n = 5	5 > 0 → 참	*****	n의 값을 1씩 감소
n = 4	4 > 0 → 참	****	n의 값을 1씩 감소
n = 3	3 > 0 → 참	***	n의 값을 1씩 감소
n = 2	2 > 0 → 참	**	n의 값을 1씩 감소
n = 1	1 > 0 → 참	*	n의 값을 1씩 감소
n = 0	0 > 0 → 거짓	–	n의 값이 0이므로 종료

만약 '*' 문자를 1,000번 출력해야 할 때 반복문이 없다면, print문을 1,000번 나열해야만 주어진 문제를 해결할 수 있습니다. 이와 같은 경우는 프로그램의 길이뿐만 아니라 반복되는 문장도 많아집니다. 그런데 168쪽 실습4 의 3행에서 while문의 조건 n의 값을 1000으로 수정하면 쉽게 해결할 수 있습니다.

실습5 ▶ while문을 이용하여 숫자 1~10까지의 합을 구해 봅시다.

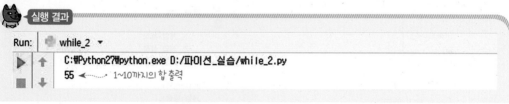

```
1    n, s = 0, 0 ◄······ 변수 n과 s의 값을 각각 0으로 초기화하기
2    while n < 10 : ◄······ 조건, 즉 n의 값이 10보다 작으면 3~4행을 반복하고, 그렇지 않으면 5행을 수행하기
3        n += 1 ◄······ n의 값을 1씩 증가, 즉 n의 값은 1, 2, 3, …10까지 증가
4        s += n ◄······ n의 값을 변수 s에 누적, 즉 s의 값은 1+2+3+…10까지의 합을 누적
5    print s ◄······ s의 값, 즉 합 출력하기
```

실습 6 ▶ 다음 프로그램을 작성하고 그 결과를 예측해 봅시다.

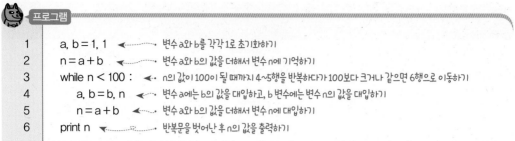

```
1    a, b = 1, 1          ◀----- 변수 a와 b를 각각 1로 초기화하기
2    n = a + b            ◀----- 변수 a와 b의 값을 더해서 변수 n에 기억하기
3    while n < 100 :      ◀----- n의 값이 100이 될 때까지 4~5행을 반복하다가 100보다 크거나 같으면 6행으로 이동하기
4        a, b = b, n      ◀----- 변수 a에는 b의 값을 대입하고, b 변수에는 변수 n의 값을 대입하기
5        n = a + b        ◀----- 변수 a와 b의 값을 더해서 변수 n에 대입하기
6    print n             ◀----- 반복문을 벗어난 후 n의 값을 출력하기
```

실행 결과

```
Run    while_3
▶  ↑   C:₩Python27₩python.exe D:/파이썬실습/while_3.py
■  ↓   144
```

실습 7 ▶ 다음의 프로그램을 작성하고 그 결과를 확인해 봅시다.

프로그램

```
1    # -*- coding = utf-8 -*-
2    menu = """
3        1. 게임 시작
4        2. 게임 설정
5        3. 게임 종료
6    """
7    select = 0
8    while select != 3 :
9        print menu
10       select = input("메뉴 선택: ")
11   print "게임 종료!"
```

실행 결과

```
Run:   while_4
▶  ↑        C:₩Python27₩python.exe D:/파이선_실습/while_4.py
■  ↓
II  ⟷        1. 게임 시작
            2. 게임 설정
            3. 게임 종료

        메뉴 선택: 2

            1. 게임 시작
            2. 게임 설정
            3. 게임 종료

        메뉴 선택: 3
        게임 종료!
```

설명

2~6행 " " 안의 문자열을 menu 변수에 저장합니다.

7행 select 변수의 값을 0으로 초기화합니다.

8행 while문의 조건에서 select 변수의 값이 3이 아니면 9행~10행을 반복하다가 입력값이 3이면 while문을 벗어나 11행을 수행합니다.

9행 menu 변수의 값을 그대로 출력합니다.

10행 입력문으로 사용자가 숫자를 입력하면 select 변수에 기억하고 8행으로 이동하여 계속 반복합니다.

11행 " " 안의 문자를 출력하고 프로그램을 종료합니다.

실습 8 랜덤 함수로 1부터 100 사이의 숫자 1개를 생성한 후 사용자가 그 숫자를 맞히는 게임을 해 봅시다.

실행 결과

```
-------------------------
      숫자 맞추기 게임
-------------------------
1~100 사이의 수를 입력: 70
더 작은 숫자 입력
1~100 사이의 수를 입력: 60
더 작은 숫자 입력
1~100 사이의 수를 입력: 30
더 작은 숫자 입력
1~100 사이의 수를 입력: 20
더 작은 숫자 입력
1~100 사이의 수를 입력: 10
더 큰 숫자 입력
1~100 사이의 수를 입력: 15
더 큰 숫자 입력
1~100 사이의 수를 입력: 17
-------------------------
          7회
-------------------------
```

처리 조건

• 주어진 문제를 해결하기 위해서는 반복문과 선택문을 이용하여 프로그램을 작성합니다.
• 사용자는 키보드로 숫자를 하나씩 입력하여 그 숫자가 맞는지 비교합니다.
• 마지막으로 사용자가 몇 번만에 숫자를 맞혔는지 횟수를 출력합니다.

따라하기 ① 랜덤 함수로 1~100 사이의 숫자를 1개 생성한 후, 해당 숫자를 맞히기 위해서는 사용자가 입력한 숫자와 비교하는 작업이 필요합니다. 이때 필요한 명령이 if문이고, 숫자를 맞힐 때까지 여러 번 묻기 위해서는 while문이 필요합니다.

```
-------------------------
      숫자맞추기 게임
-------------------------
1 ~ 100 사이의 숫자 입력: 50
큰 숫자 입력
1 ~ 100 사이의 숫자 입력: 75
큰 숫자 입력
1 ~ 100 사이의 숫자 입력: 87
큰 숫자 입력
1 ~ 100 사이의 숫자 입력: 93
큰 숫자 입력
1 ~ 100 사이의 숫자 입력: 96
작은 숫자 입력
1 ~ 100 사이의 숫자 입력: 94
-------------------------
          6회
-------------------------
```

1단계 1부터 100 사이의 숫자 중에서 임의의 숫자 하나를 난수로 생성하기 (이때 생성되는 난수는 정수형일 것)

2단계 사용자는 1부터 100 사이의 숫자 중 하나의 수를 입력한 후 다음 세 가지 조건에 해당하는지 비교하여 정답을 찾을 때까지 반복하기
• 입력한 숫자가 더 작은 경우: "더 큰 수 입력" 출력
• 입력한 숫자가 더 큰 경우: "더 작은 수 입력" 출력
• 숫자를 맞힌 경우: 맞힌 횟수 출력

② 난수로 1~100 사이의 정수를 생성하는 프로그램을 작성합니다.

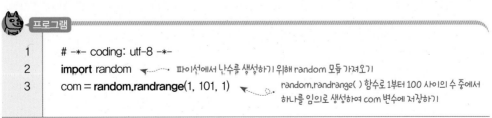

프로그램

```
1    # -*- coding: utf-8 -*-
2    import random          ◀······ 파이선에서 난수를 생성하기 위해 random 모듈 가져오기
3    com = random.randrange(1, 101, 1)      random.randrange( ) 함수로 1부터 100 사이의 수 중에서
                                            하나를 임의로 생성하여 com 변수에 저장하기
```

randrange( ) 함수는 어떻게 사용하나요?

randrange( )에서 제시한 범위 내에서 난수 값을 반환합니다.

형식 random.randrange ([시작값,] 종료값 [, 증가값])

• 시작값: 난수를 생성할 때 시작값을 지정합니다.
• 종료값: 시작값부터 종료값보다 작은 범위 내에서 난수를 생성합니다.
• 증가값: 난수를 생성할 때 범위 내의 수 중에서 증가값 간격으로 난수를 생성합니다.
 예 random.randrange(1, 10, 2)
   → 1~10보다 작은 범위의 난수를 생성합니다. 이때 증가값이 2이므로 1, 3, 5, 7, 9 중 하나의 값이 난수로 생성됩니다.

❸ 숫자 맞추기 프로그램을 완성합니다.

프로그램

```
1   # -*- coding: utf-8 -*-
2   import random
3   com = random.randrange(1, 101, 1)
4   usr = -1      ←···· usr은 사용자가 입력한 수를 저장하기 위한 변수이므로 1~100 사이의 값이 아닌 숫자로 초기화하기
5   cnt = 0       ←···· 사용자가 몇 번만에 숫자를 맞혔는지를 세기 위해 cnt 변수를 0으로 초기화하기
6   print( "----------------" )
7   print( "    숫자 맞추기 게임" )   } 제목 출력하기
8   print( "----------------" )
9   while ( com != usr ):
10      usr = input("1~100 사이의 수를 입력: ")
11      if ( usr > com ):
12          print( "더 작은 숫자 입력" )
13      if ( usr < com ):
14          print( "더 큰 숫자 입력" )
15      cnt = cnt + 1
16   print( "----------------" )
17   print( "        " + str( cnt ) + "회" )
18   print( "----------------" )
```

설명

9~15행 난수가 저장된 com과 사용자가 입력한 usr 변수의 값을 비교하여 서로 같지 않으면 10~15행까지를 반복하고, 값이 같으면 while문을 벗어나 16행으로 이동합니다.

10행 사용자가 입력한 숫자를 usr 변수에 저장합니다.

11~12행 만약 usr 값이 com 값보다 더 크면 "더 작은 숫자 입력"이라는 메시지를 출력합니다.

13~14행 만약 usr 값이 com 값보다 더 작으면 "더 큰 숫자 입력"이라는 메시지를 출력합니다.

15행 사용자가 몇 번만에 숫자를 맞혔는지를 알기 위해 입력값이 틀릴 때마다 cnt의 값을 1씩 증가합니다.

3 for문 이해

for문은 while문처럼 특정 명령들을 반복 수행할 때 사용합니다. while문은 조건식의 결과에 따라 반복 여부를 결정하지만 for문은 반복 객체(문자열, 리스트, 튜플 등)를 최소 한 번 이상 반복한다는 점이 다릅니다.

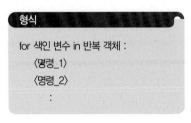

형식

```
for 색인 변수 in 반복 객체 :
    〈명령_1〉
    〈명령_2〉
        ⋮
```

for문은 주어진 반복 객체의 범위만큼 for문에 속해 있는 명령_1, 명령_2, … 들을 반복 수행합니다.

실습 8 for문으로 숫자 1, 2, 3, 4, 5를 출력해 봅시다.

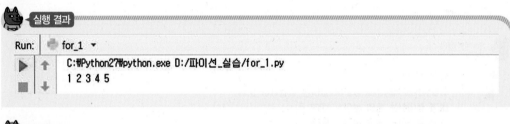

실행 결과

```
Run:  🐶 for_1 ▾
▶ ↑   C:\Python27\python.exe D:/파이선_실습/for_1.py
■ ↓   1 2 3 4 5
```

프로그램

```
1   for i in [ 1, 2, 3, 4, 5 ] :      색인 변수 i는 1~5까지 1씩 증가하기      5회 반복하기
2       print i,                      변화되는 i의 값 출력하기
```

실습 9 다음 프로그램을 작성하고 그 결과를 확인해 봅시다.

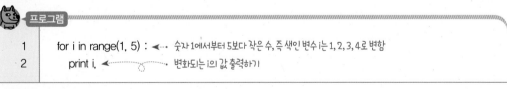

프로그램

```
1   for i in range(1, 5) :      숫자 1에서부터 5보다 작은 수, 즉 색인 변수 i는 1, 2, 3, 4로 변함
2       print i,                변화되는 i의 값 출력하기
```

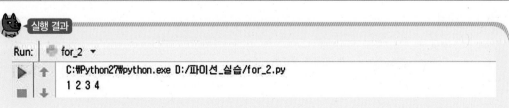

실행 결과

```
Run:  🐶 for_2 ▾
▶ ↑   C:\Python27\python.exe D:/파이선_실습/for_2.py
■ ↓   1 2 3 4
```

rnage( ) 함수는 어떤 역할을 하나요?

형식 ▶ range(시작값, 종료값, 증감값)
• '시작값'에서부터 '종료값−1'까지 수를 증감값 단위로 변화되는 값들을 반환합니다.

예1 print range(10) ◀········ 0부터 9까지 1씩 증가한 값들을 반환하기
　　실행 결과: [0, 1, 2, 3, 4, 5, 6, 7, 8, 9]
예2 print range(1, 10, 2) ◀········ 1부터 9까지 2씩 증가한 값들을 반환하기
　　실행 결과: [1, 3, 5, 7, 9]
예3 print range(10, 1, −2) ◀········ 10부터 2까지 2씩 감소한 값들을 반환하기
　　실행 결과: [10, 8, 6, 4, 2]

실습10 ▶ 다음 프로그램을 작성하고 그 결과를 확인해 봅시다.

 프로그램

```
1    # -*- coding: utf-8 -*-
2    for i in [ 'KPOP', 'ROCK', 'R&B' ]:
3        print "내가 좋아하는 음악 분야: ", i
```
} 리스트 i의 개수가 3개이므로 for문은 3번 반복하면서 리스트
의 각 요소 값을 순서대로 하나씩 출력하기

실행 결과

Run: for_3 ▾

▶ ↑ 　C:₩Python27₩python.exe D:/파이썬_실습/for_3.py
■ ↓ 　내가 좋아하는 음악 분야: KPOP ◀···· 리스트 i[0] 번째 요소
Ⅱ ⇄ 　내가 좋아하는 음악 분야: ROCK ◀···· 리스트 i[1] 번째 요소
　　　내가 좋아하는 음악 분야: R&B ◀···· 리스트 i[2] 번째 요소

실습11 ▶ 다음 프로그램을 작성하고 그 결과를 확인해 봅시다.

 프로그램

```
1    for i in range(1, 25):
2        if 25 % i == 0 :
3            print i,
```
◀···· for문은 1부터 24까지 1씩 증가하면서 2행을 반복하기
} 25를 i의 값으로 나눈 나머지 값이 0일 때만 3행으로 이동하여 i의 값을 출력하기
즉, 25의 약수인 1과 5만 출력

 실행 결과

Run: for_4 ▾

▶ ↑ 　C:₩Python27₩python.exe D:/파이썬_실습/for_4.py
■ ↓ 　1 5

4 if~else문 살펴보기

if문의 조건에 따라 참일 때와 거짓일 때 수행할 문장이 다를 때 if~else문을 사용합니다.

형식

```
if 〈조건〉:
    조건이 참인 경우 수행할 명령들
else :
    조건이 거짓인 경우 수행할 명령들
```

실습 12 ▶ 변수 n에 기억된 수가 짝수인지 홀수인지를 판단해 봅시다.

프로그램

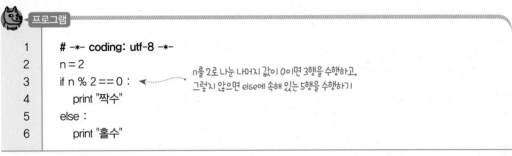

```
1    # -*- coding: utf-8 -*-
2    n = 2
3    if n % 2 == 0 :
4        print "짝수"
5    else :
6        print "홀수"
```

n를 2로 나눈 나머지 값이 0이면 3행을 수행하고,
그렇지 않으면 else에 속해 있는 5행을 수행하기

실행 결과

```
Run:    if_else_1  ▼
▶  ↑    C:\Python27\python.exe D:/파이선_실습/if_else_1.py
■  ↓    홀수
```

해보기

실습 12 에서 2행을 'n = input('숫자 입력: ')'으로 수정한 후 키보드로 다양한 값을 입력하여 실행 결과를 확인해 봅시다.

실습 13 ▶ 다음 for문의 색인 변수 i값이 홀수일 때만 출력해 봅시다.

프로그램

```
1    for i in range(10) :
2        if i % 2 == 0 :
3            continue
4        else :
5            print i,
```

for문에 의해 변수 i의 값이 1부터 9까지 1씩 증가하면서 2~5행을 반복하기

i의 값을 2로 나누었을 때 나머지 값이 0이면 짝수이므로 3행에 의해 다음 for문을 수행하고 그렇지 않으면 4행으로 이동하기

나눈 나머지 값이 0이 아닌 경우, 즉 홀수이므로 i의 값 출력하기

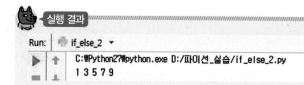

실행 결과

Run: if_else_2 ▼

▶ ↑   C:\Python27\python.exe D:/파이션_실습/if_else_2.py
■ ↓   1 3 5 7 9

 continue문과 break문의 차이는 무엇인가요?

for 또는 while문과 같은 반복문 내에서 continue와 break문을 사용할 수 있으며, 각 명령문의 역할은 다음과 같이 달라집니다.

❶ continue문

반복문 안에서 continue문을 만나면 이후 문장은 무시하고 반복문으로 이동하여 다음 순서를 진행합니다.

예   프로그램

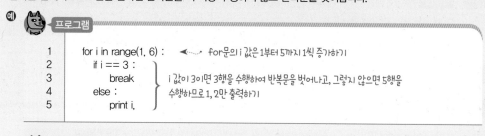

```
1    for i in range(1, 6) :   ◀┈┈ i값은 1~5까지 1씩 증가하면서 2~5행을 반복 수행하기
2      if i == 3 :
3        continue                        i 값이 3인 경우 3행의 continue문을 실행하므로 바로
4      else :                            for문으로 이동하고, 그렇지 않으면 5행을 수행하기
5        print i,   ◀┈┈ 3을 제외한 1, 2, 4, 5를 출력하기
```

실행 결과

Run: continue_1 ▼

▶ ↑   C:\Python27\python.exe D:/파이션_실습/continue_1.py
■ ↓   1 2 4 5

❷ break문

반복문 안에서 break문을 만나면 반복문을 더 이상 수행하지 않고 반복문을 벗어납니다.

예   프로그램

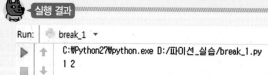

```
1    for i in range(1, 6) :   ◀┈┈ for문의 i 값은 1부터 5까지 1씩 증가하기
2      if i == 3 :
3        break                  i 값이 3이면 3행을 수행하여 반복문을 벗어나고, 그렇지 않으면 5행을
4      else :                   수행하므로 1, 2만 출력하기
5        print i,
```

실행 결과

Run: break_1 ▼

▶ ↑   C:\Python27\python.exe D:/파이션_실습/break_1.py
■ ↓   1 2

5. if~elif~else문 이해

if문에서 여러 개의 조건 중 하나를 선택해서 처리해야 할 때 elif문을 필요한 만큼 추가하여 조건에 맞는 명령을 처리할 수 있습니다.

if문에서 〈조건1〉이 참이면 '명령_1'을 수행하고, 거짓이면 elif문으로 이동하여 다시 〈조건2〉를 비교하여 참이년 '명령_2'를 수행하고 그렇지 않으면 '명령_3'을 수행합니다.

형식

```
if 〈조건1〉 :
    명령_1
elif 〈조건2〉 :
    명령_2
else :
    명령_3
```

실습14 숫자를 입력하여 그 값이 '양수', '0', '음수'인지를 판단해 봅시다.

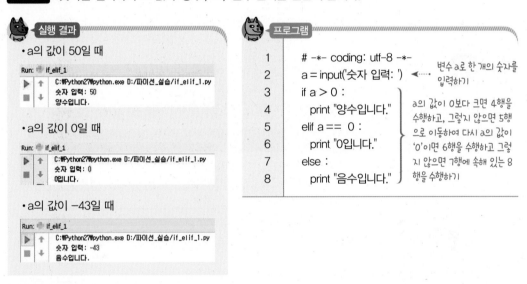

실습15 컴퓨터와 가위바위보 게임을 해 봅시다. 랜덤 함수로 1~3 범위의 정수를 생성하고, 사용자 또한 1~3 범위의 숫자 중 하나를 입력한 후 서로 비교하여 사용자를 기준으로 '비김', '이김', '패배' 여부를 판단해 봅시다.

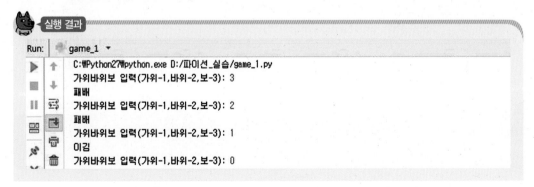

```
1   # -*- coding: utf-8 -*-
2   import random
3   usr = -1          ◀---------  사용자가 숫자를 입력할 변수의 값을 1~3 이외의 값으로 초기화하기
4   while usr != 0 :   ◀---  while문의 조건에서 usr 변수의 값이 0이 아닌 동안 5행~12행을 반복하기
5       usr = input( "가위바위보 입력(가위-1, 바위-2, 보-3): " )  ◀---  사용자는 가위바위보의 역할을 하는 1부
                                                                       터 3 사이의 숫자 하나를 입력하기
6       if usr < 1 or usr > 3 :  ┐
7           break                ┘  usr값이 1, 2, 3이 아니면 while문을 벗어나기
8       com = random.randrange(1, 4)  ◀---  컴퓨터는 1부터 3 사이의 숫자 중 하나를 난수로 생성하기
9       if usr == com :
10          print "비김"
11      elif usr - 1 == com or usr + 2 == com :
12          print "이김"
13      olco :
14          print "패배"
```

usr과 com의 값을 비교하여 같으면 10행을 수행하고, 그렇지 않으
면 11행으로 이동하여 사용자가 이겼으면 12행을 수행하고 그렇지 않
으면 13행에 속해 있는 14행을 수행하기

사용자와 컴퓨터 간의 가위바위보 승패는 어떻게 결정하나요?

사용자 변수 usr과 컴퓨터 변수 com의 값을 비교할 때 다음과 같은 상황 중 하나인지를 체크하여 승패를 결정합니다.

com \ usr	가위-1	바위-2	보-3
가위-1	비김	이김	패배
바위-2	패배	비김	이김
보-3	이김	패배	비김

비기는 경우	usr(1) - com(1), usr(2) - com(2), usr(3) - com(3)
	두 변수의 값이 같은 경우
if 조건	usr == com
이기는 경우	usr(2) - com(1), usr(3) - com(2), usr(1) - com(3)
	usr 변수의 값이 1만큼 크거나 com 변수의 값이 2만큼 큰 경우
elif 조건	usr - 1 == com or usr + 2 == com
패배의 경우	usr(3) - com(1), usr(1) - com(2), usr(2) - com(3)
	비기거나 이기는 경우가 아닌 경우
else	usr - 2 == com or usr + 1 == com

실습13 에서 9행, 11행, 13행에서 usr과 com 변수의 값도 출력하여 각자 무엇을 냈는지 확
인할 수 있도록 프로그램을 수정해 봅시다.

실습16 1개의 숫자를 입력받아 약수의 합을 구한 후 그 값이 완전수, 부족수, 과잉수인지를 판단해 봅시다.

실행 결과

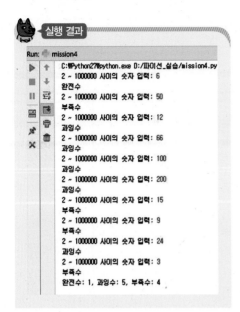

Run: mission4

```
C:\Python27\python.exe D:/파이션_실습/mission4.py
2 ~ 1000000 사이의 숫자 입력: 6
완전수
2 ~ 1000000 사이의 숫자 입력: 50
부족수
2 ~ 1000000 사이의 숫자 입력: 12
과잉수
2 ~ 1000000 사이의 숫자 입력: 66
과잉수
2 ~ 1000000 사이의 숫자 입력: 100
과잉수
2 ~ 1000000 사이의 숫자 입력: 200
과잉수
2 ~ 1000000 사이의 숫자 입력: 15
부족수
2 ~ 1000000 사이의 숫자 입력: 9
부족수
2 ~ 1000000 사이의 숫자 입력: 24
과잉수
2 ~ 1000000 사이의 숫자 입력: 3
부족수
완전수: 1, 과잉수: 5, 부족수: 4
```

처리 조건
- 입력값은 2~1000000 범위의 정수로 합니다.
- 10번 반복한 후 마지막으로 완전수, 부족수, 과잉수가 나온 개수를 출력합니다.
- 입력한 숫자의 약수 합이 입력한 숫자와 같은 경우: "완전수"로 출력합니다.
- 입력한 숫자의 약수 합이 입력한 숫자보다 작은 경우: "부족수"로 출력합니다.
- 입력한 숫자의 약수 합이 입력한 숫자보다 큰 경우: "과잉수"로 출력합니다.

따라하기 1 1개의 정수를 입력하여 1~입력값까지의 합을 구하려면 다음과 같이 반복문이 필요하고, 그 값이 완전수, 부족수, 과잉수 중 어디에 해당하는지를 비교하려면 if문이 필요합니다.

실행 결과

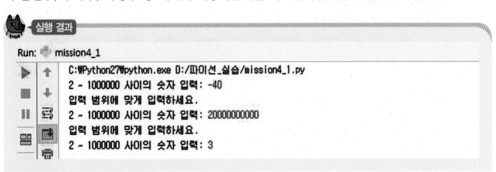

Run: mission4_1

```
C:\Python27\python.exe D:/파이션_실습/mission4_1.py
2 ~ 1000000 사이의 숫자 입력: -40
입력 범위에 맞게 입력하세요.
2 ~ 1000000 사이의 숫자 입력: 20000000000
입력 범위에 맞게 입력하세요.
2 ~ 1000000 사이의 숫자 입력: 3
```

프로그램

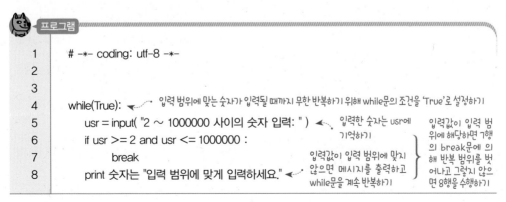

```
1    # -*- coding: utf-8 -*-
2
3
4    while(True):          ◀······ 입력 범위에 맞는 숫자가 입력될 때까지 무한 반복하기 위해 while문의 조건을 'True'로 설정하기
5        usr = input( "2 ~ 1000000 사이의 숫자 입력: " ) ◀── 입력한 숫자는 usr에 기억하기
6        if usr >= 2 and usr <= 1000000 :
7            break
8        print 숫자는 "입력 범위에 맞게 입력하세요."
```

입력값이 입력 범위에 맞지 않으면 메시지를 출력하고 while문을 계속 반복하기

입력값이 입력 범위에 해당하면 7행의 break문에 의해 반복 범위를 벗어나고 그렇지 않으면 8행을 수행하기

❷ 이번에는 입력한 숫자가 완전수, 부족수, 과잉수인지를 판단하는 과정을 추가하여 프로그램을 완성합니다.

프로그램

```
1   # -*- coding: utf-8 -*-
2   p_num = e_num = i_num = 0
3   for t in range(0, 10) :
4       while(True):
5           usr = input( "2 ~ 1000000 사이의 숫자 입력: " )
6           if usr >= 2 and usr <= 1000000 :
7               break
8           print "입력 범위에 맞게 입력하세요."
9       tot = 0
10      for i in range(1, usr ) :
11          if usr % i == 0 :
12              tot += i
13      if usr < tot :
14          print "과잉수"
15          e_num += 1
16      elif usr > tot :
17          print "부족수"
18          i_num += 1
19      else :
20          print "완전수"
21          p_num += 1
22  print "완전수: "+str(p_num)+", 과잉수: "+str(e_num)+", 부족수: "+str(i_num)
```

- 5~8행: while문 반복 범위
- 11~12행: 약수를 구하기 위한 반복 범위
- 14~15행: 과잉수 구하기
- 17~18행: 부족수 구하기
- 20~21행: 완전수 구하기
- for문 반복 범위

설명

2행 완전수, 과잉수, 부족수의 개수를 기억할 각각의 변수를 0으로 초기화합니다.

3행 for문은 소스 코드 4행~21행까지를 0부터 9까지 10번 반복합니다.

4행~8행 입력 범위에 맞는 값을 입력하면 9행으로 이동하고 그렇지 않으면 5행부터 8행까지 반복합니다.

9행 약수들의 합을 구하기 위해 tot 변수를 0으로 초기화합니다.

10행 입력값에 대한 모든 약수를 구하기 위해 for문은 1부터 입력값보다 1 작은 수까지 11~12행을 반복합니다.

11행 입력값(usr)을 1부터 '입력값-1'까지의 수들로 나눈 나머지 값이 0인지를 확인합니다.

12행 나머지 값이 0이면 약수이므로 tot 변수에 1씩 누적하여 약수의 개수를 구합니다.

13~15행 약수들의 합계가 입력된 수보다 큰 경우이므로 "과잉수"라는 메시지를 출력하고 과잉수의 개수를 구할 변수(e_num)의 값을 1 증가시킵니다.

16~18행 약수들의 합계가 입력된 수보다 작은 경우이므로 "부족수"라는 메시지를 출력하고 부족수의 개수를 구할 변수(i_num)의 값을 1 증가시킵니다.

19~21행 약수들의 합계가 입력된 수보다 크지도 작지도 않은 경우 즉, 약수들의 합계와 입력된 수가 같은 경우이므로 "완전수"라는 메시지를 출력하고 완전수의 개수를 구할 변수(i-num)의 값을 1 증가시킵니다.

22행 3행부터 21행까지 10번의 반복 작업이 끝나면 과잉수, 부족수, 완전수가 각각 몇 개인지를 출력합니다.

1 155쪽 실습 9 에서 구했던 체질량 지수를 활용하여 과체중, 정상 체중, 저체중 여부를 출력하는 프로그램으로 수정해 봅시다.

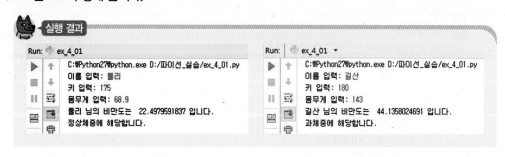

2 171쪽 실습 8 의 숫자 맞추기 게임에서 사용자가 입력한 값이 1부터 100 사이의 숫자가 아니면 다시 입력할 수 있도록 프로그램을 수정해 봅시다.

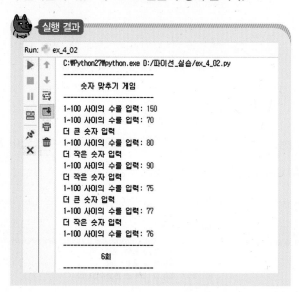

3 2번 문제에서 사용자가 정답을 맞추기 위해 시도한 횟수가 7회 이상일 경우 프로그램을 종료할 수 있도록 수정해 봅시다.

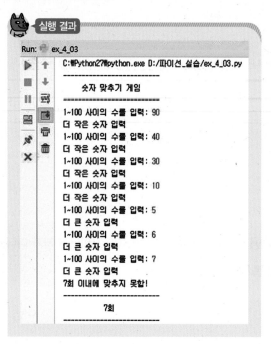

🐕 실행 결과

```
Run:    ex_4_03
  ▶  ↑    C:₩Python27₩python.exe D:/파이썬_실습/ex_4_03.py
            -------------------------
  ■  ↓         숫자 맞추기 게임
  ‖  ⇄    -------------------------
  ⊞  ⮌    1~100 사이의 수를 입력: 90
  ⊞  ☰    더 작은 숫자 입력
  ✎  🗑    1~100 사이의 수를 입력: 40
  ✖         더 작은 숫자 입력
            1~100 사이의 수를 입력: 30
            더 작은 숫자 입력
            1~100 사이의 수를 입력: 10
            더 작은 숫자 입력
            1~100 사이의 수를 입력: 5
            더 큰 숫자 입력
            1~100 사이의 수를 입력: 6
            더 큰 숫자 입력
            1~100 사이의 수를 입력: 7
            더 큰 숫자 입력
            7회 이내에 맞추지 못함!
            -------------------------
                   7회
            -------------------------
```

4 179쪽의 실습16 에서 완전수를 구하는 방법을 활용하여 두 수가 입력되었을 때 약수의 합이 서로의 수와 같은 친화수에 해당하는지의 여부를 출력하는 프로그램을 작성해 봅시다.

🐕 실행 결과

```
Run:    ex_4_04  ▼
  ▶  ↑    C:₩Python27₩python.exe D:/파이썬_실습/ex_4_04.py
  ■  ↓    첫번째 수 입력: 7
  ‖  ⇄    두번째 수 입력: 9
            7 과 9 는 친화수가 아닙니다.
```

```
Run:    ex_4_04
  ▶  ↑    C:₩Python27₩python.exe D:/파이썬_실습/ex_4_04.py
  ■  ↓    첫번째 수 입력: 220
  ‖  ⇄    두번째 수 입력: 284
            220 과 284 는 친화수입니다.
```

CHAPTER 02

파이선으로
실생활 프로젝트 해결하기

START

파이선을 이용하여 실생활이나 다양한 분야에서 발생하는 문제
상황을 해결하면서 프로그래밍 학습 능력을 키워 봅시다.

PROJECT
1 우리들만의 메시지를 전달하라

PROJECT
2 최소 화폐 매수로 거스름돈을
전달하라

PROJECT
3 GUI 계산기를 만들자

PROJECT
4 인터넷의 정보를 활용해 보자

우리들만의 메시지를 전달하라

활동 목표

• 다양한 문자 치환 암호 해독 방법을 이해하고 프로그램을 작성할 수 있다.

★ 암호화된 문장을 해독하는 프로그램을 제작하기 위해 문자 치환 암호 기법에 대해 알아 보고 이를 활용하여 프로그램을 작성해 봅시다.

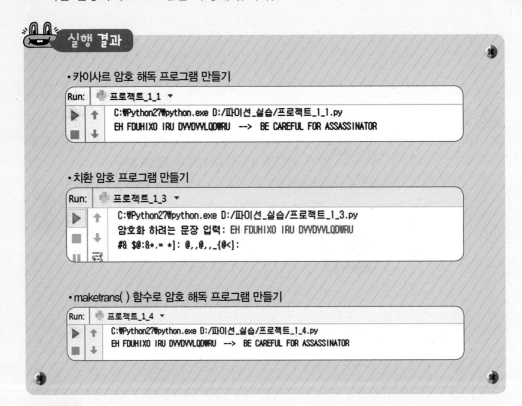

실행 결과

• 카이사르 암호 해독 프로그램 만들기

Run: 프로젝트_1_1 ▼

```
C:\Python27\python.exe D:/파이선_실습/프로젝트_1_1.py
EH FDUHIXO IRU DVVDVVLQDWRU  -->  BE CAREFUL FOR ASSASSINATOR
```

• 치환 암호 프로그램 만들기

Run: 프로젝트_1_3 ▼

```
C:\Python27\python.exe D:/파이선_실습/프로젝트_1_3.py
암호화 하려는 문장 입력: EH FDUHIXO IRU DVVDVVLQDWRU
#& $@:&+.= *]: @,,@,,_{@<]:
```

• maketrans( ) 함수로 암호 해독 프로그램 만들기

Run: 프로젝트_1_4 ▼

```
C:\Python27\python.exe D:/파이선_실습/프로젝트_1_4.py
EH FDUHIXO IRU DVVDVVLQDWRU  -->  BE CAREFUL FOR ASSASSINATOR
```

184 · PART II 파이선

⭐ 암호 해독 방법에는 어떤 것이 있는지 알아보고 프로그램에 활용합니다.

【문제 분석 및 알고리즘 설계】

암호는 인류의 역사 속에서 무수히 등장하고 있습니다. 먼 옛날 고대부터 현재까지 국가적 차원뿐만 아니라 군사 작전을 위해 다양한 형태의 암호들을 활용하고 있습니다.

> **1**단계   카이사르 암호를 알아보고 프로그램 만들기
>
> **2**단계   다양한 치환 암호 방법을 알아보고 프로그램 만들기
>
> **3**단계   maketrans( ) 함수로 암호 해독 프로그램 만들기

 프로그래밍하기

⭐ 앞에서 설계한 문제 해결 방법을 단계별로 프로그래밍하여 미션을 해결합니다.

 1단계   **카이사르 암호에 대해 알아보고 프로그램을 작성해 봅시다.**

단순하지만 치환 암호의 시작이라고 할 수 있는 카이사르 암호는 알파벳 순서에 따라 현재 알파벳보다 뒤로 세 번째 위치의 문자들을 조합하는 방법을 사용합니다. 예를 들면, A → D, B → E의 문자로 바꾸는 방법으로 암호를 만듭니다.

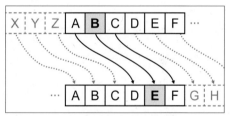

🔺 **카이사르 암호** 영문자를 해당 알파벳보다 3글자씩 뒤에 있는 영문자로 바꾸는 방식입니다.

고대 로마의 황제였던 줄리어스 시저는 가족과 비밀 문서를 주고받을 때 카이사르 암호(또는 시저 암호)를 사용하였다고 합니다. 시저는 브루투스에게 암살되기 전 가족들로부터 다음과 같은 긴급 통신문을 받았다고 합니다.

각 알파벳을 해당 문자보다 세 번째 앞에 있는 문자로 바꾸기

암호화된 긴급 통신문	EH FDUHIXO IRU DVVDVVLQDWRU
암호 해독	BE CAREFUL FOR ASSASSINATOR

해독한 암호를 살펴보면 '암살자를 주의하라'는 내용입니다. 그 다음의 이야기는 유명한 "브루투스, 너마저……."가 됩니다.

● 암호화된 긴급 통신문을 해독하기 위해 카이사르 암호 해독 프로그램을 만들어 봅시다.

실행 결과

Run: 프로젝트_1_1 ▼

C:\Python27\python.exe D:/파이선_실습/프로젝트_1_1.py
EH FDUHIXO IRU DVVDVVLQDWRU --> BE CAREFUL FOR ASSASSINATOR

암호화된 긴급 통신문   암호를 해독한 긴급 통신문

프로그램

```
1   s = "EH FDUHIXO IRU DVVDVVLQDWRU"     카이사르 암호로된 긴급 통신문을 s 변수에 기억하기
2   ans = " "     암호를 해독한 통신문을 기억할 ans 변수를 빈 공간으로 초기화하기
3   for c in s :     for문은 s 변수의 문자 개수만큼 4~7행을 반복하기
4       if c != " " :
5           ans += chr(ord(c) − 3)
6       else :
7           ans += " "
8   print s, '-->', ans     암호화된 긴급 통신문 s와 암호를 해독한 통신문이 기억된 ans 변수 값을 출력하기
```

설명

4~7행 s 변수에 기억된 문자들을 왼쪽부터 한 글자씩 가져와 공백(" ")인지 비교, 공백이 아니면 해당 알파벳보다 3번째 이전의 알파벳으로 변환하여 ans 변수에 연결하면서 저장하고, 공백이면 ans 변수에 한 칸의 공백(" ")을 연결하여 저장합니다.

2 단계 다양한 치환 암호 방법에 대해 알아보고 프로그램을 만들어 봅시다.

치환 암호는 카이사르 암호처럼 문자 하나하나를 임의의 문자로 바꾸는 방법입니다. 즉 알파벳 하나하나를 임의의 알파벳 또는 기호 등으로 1:1 대응하여 치환합니다.

방법 1 알파벳 문자를 다른 알파벳 문자로 치환하기

평문	A	B	C	D	E	F	G	H	I	J	K	L	M	N	O	P	Q	R	S	T	U	V	W	X	Y	Z
암호문	X	Y	Z	A	B	C	D	E	F	G	H	I	J	K	L	M	N	O	P	Q	R	S	T	U	V	W

방법 2 알파벳 문자를 특수 문자로 치환하기

평문	A	B	C	D	E	F	G	H	I	J	K	L	M	N	O	P	Q	R	S	T	U	V	W	X	Y	Z
암호문	!	@	#	$	%	^	&	*	(	)	_	+	{	}	[	]	<	>	,	.	/	?	;	:	'	"

방법 3 알파벳 문자를 임의의 알파벳과 특수 문자를 혼합하여 치환하기

평문	A	B	C	D	E	F	G	H	I	J	K	L	M	N	O	P	Q	R	S	T	U	V	W	X	Y	Z
암호문	E	@	#	$	I	^	&	*	O	)	_	+	{	}	U	]	<	>	,	.	A	?	;	:	'	"

치환 암호를 해독하는 방법을 알고 싶어요.

알파벳을 치환하여 사용하는 암호는 다음과 같이 알파벳의 사용 빈도를 활용한 방법으로 쉽게 해독할 수 있습니다.

알파벳	사용 빈도	알파벳	사용 빈도	알파벳	사용 빈도	알파벳	사용 빈도
e	12.70%	h	6.09%	w	2.36%	k	0.77%
t	9.06%	r	5.99%	f	2.23%	j	0.15%
a	8.17%	d	4.25%	g	2.02%	x	0.15%
o	7.51%	l	4.03%	y	1.97%	q	0.10%
i	6.97%	c	2.78%	p	1.93%	z	0.07%
n	6.75%	u	2.76%	b	1.49%		
s	6.33%	m	2.41%	v	0.98%		

해독 순서

① 사용 빈도가 가장 높은 알파벳 'e'를 추정합니다.
② 'e'를 바탕으로 가장 빈도가 높은 단어인 'the'를 추정합니다.
③ 't', 'h', 'e'를 바탕으로 'that', 'then', 'there' 등을 추정합니다.
④ 추정한 내용을 바탕으로 'a', 'r'을 추정합니다.
⑤ 알파벳에서 많이 사용되는 문자들을 추정했기 때문에 이를 바탕으로 영어 단어를 조합하면 나머지 알파벳들을 찾아 문장을 해독할 수 있습니다.

● 을 이용하여 암호화된 긴급 통신문을 해독하는 프로그램을 만들어 봅시다.

 실행 결과

```
Run:  🐱 프로젝트_1_2 ▼
 ▶  ↑   C:\Python27\python.exe D:/파이썬_실습/프로젝트_1_2.py
 ■  ↓   BE CAREFUL FOR ASSASSINATOR
```

 프로그램

```
1    word = "EH FDUHIXO IRU DVVDVVLQDWRU"    ◀ 암호화된 긴급 통신문을 word 리스트에 저장하기
2    code = "XYZABCDEFGHIJKLMNOPQRSTUVW"    ◀ 1:1로 대응할 암호 문자를 code 리스트에 저장하기
3    alph = "ABCDEFGHIJKLMNOPQRSTUVWXYZ"    ◀ 원래 알파벳 문자를 alph 리스트에 저장하기
4    ans = " "
5    for c in word :
6        if c != " " :
7            ans += code[alph.index(c)]
8        else :
9            ans += " "
10   print word, '-->', ans
```

 설명

4행 해독한 암호를 기억할 변수를 빈 공간으로 초기화합니다.
5행 해독할 통신문의 문자 개수만큼 for문을 반복합니다.

6행	word 리스트에 저장된 문자들 중 c 위치에 있는 문자를 하나씩 추출하여 공백이 아니면 7행으로 이동하고, 공백이면 9행을 수행합니다.
7행	word 리스트에 있는 문자 중 c 번째 위치와 1:1 대응되는 문자를 alph 리스트의 해당 문자가 있는 곳의 위치를 찾아 code 리스트에서 문자를 추출하여 ans 리스트에 연결합니다.
8~9행	만약 공백 문자이면 공백을 ans 리스트에 연결합니다.
10행	추출한 암호를 출력합니다.

● 암호화할 문장을 입력하여 방법2로 암호화하는 프로그램을 만들어 봅시다.

실행 결과

```
Run:    프로젝트_1_3 ▼
        C:\Python27\python.exe D:/파이선_실습/프로젝트_1_3.py
        암호화 하려는 문장 입력: EH FDUHIXO IRU DYYDYYLQDWRU
        #& $@:&*.= *]: @,,@,,_{@<]:      암호화된 문장
```

프로그램

```python
# -*- coding: utf-8 -*-
code = "~!@#$^&*( )_+-=[{]};:,〈.〉?"
alph = "ABCDEFGHIJKLMNOPQRSTUVWXYZ"
word = raw_input("암호화할 문장 입력: ")
ans = " "
for c in word :
    if c != " " :
        ans += code[alph.index(c)]
    else :
        ans += " "
print ans
```

설명

2~3행	code와 alph에 기억된 문자들을 1:1 대응하도록 설정합니다.
4행	암호화할 문장을 입력하여 word 리스트에 기억합니다.
5행	암호화한 문자열이 기억될 ans 변수를 초기화합니다.
6~10행	입력 문자열만큼 반복합니다.
7~8행	word 리스트의 문자열 중 c 위치의 문자와 같은 문자를 alph 리스트의 문자에서 찾은 후 다시 code 리스트에서 그 문자와 같은 위치에 대응하는 특수 문자를 추출하여 ans에 연결하여 저장합니다.
9~10행	c 위치의 문자가 공백이면 공백을 ans 리스트에 연결합니다.
11행	암호화한 문장을 출력합니다.

3 단계 maketrans( ) 함수를 이용하여 암호 및 해독 프로그램을 만들어 봅시다.

maketrans( ) 함수는 원 문자의 배열과 치환되는 문자의 배열을 인수로 전달하면 암호화되어있는 문장을 해독하여 문자열의 형태로 반환합니다.

● maketrans( ) 함수로 암호화된 긴급 통신문을 해독해 봅시다.

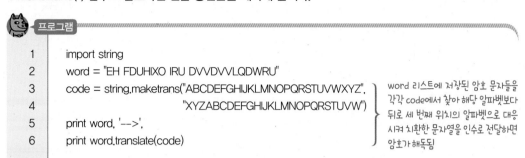

프로그램

```
1    import string
2    word = "EH FDUHIXO IRU DVVDVVLQDWRU"
3    code = string.maketrans("ABCDEFGHIJKLMNOPQRSTUVWXYZ",
4                             "XYZABCDEFGHIJKLMNOPQRSTUVW")
5    print word, '-->',
6    print word.translate(code)
```

word 리스트에 저장된 암호 문자들을
각각 code에서 찾아 해당 알파벳보다
뒤로 세 번째 위치의 알파벳으로 대응
시켜 치환한 문자열을 인수로 전달하면
암호가 해독됨

실행 결과

```
Run:    프로젝트_1_4  ▼
▶  ↑   C:\Python27\python.exe D:/파이선_실습/프로젝트_1_4.py
■  ↓   EH FDUHIXO IRU DVVDVVLQDWRU  -->  BE CAREFUL FOR ASSASSINATOR
```

● 문자열과 암호 및 해독을 선택하는 코드를 입력하고, 입력한 문자열을 암호화 또는 해독하여 나타내 봅시다.

실행 결과

```
Run:    프로젝트_1_5                                    Run:    프로젝트_1_5
▶  ↑   C:\Python27\python.exe D:/파이선_실습/프로젝트_1_5.py    ▶  ↑   C:\Python27\python.exe D:/파이선_실습/프로젝트_1_5.py
■  ↓   1. 암호, 2. 해독: 1                                ■  ↓   1. 암호, 2. 해독: 2
∥  ⇥   암호화할 내용 입력: BE CAREFUL FOR ASSASSINATOR        ∥  ⇥   암호 해독할 내용 입력: YB ZXOBCRI CLO XPPXPFKXQLO
       암호화 코드 입력: DEFGHIJKLMNOPQRSTUVWXYZABC                해독 코드 입력: DEFGHIJKLMNOPQRSTUVWXYZABC
□□ □   암호화 결과: YB ZXOBCRI CLO XPPXPFKXQLO              □□ □   암호 해독 결과: BE CAREFUL FOR ASSASINATOR
```

프로그램

```
1    # -*- coding: utf-8 -*-
2    import string
3    alph = "ABCDEFGHIJKLMNOPQRSTUVWXYZ"
4    sel = -1
5    while sel != 1 and sel != 2 :
6        sel = int(input("1. 암호, 2. 해독: "))
7        if sel != 1 and sel != 2 :
8        print("1 또는 2를 입력하세요.")
9    if sel == 1 :
10       word = raw_input("암호화할 내용 입력: ")
11       code = raw_input("암호화 코드 입력: ")
12       print "암호화 결과: ", word.translate(string.maketrans(code, alph))
13   else :
14       word = raw_input("암호 해독할 내용 입력: ")
15       code = raw_input("해독 코드 입력: ")
16       print "암호 해독 결과: ", word.translate(string.maketrans( alph, code))
```

2행 maketrans( ) 함수를 사용하기 위해 import 합니다.

3행 maketrans( ) 함수의 인자로 사용하기 위한 알파벳을 alph 리스트에 기억합니다.

4행 암호 또는 해독을 선택하기 위한 sel 변수의 값을 초기화합니다.

5행 입력값이 숫자 1 또는 2가 아니면 6~8행을 반복하고, 입력값이 1 또는 2이면 반복문을 벗어나 9행을 수행합니다.

6행 입력문으로 암호(1) 또는 해독(2)을 할 수 있도록 값을 입력하여 sel 변수에 기억합니다.

7행 입력값 즉, sel이 1 또는 2가 아니면 8행을 수행하고, 그렇지 않으면 9행으로 이동합니다.

8행 입력 오류 메시지를 출력하고 다시 6행으로 이동하여 반복합니다.

9행 입력값이 1이면(즉, 암호화를 하려면) 10~12행을 수행하고, 그렇지 않으면 13행에 속한 14~16행을 수행합니다.

10행 암호화할 문장을 word로 입력합니다.

11행 maketrans( ) 함수를 통해 암호화 코드와 해당 위치의 알파벳을 연결할 문장을 code로 입력합니다.

12행 translate( ) 함수가 maketrans( ) 함수로 연결된 내용을 확인하여 word 변수에 암호화된 문장을 전달하여 출력합니다.

13행 입력값 즉, sel의 값이 2인 경우(해독하려면) 14~16행을 수행합니다.

14행 해독할 내용을 word로 입력합니다.

15행 maketrans( ) 함수를 통해 해독 코드와 해당 위치의 알파벳을 연결할 문장을 code로 입력합니다.

16행 translate( ) 함수가 maketrans( ) 함수로 연결된 내용을 확인하여 word 변수에 해독한 문장을 전달하여 출력합니다.

MEMO

1 186쪽 [1단계]에서 만든 카이사르 암호 해독 프로그램은 X~Z까지의 대응이 빠진 프로그램입니다. 오류를 수정하여 프로그램을 완성해 봅시다.

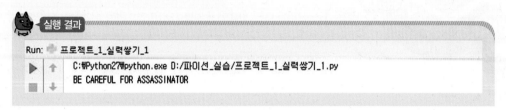

실행 결과

```
Run:  프로젝트_1_실력쌓기_1

  C:\Python27\python.exe D:/파이션_실습/프로젝트_1_실력쌓기_1.py
  BE CAREFUL FOR ASSASSINATOR
```

2 카이사르 암호를 확대하여 하나의 숫자를 입력받아 그 숫자만큼 떨어진 글자를 대응시켜 암호화하는 프로그램을 만들어 봅시다.

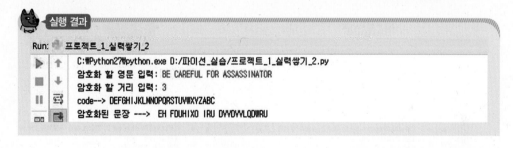

실행 결과

```
Run:  프로젝트_1_실력쌓기_2

  C:\Python27\python.exe D:/파이션_실습/프로젝트_1_실력쌓기_2.py
  암호화 할 영문 입력: BE CAREFUL FOR ASSASSINATOR
  암호화 할 거리 입력: 3
  code--> DEFGHIJKLMNOPQRSTUVWXYZABC
  암호화된 문장 ---> EH FDUHIXO IRU DVVDVVLQDWRU
```

최소 화폐 매수로 거스름돈을 전달하라

활동 목표
• 단위가 다른 화폐의 종류를 가지고 거스름돈을 계산할 수 있다.

★ 상점에서 물건을 사고 단위가 큰 화폐를 점원에게 주었을 경우, 거스름돈을 최소 화폐 매수로 전달하는 방법을 프로그램으로 만들어 봅시다. 또한 화폐 단위에 변화가 생겼을 때 거스름돈을 제대로 전달할 수 있는 방법도 추가해 봅시다.

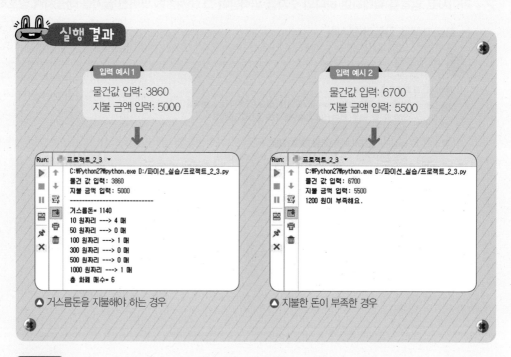

실행 결과

입력 예시 1

물건값 입력: 3860
지불 금액 입력: 5000

```
Run:    프로젝트_2_3 ▼
C:\Python27\python.exe D://파이선_실습/프로젝트_2_3.py
물건 값 입력: 3860
지불 금액 입력: 5000
----------------------------
거스름돈= 1140
10 원자리 ---> 4 매
50 원자리 ---> 0 매
100 원자리 ---> 1 매
300 원자리 ---> 0 매
500 원자리 ---> 0 매
1000 원자리 ---> 1 매
총 화폐 매수= 6
```

🔵 거스름돈을 지불해야 하는 경우

입력 예시 2

물건값 입력: 6700
지불 금액 입력: 5500

```
Run:    프로젝트_2_3 ▼
C:\Python27\python.exe D://파이선_실습/프로젝트_2_3.py
물건 값 입력: 6700
지불 금액 입력: 5500
1200 원이 부족해요.
```

🔵 지불한 돈이 부족한 경우

처리 조건

• 물건값과 고객이 지불한 금액을 입력한 후 비교하여 거스름돈을 지불해야 하는지를 알아봅니다.
• 고객이 지불한 금액보다 물건값이 더 크면 금액이 부족하다는 메시지를 출력합니다.
• 고객에게 거스름돈을 주어야 할 경우에는 화폐 매수를 최소로 하여 줄 수 있도록 계산합니다.

⭐ [실행 결과]와 [처리 조건]을 분석하여 프로그램으로 수행한 작업들을 설계합니다.

【문제 분석 및 알고리즘 설계】

우리는 일반적으로 물건값에 딱 맞는 화폐가 없을 경우 지불해야 할 금액보다 큰 단위의 화폐를 점원에게 줍니다. 이때 점원은 다양한 화폐 단위를 가지고 고객에게 가장 효율적인 방법으로 거스름돈을 주기 위한 방법을 찾고자 노력합니다.

1단계 거스름돈 계산 방법 알아보기
- 일반적인 방법 알아보기
- 효율적인 방법 알아보기

2단계 다양한 화폐 단위로 거스름돈을 지불하는 프로그램 만들기

3단계 거스름돈을 지불하는 프로그램 완성하기

프로그래밍하기

⭐ 앞에서 설계한 문제 해결 방법을 단계별로 프로그래밍하여 미션을 해결합니다.

1단계 거스름돈을 계산하는 방법에 대해 알아봅시다.

 일반적인 방법 알아보기

우리가 물건을 사고 거스름돈을 최소 화폐 매수로 지불하기 위한 일반적인 방법은 가장 큰 화폐 단위부터 가장 작은 화폐 단위까지 순서대로 검사하여 지불할 매수를 결정하는 방법입니다.

문제 상황 1 물건값이 1,400원인데 2,000원을 냈다면, 거스름돈 600원을 받을 수 있는 경우의 수를 나열하면 다음과 같습니다.

🖥 **거스름돈 600원을 지불하는 방법**

- 10원(60개)
- 50원(12개)
- 100원(6개)
- 50원(10개) + 100원(1개)
- 100원(5개) + 50원(2개)
- 500원(1개) + 100원(1개), …

위에서 화폐 매수가 가장 적은 경우는 '500원(1개) + 100원(1개)'로 구성된 것입니다.

문제 상황 2 물건값이 2,700원인데 5,000원을 냈다면, 거스름돈 2,300원을 받을 수 있는 경우의 수를 나열하면 다음과 같습니다.

예 거스름돈 2,300원을 지불하는 방법

- 10원(230개)
- 50원(46개)
- 100원(23개)
- 100원(20개) + 50원(6개)
- 1,000원(2개) + 100원(3개)
- 1,000원(1개) + 100원(13개), …

위에서 화폐 매수가 가장 적은 경우는 '1,000원짜리 화폐 2개 + 100원짜리 화폐 3개'로 구성된 것입니다.

〈문제 상황〉1과 2의 두 예를 분석하면 다음과 같은 방법을 찾을 수 있습니다.

1 단위가 큰 화폐로 거스름돈을 선택하면 동전의 개수가 줄어들기 때문에 현재 고를 수 있는 화폐 중 단위가 가장 큰 화폐를 골라 거스름돈에 추가하기

2 거슬러 줄 돈을 초과하는지 비교하여 초과한다면 마지막에 추가한 화폐는 삭제하기

3 거슬러 줄 돈이 맞는지 비교하여 맞으면 종료하고 그렇지 않으면 다시 **1**부터 반복하기

위 방법을 193쪽의 〈문제 상황 1〉에 적용하여 처리 과정을 순서대로 나열하면 다음과 같습니다.

① 거스름돈 600원에서 고를 수 있는 가장 단위가 큰 화폐는 500원

② 거스름돈 600원을 초과하지 않음

③ 지불할 거스름돈에서 100원이 부족하므로 다시 ①로 이동하기

① 남은 거스름돈 100원을 지불하기 위해 고를 수 있는 가장 단위가 큰 화폐를 고르면 100원임

② 남은 거스름돈 100원을 초과하지 않음

③ 전체 거스름돈이 결정되었으므로 종료하기

결과적으로 거스름돈의 화폐 매수는 500원짜리 1개, 100원짜리 1개로 총 2개가 됩니다.

 효율적인 방법 알아보기

현재 우리나라의 화폐 단위에서는 193쪽의 '일반적인 방법'을 사용해도 문제가 없겠지만, 만약 기념 화폐가 발행되어 300원짜리 동전이 추가되었다고 가정하면 앞에서 학습한 '일반적인 방법'으로는 최적의 답을 구하지 못할 수도 있습니다.

따라서 우리나라의 화폐 단위에 300원짜리 동전이 추가되었다고 가정한 후, 다음과 같은

〈문제 상황〉에서 거스름돈을 지불하는 방법을 생각해 보도록 합니다.

문제 상황 3 음료 자판기에서 음료 하나를 선택했는데 값은 1,400원입니다. 투입구에 2,000원을 넣을 경우, 거스름돈 600원을 지불하는 경우의 수를 나열하면 다음과 같습니다.

예 거스름돈 600원을 지불하는 방법

- 10원(60개)
- 50원(12개)
- 100원(6개)
- 50원(10개) + 100원(1개)
- 100원(5개) + 50원(2개)
- 500원(1개) + 100원(1개)
- 300원(2개), …

위에서 화폐 매수가 가장 적은 경우는 '500원짜리 1개 + 100원짜리 1개', 혹은 '300원짜리 2개'의 두 가지 방법이 나옵니다.

문제 상황 4 음료 자판기에서 음료 하나를 선택했는데 값은 2,700원이고 투입구에 5,000원을 넣을 경우, 거스름돈 2,300원을 지불하는 경우의 수를 나열하면 다음과 같습니다.

예 거스름돈 2,300원을 지불하는 방법

- 10원(230개)
- 50원(46개)
- 100원(23개)
- 100원(20개) + 50원 (6개)
- 1,000원(2개) + 100원(3개)
- 1,000 원(2개) + 300원(1개), …

위에서 화폐 매수가 가장 적은 경우는 '1,000원짜리 2개 + 300원짜리 1개'로 지불하는 방법이 나옵니다. 이처럼 지불할 거스름돈의 화폐 매수를 최소로 하려면 무조건 큰 화폐부터 지급하는 것이 아니라 어떤 종류의 화폐들로 지급하는 것이 가장 좋은지를 비교하여 최적의 답을 구해야 효율적입니다. 따라서 지불할 거스름돈을 구성할 수 있는 돈을 주어진 화폐 단위들로 분리해 보면 쉽게 화폐 매수를 구할 수 있습니다.

예를 들어, 거스름돈이 100원일 때 50원이 사용되면 50원을 뺀 50원의 최소 화폐 매수에 1을 더한 것이 50원이 사용될 때의 최소 화폐 매수가 됩니다. 즉, 50원의 최소 화폐 매수는 50원짜리 1개이므로 100원을 구할 때 50원이 사용되면 100원의 최소 화폐 매수는 2가 되는 것입니다.

따라서 주어진 금액에 현재 동전이 쓰일 수 있다면 현재 동전을 뺀 나머지 금액의 최소 화폐 매수를 이용하면 됩니다. 즉, 낮은 금액을 구성하는 최소 화폐 매수가 이미 저장되어 있다면 저장된 값을 그대로 사용할 수 있음을 의미합니다.

이러한 내용을 수식의 형태로 정리하면 다음과 같습니다.

거스름돈 화폐 매수[구할 금액] = 거스름돈 화폐 매수[구할 금액 − 현재 동전 금액] + 1

위와 같이 이전에 저장된 최소 화폐 매수에 현재 화폐 매수 1이 더 해집니다. 이때 화폐 단위는 큰 화폐부터 낮은 화폐 단위 순으로 선택합니다.

2단계 다양한 화폐 단위로 거스름돈을 지불하는 프로그램을 작성해 봅시다.

지불할 거스름돈을 입력하여 최소의 화폐 매수로 지불하기 위한 방법을 프로그램으로 만들면 다음과 같습니다.

실행 결과

입력 예시

거스름돈 입력: 3470

Run: 프로젝트_2_1 ▼
C:\Python27\python.exe D:/파이선_실습/프로젝트_2_1.py
거스름돈 입력: 3470

총 화폐 매수= 8

프로그램

```
1   # encoding: utf-8
2   coins = [ 0, 10, 50, 100, 300, 500, 1000 ]
3   m = input('거스름돈 입력: ')
4   ji = m
5   su = 0
6   mok = 0
7   for i in range(6, 0, -1) :
8       if ji >= coins[i] :
9           mok = ji / coins[i]
10          ji = ji - (mok * coins[i])
11          su = su + mok
12  print '-----------------'
13  print '총 화폐 매수=', su
```

설명

2행 다양한 화폐 단위를 coins 리스트에 저장합니다.

0	10	50	100	300	500	1000
coins[0]	coins[1]	coins[2]	coins[3]	coins[4]	coins[5]	coins[6]

3행 지불할 거스름돈을 입력하여 변수 m에 저장합니다.

4행 거스름돈을 ji 변수에 저장합니다.

5행 화폐 매수를 누적할 변수 su를 설정하고 0으로 초기화합니다.

6행 각 화폐 매수를 구하기 위한 변수 mok을 설정하고 0으로 초기화합니다.

7행 for문을 화폐 단위 개수만큼 8행부터 11행까지를 반복합니다. 이때 최소 화폐 매수를 구하기 위해 1000원짜리 지폐부터 몇 장이 필요한지 계산하기 위해 for문의 i를 6, 5, 4, 3, 2, 1 순으로 반복합니다.

8행 거스름돈(ji)을 각각의 화폐 단위(coins[i])와 비교하기 위한 조건문으로 거스름돈이 더 크면 9행부터 11행을 수행하고, 그렇지 않으면 다음 for문을 수행합니다.

9행 '거스름돈(ji)'을 '화폐 단위(coins[i])'로 나누어 화폐 매수를 구해 mok 변수에 저장합니다.
   예 2350/1000 = 2 → mok 변수에 2를 기억함

10행 구한 화폐 매수에 해당하는 금액을 뺀 나머지 금액을 ji에 기억합니다.
   예 2350 - (2 * 1000) = 350 → ji 변수에 350원을 기억함

11행 총 화폐 매수를 구하기 위해 mok 변수의 값을 su에 누적합니다.

12행 for문을 모두 수행한 후 지불에 필요한 총 화폐 매수를 출력합니다.

앞에서 만든 프로그램에 각각의 화폐 매수와 총 화폐 매수를 구하는 과정을 추가해 봅
시다.

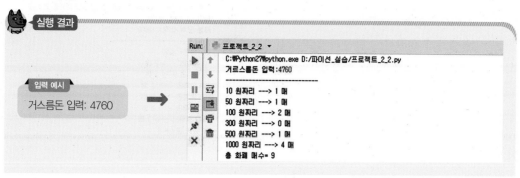

입력 예시

거스름돈 입력: 4760

```
Run:  프로젝트_2_2 ▼
C:\Python27\python.exe D:/파이선_실습/프로젝트_2_2.py
거스름돈 입력:4760
--------------------------
10 원짜리 ---> 1 매
50 원짜리 ---> 1 매
100 원짜리 ---> 2 매
300 원짜리 ---> 0 매
500 원짜리 ---> 1 매
1000 원짜리 ---> 4 매
총 화폐 매수= 9
```

프로그램

```python
1   # encoding: utf-8
2   coins = [ 0, 10, 50, 100, 300, 500, 1000 ]        ← 화폐 단위
3   d = [ 0, 0, 0, 0, 0, 0, 0 ]        ← 화폐 단위별 매수가 기억될 리스트를 0으로 초기화
4   m = input('거스름돈 입력: ')
5   ji = m
6   su = 0
7   mok = 0
8   for i in range(6, 0, -1) :
9       if ji >= coins[i] :
10          mok = ji / coins[i]
11          ji = ji - (mok * coins[i])
12          d[i] = mok        ← 화폐 단위별로 필요한 화폐 매수 구하기
13          su = su + mok        ← 총 화폐 매수 구하기
14  print '----------------'
15  for i in range(1, 7)
16      print coins[i], '원짜리 화폐 매수 →', d[i]        ← 화폐 단위와 필요한 화폐 매수 출력하기
17  print '총 화폐 매수=', su
```

설명

2~3행 각 화폐 단위에 해당하는 매수를 구하기 위한 리스트를 설정합니다.

화폐 단위를 coins 리스트에 저장합니다.

0	10	50	100	300	500	1000
coins[0]	coins[1]	coins[2]	coins[3]	coins[4]	coins[5]	coins[6]

거스름돈을 지불하기 위해 각 화폐가 필요한 매수를 구할 리스트를 0으로 초기화합니다.

0	0	0	0	0	0	0
d[0]	d[1]	d[2]	d[3]	d[4]	d[5]	d[6]

12행 각각의 화폐 단위별 화폐 매수를 구할 d 리스트의 요소들을 0으로 초기화합니다.

예 2350 / 1000 = 2 ← mok 변수

0	0	0	0	0	0	2
d[0]	d[1]	d[2]	d[3]	d[4]	d[5]	d[6]

15~16행 각 화폐 단위와 함께 8행~13행을 반복하면서 구한 화폐 매수를 출력합니다.

3 단계 거스름돈을 지불하는 프로그램을 완성해 봅시다.

거스름돈을 계산하는 프로그램을 완성하기 위해서는 다음과 같은 절차에 따라 프로그램이 진행되도록 합니다.

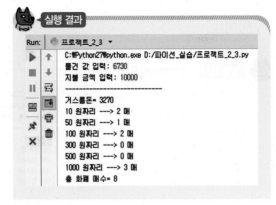
- 물건값과 지불 금액을 입력받아 내 주어야 할 거스름돈을 계산합니다.
- 입력받은 물건값과 고객이 지불한 금액을 비교하여 거스름돈을 내주어야 할지 아니면 딱 맞는지 등을 점검합니다.

- 거스름돈을 내주어야 할 경우 최소 화폐 매수를 구합니다.
  화폐 단위가 큰 것부터 작은 순으로 각각 몇 개가 필요한지를 구하는 과정을 거스름돈이 모두 마련될 때까지 반복합니다.

프로그램

```
1   # encoding: utf-8
2   coins = [ 0, 10, 50, 100, 300, 500, 1000 ]
3   d = [0, 0, 0, 0, 0, 0, 0]
4   n = input('물건값 입력: ')          ◀······· 물건값을 입력하기
5   m = input('지불 금액 입력: ')       ◀······· 고객이 지불한 금액 입력하기
6   su = 0
7   mok = 0
8   if (m > n) :          ◀······· 거스름돈을 내주어야 하는지 비교하기
9       ji = m - n        ◀······· 고객에게 줄 거스름돈을 구하기
10      for i in range(6, 0, -1) :
11          if ji >= coins[i] :
12              mok = ji / coins[i]        화폐 단위별 매수와 총 화폐
13              ji = ji - (mok * coins[i])  매수를 구하기
14              d[i] = mok
15              su = su + mok
16      print '-----------------'
17      print "거스름돈=", m-n          ◀······· 거스름돈을 출력하기
18      for i in range(1, 7) :
19          print coins[i], '원짜리 →', d[i], '매'   화폐 단위와 각 화폐 단위에
20      print '총 화폐 매수 =', su                    해당하는 매수를 출력하기
21  else :
22      print n - m,'원이 부족해요.'   ◀······· 물건값보다 지불 금액이 작을 경우 고객이
                                          얼마를 더 지불해야 하는지를 알려주기
```

지불 금액이 더 클 경우 거스름돈을 내주기 위해 9행부터 20행을 반복 수행하고, 그렇지 않으면 22행을 수행하기

1 임의의 계단을 올라가는 방법에는 한 번에 한 칸 또는 두 칸씩 올라갈 수 있는 조건이 있다고 가정할 때, 계단의 수가 n개라면 계단을 올라갈 수 있는 경우의 수를 구하는 프로그램을 작성해 봅시다.

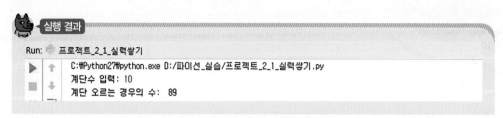

2 다음 그림과 같이 30개의 방이 있고 각 방에는 획득할 수 있는 금액이 표시되어 있습니다. 출발 지점에서 도착 지점으로 이동하는 데는 위로 또는 왼쪽으로만 갈 수 있다는 제한이 있을 경우 길을 지나면서 가장 많은 금액을 획득할 수 있는 경로를 구해 봅시다.

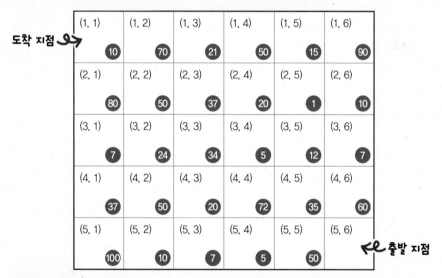

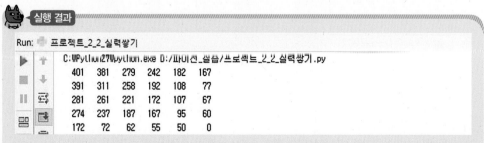

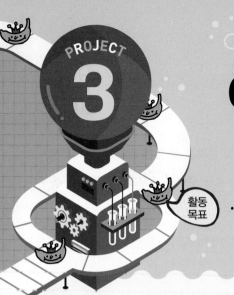

PROJECT **3**

활동
목표

GUI 계산기를 만들자

• GUI 방법을 프로그램에 적용하여 계산기를 만들 수 있다.

★ 사용자가 직접 마우스 클릭 등을 통해 프로그램을 조작하는 GUI(Graphical User Inter-
face, 그래픽 사용자 인터페이스) 방법에 대해 알아보고, 이를 활용하여 계산기 프로그램
을 만들어 직접 값을 입력하여 계산해 봅시다.

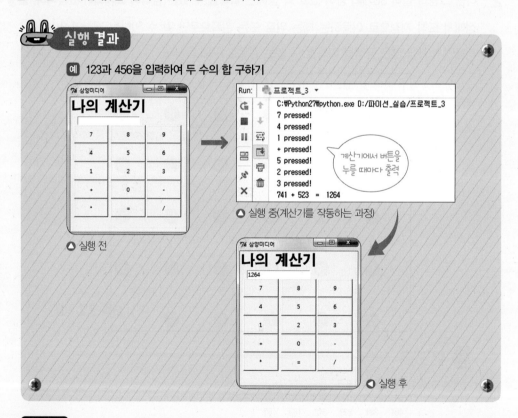

실행 결과

예 123과 456을 입력하여 두 수의 합 구하기

◑ 실행 전

◑ 실행 중(계산기를 작동하는 과정)

계산기에서 버튼을
누를 때마다 출력

◑ 실행 후

[처리 조건]

• 먼저 GUI 형태의 프로그램을 작성하는 방법을 알아보고, GUI 프로그램에서 버튼, 텍스트, 레이블의 사용 방법을
알아보도록 합니다.
• 두 개의 수를 입력하여 사칙 연산(덧셈, 뺄셈, 곱셈, 나눗셈)을 수행하는 프로그램을 작성합니다.

★ [실행 결과]와 [처리 조건]을 분석하여 프로그램으로 수행한 작업들을 설계합니다.

【문제 분석 및 알고리즘 설계】

　　GUI 형태의 프로그램을 제작하기 위한 모듈을 알아보고, 이를 활용하여 사칙 연산을 수행하는 계산기 프로그램을 작성합니다.

　　문제 해결을 위해 다음과 같이 작은 문제로 나누어 봅니다.

1단계　GUI 프로그램 작성을 위한 Tkinter 모듈 알아보기

2단계　레이블, 텍스트, 버튼을 추가하여 계산기 모양 만들기

3단계　프로그램으로 계산기에 있는 각 버튼의 기능들을 이용하여 연산하기

프로그래밍하기

1단계 **GUI 프로그램 작성을 위한 Tkinter 모듈을 알아보고 프로그램에 적용해 봅시다.**

❶ 다음과 같은 윈도 창을 만들기 위해 Tkinter 모듈을 활용하여 프로그램을 작성합니다.

○ 윈도 창

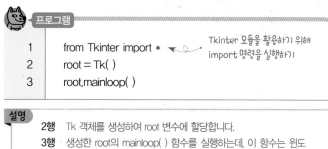

실행 결과 / **프로그램**

```
1    from Tkinter import *      ← Tkinter 모듈을 활용하기 위해
2    root = Tk( )                 import 명령을 실행하기
3    root.mainloop( )
```

설명

2행　Tk 객체를 생성하여 root 변수에 할당합니다.

3행　생성한 root의 mainloop( ) 함수를 실행하는데, 이 함수는 윈도 창이 실행된 후 발생하는 이벤트(키보드 입력, 마우스 동작, 화면 변경 등)들의 메시지를 주고받는 역할을 합니다.

❷ 이번에는 윈도 창의 크기를 270×300으로 지정하고, 제목을 삽입하기 위해 1행, 4행, 5행에 필요한 명령들을 추가합니다.

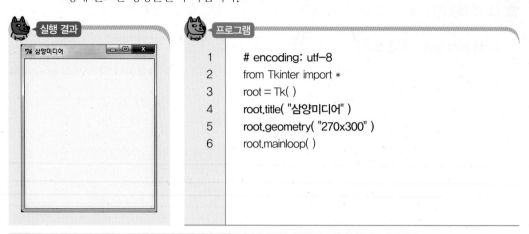

실행 결과

프로그램

```
1    # encoding: utf-8
2    from Tkinter import *
3    root = Tk( )
4    root.title( "삼양미디어" )
5    root.geometry( "270x300" )
6    root.mainloop( )
```

설명

1행 프로그램에서 한글을 사용하기 위한 명령입니다.
4행 윈도 창에서 표시할 제목을 지정하기 위해 title( ) 함수를 사용합니다.
5행 윈도 창의 '가로×세로'의 크기를 지정하기 위해 geometry( ) 함수를 사용합니다. 이 프로그램에서는 윈도 창의 크기를 270×300으로 지정합니다.

 2단계 윈도 창에 레이블, 텍스트, 버튼을 추가하여 계산기 모양을 만들어 봅시다.

❶ 레이블, 즉 제목을 '나의 계산기'로 배치하기 위해 다음과 같이 6행 앞에 2행을 추가합니다.

실행 결과

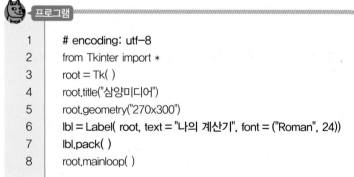

프로그램

```
1    # encoding: utf-8
2    from Tkinter import *
3    root = Tk( )
4    root.title("삼양미디어")
5    root.geometry("270x300")
6    lbl = Label( root, text = "나의 계산기", font = ("Roman", 24))
7    lbl.pack( )
8    root.mainloop( )
```

설명

6행 레이블 객체를 생성합니다. 이때 글자 크기를 Roman 24포인트, 내용은 "나의 계산기"로 설정하여 lbl 변수에 할당하고 root 객체에 배치되도록 합니다.
7행 pack( ) 함수를 실행하면 레이블 객체가 윈도 창에 배치됩니다.

텍스트 및 버튼은 어떻게 만드나요?

계산기에 텍스트를 입력할 수 있는 객체와 버튼을 만들기 위해 다음과 같이 8행~11행을 추가해 보도록 합니다.

실행 결과

프로그램

```
1    # encoding: utf-8
2    from Tkinter import *
3    root = Tk( )
4    root.title("삼양미디어")
5    root.geometry("270x300")
6    lbl = Label( root, text = "나의 계산기", font = ("Roman", 24))
7    lbl.pack( )
8    txt = Entry(root)
9    txt.pack( )
10   btn = Button(root, text = "누르세요.", width = 10, height = 2)
11   btn.pack( )
12   root.mainloop( )
```

설명

- **8행** 텍스트 객체를 생성하여 txt 변수에 할당하고 root 객체에 배치되도록 합니다.
- **9행** pack( ) 함수를 실행하여 텍스트 객체가 윈도 창에 배치되도록 합니다.
- **10행** '누르세요.'라는 텍스트가 삽입된 버튼 객체를 생성하여 btn 변수에 할당하고 root 객체에 배치되도록 합니다.
- **11행** pack( ) 함수를 실행하면 버튼 객체가 윈도 창에 배치됩니다. 그런데 pack( ) 함수는 사용자가 내용을 지정하는 순서대로 윈도 창에 배치되므로 원하는 형태로 배치할 수 없는 경우가 있습니다. 이럴 때 표 형태로 배치할 수 있는 grid 함수를 활용하면 더 효율적일 수도 있습니다.

❷ 텍스트와 버튼을 만드는 방법을 이해했으면 다음과 같이 계산기 모양을 표 형태로 배치하기 위한 설계를 합니다.

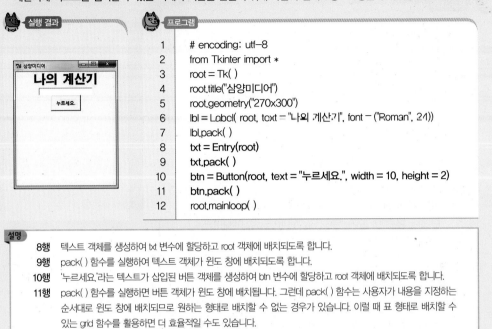

1열	2열	3열	
레이블			0행
텍스트			1행
'7' 버튼	'8' 버튼	'9' 버튼	2행
'4' 버튼	'5' 버튼	'6' 버튼	3행
'1' 버튼	'2' 버튼	'3' 버튼	4행
'+' 버튼	'0' 버튼	'-' 버튼	5행
'*' 버튼	'=' 버튼	'/' 버튼	6행

🔷 윈도 창의 배치 상태를 표로 나타낸 경우

실행 결과

🔷 계산기 모양 완성

❸ 계산기 모양을 표 형태로 배치하기 위해 grid( ) 함수를 이용하여 7행의 명령을 수정하
고 9~39행에 다음과 같은 명령들을 추가합니다.

🐱 **프로그램**

```
1     # encoding: utf-8
2     from Tkinter import *
3     root = Tk( )
4     root.title( "삼양미디어" )
5     root.geometry( "270x300" )
6     lbl = Label( root, text = "나의 계산기", font = ( "Roman", 24 ) )
7     lbl.grid( row = 0, columnspan = 3 )
8     txt = Entry( root )
9     txt.grid( row = 1, columnspan = 3 )
10    btn7 = Button( root, text = 7, width = 10, height = 2 )
11    btn7.grid( row = 2, column = 1 )
12    btn8 = Button( root, text = 8, width = 10, height = 2 )
13    btn8.grid( row = 2, column = 2 )
14    btn9 = Button( root, text = 9, width = 10, height = 2 )
15    btn9.grid( row = 2, column = 3 )
16    btn4 = Button( root, text = 4, width = 10, height = 2 )
17    btn4.grid( row = 3, column = 1 )
18    btn5 = Button( root, text = 5, width = 10, height = 2 )
19    btn5.grid( row = 3, column = 2 )
20    btn6 = Button( root, text = 6, width = 10, height = 2 )
21    btn6.grid( row = 3, column = 3 )
22    btn1 = Button( root, text = 1, width = 10, height = 2 )
23    btn1.grid( row = 4, column = 1 )
24    btn2 = Button( root, text = 2, width = 10, height = 2 )
25    btn2.grid( row = 4, column = 2 )
26    btn3 = Button( root, text = 3, width = 10, height = 2 )
27    btn3.grid( row = 4, column = 3 )
28    btnp = Button( root, text = "+", width = 10, height = 2 )
29    btnp.grid( row = 5, column = 1 )
30    btn0 = Button( root, text = 0, width = 10, height = 2 )
31    btn0.grid( row = 5, column = 2 )
32    btnm = Button( root, text = "-", width = 10, height = 2 )
33    btnm.grid( row = 5, column = 3 )
34    btnmul = Button( root, text = "*", width = 10, height = 2 )
35    btnmul.grid( row = 6, column = 1 )
36    btnAC = Button( root, text = "=", width = 10, height = 2 )
37    btnAC.grid( row = 6, column = 2 )
38    btndiv = Button( root, text = "/", width = 10, height = 2 )
39    btndiv.grid( row = 6, column = 3 )
40    root.mainloop( )
```

} grid( ) 함수를 이용하여 0행의 세 칸에 걸쳐 레이블 객체, 1행의 세 칸에
  걸쳐 텍스트 객체를 배치하기

버튼 객체를 생성하고 텍스트 내용을 '7'로 하
여 btn7 변수에 할당하기

grid( ) 함수를 이용하여 2행 1열 위치에 버튼 7을 배치하기

10~11행과 같은 방법으로 윈도 창에 숫자 버튼들
(8, 9, 4, 5, 6, 1, 2, 3)을 배치하기

특수 문자 '+', '-', '*', '=', '/'와 숫자 0 버튼을
각각의 지정된 위치에 배치하기

계산기에 있는 각 버튼의 기능들을 이용하여 연산을 수행해 봅시다.

❶ 버튼을 눌렀을 때 각 버튼의 기능을 구현하기 위해 사용자 정의 함수 btn_pressed( )를
3~5행에 다음과 같이 추가합니다.

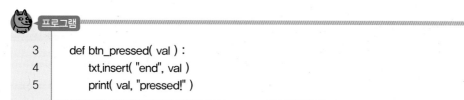

프로그램

```
3      def btn_pressed( val ) :
4          txt.insert( "end", val )
5          print( val, "pressed!" )
```

설명

3행 버튼을 눌렀을 때 기능을 구현하기 위한 btn_pressed( ) 함수를 정의하고, val 인수에는 눌린 버튼의 text 속성
값이 전달되도록 합니다.

4행 눌린 버튼의 text 속성 값을 txt 객체에 추가하고, 'end'로 설정함으로써 기존의 내용 뒤에 추가됩니다.

5행 전달된 값이 정확한지 테스트하기 위해 화면을 통해 출력하여 확인해 보도록 합니다.

 실행 결과

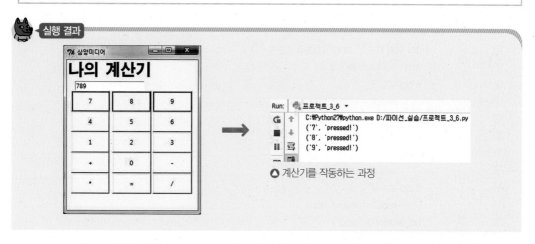

○ 계산기를 작동하는 과정

❷ 프로그램에서 btn_pressed( ) 함수와 버튼을 연결하기 위해 각 버튼 객체를 생성할
때 다음과 같은 옵션을 추가합니다.

 프로그램

```
13     btn7 = Button( root, text = 7, width = 10, height = 2, command = lambda: btn_pressed( "7" ) )
```

○ btn7의 추가 옵션 예

 설명

13행 사용자 정의 함수 btn_pressed( )를 lambda 형식을 통해 실제로 연결하는 옵션으로, 숫자 0~9와 특수 문
자 각각의 버튼에 대해 옵션이 추가되어야 버튼을 눌렀을 때 정상적으로 실행됩니다. 그러나 이렇게 되면 각
숫자에 대해서는 정상적으로 실행되지만 +, −, *, /, − 버튼은 테스트에 추가만 될 뿐 기능을 수행하지 못하기
때문에 btn_pressed 함수에 내용이 추가되어야 합니다.

다음과 같이 3행~32행까지 명령들을 추가하여 프로그램을 완성합니다.

프로그램

```
1    # encoding: utf-8
2    from Tkinter import *
3    op = ""
4    tmp = 0
5    def btn_pressed(val) :
6        global op
7        global tmp
8        if val == "+" or val == "-" or val == "*" or val == "/" :
9            if not txt.get( ) == " " :
10               op = val
11               tmp = int( txt.get( ) )
12               txt.delete(0, "end")
13               print(val, "pressed!")
14       elif val == "=" :
15           if not (op == " " and txt.get( ) == " ") :
16               num = int(txt.get( ))
17               if op == "+" :
18                   result = tmp + num
19               if op == "-" :
20                   result = tmp - num
21               if op == "*" :
22                   result = tmp * num
23               if op == "/" :
24                   result = tmp / num
25               txt.delete(0, "end")
26               txt.insert(0, result)
27               print(tmp, op, num, "=", result)
28               op = " "
29               tmp = 0
30       else :
31           txt.insert("end", val)
32           print(val, "pressed!")
33
34   root = Tk( )
35
36   root.title("삼양미디어")
37   root.geometry("270 x 300")
38
39   lbl = Label( root, text = "나의 계산기", font = ("Roman", 24 ) )
40   lbl.grid( row = 0, columnspan = 3 )
41
42   txt = Entry( root )
```

```
43   txt.grid( row = 1, columnspan = 3 )
44
45   btn7 = Button( root, text = 7, width = 10, height = 2, command=lambda: btn_pressed( "7" ) )
46   btn7.grid( row = 2, column = 1 )
47   btn8 = Button( root, text = 8, width = 10, height = 2, command=lambda: btn_pressed( "8" ) )
48   btn8.grid( row = 2, column = 2 )
49   btn9 = Button( root, text = 9, width = 10, height = 2, command=lambda: btn_pressed( "9" ) )
50   btn9.grid( row = 2, column = 3 )
51
52   btn4 = Button( root, text = 4, width = 10, height = 2, command=lambda: btn_pressed( "4" ) )
53   btn4.grid( row = 3, column = 1 )
54   btn5 = Button( root, text = 5, width = 10, height = 2, command=lambda: btn_pressed( "5" ) )
55   btn5.grid( row = 3, column = 2 )
56   btn6 = Button( root, text = 6, width = 10, height = 2, command=lambda: btn_pressed( "6" ) )
57   btn6.grid( row = 3, column = 3 )
58
59   btn1 = Button( root, text = 1, width = 10, height = 2, command=lambda: btn_pressed( "1" ) )
60   btn1.grid( row = 4, column = 1 )
61   btn2 = Button( root, text = 2, width = 10, height = 2, command=lambda: btn_pressed( "2" ) )
62   btn2.grid( row = 4, column = 2 )
63   btn3 = Button( root, text = 3, width = 10, height = 2, command=lambda: btn_pressed( "3" ) )
64   btn3.grid( row = 4, column = 3 )
65
66   btnp = Button( root, text = "+", width = 10, height = 2, command=lambda: btn_pressed( "+" ) )
67   btnp.grid( row = 5, column = 1 )
68   btn0 = Button( root, text = 0, width = 10, height = 2, command=lambda: btn_pressed( "0" ) )
69   btn0.grid( row = 5, column = 2 )
70   btnm = Button( root, text = "−", width = 10, height = 2, command=lambda: btn_pressed( "−" ) )
71   btnm.grid( row = 5, column = 3 )
72
73   btnmul = Button( root, text = "*", width = 10, height = 2, command=lambda: btn_pressed( "*" ) )
74   btnmul.grid( row = 6, column = 1 )
75   btnAC = Button( root, text = "=", width = 10, height = 2, command=lambda: btn_pressed( "=" ) )
76   btnAC.grid( row = 6, column = 2 )
77   btndiv = Button( root, text = "/", width = 10, height = 2, command=lambda: btn_pressed( "/" ) )
78   btndiv.grid( row = 6, column = 3 )
79
80   root.mainloop( )
```

설명

3행   연산자(+, −, *, /,=)를 기억하기 위한 변수 op를 초기화합니다.

4행   계산 중간 값을 기억하기 위한 변수 tmp를 초기화합니다.

6~7행   함수 바깥에서 선언된 전역 변수 op, tmp 변수를 함수 내에서 사용하기 위해 global에 의해 각 변수를 선언합니다.

8행   val 값이 사칙 연산을 위한 연산자(+, −, *, /) 중 하나일 경우에는 9행으로 이동하고 그렇지 않으면 14행으로 이동합니다.

9행   텍스트 객체에 값이 있는지 확인하여 값이 있을 때만 10~13행을 수행합니다.

10행	누른 연산자를 op 변수에 저장합니다.
11행	텍스트 객체의 값을 tmp 변수에 저장합니다.
12행	값을 tmp 변수에 저장한 후 텍스트 객체의 내용을 초기화합니다.
13행	확인을 위해 print 명령을 통해 누른 버튼의 값을 출력합니다.
14행	만약 '=' 버튼을 누른 경우 15행으로 이동하고 그렇지 않으면 30행으로 이동합니다.
15행	연산을 위해서는 연산자가 있어야 하고, 텍스트 객체에도 값이 있어야 하므로 두 값이 모두 있는지 확인하여 값이 있을 때만 16~29행을 수행합니다.
16행	두 값이 모두 있는 경우 계산을 위해 텍스트 객체 값을 num 변수에 저장합니다.
17행	'+' 버튼을 누른 경우 18행으로 이동하고 그렇지 않으면 19행으로 이동합니다.
18행	덧셈한 값을 구해 result 변수에 저장하고 25행으로 이동합니다.
19행	'-' 버튼을 누른 경우 29행으로 이동하고 그렇지 않으면 21행으로 이동합니다.
20행	뺄셈을 실행하여 result 변수에 저장하고 25행으로 이동합니다.
21행	'*' 버튼을 누른 경우 22행으로 이동하고 그렇지 않으면 23행으로 이동합니다.
22행	곱셈을 실행하여 result 변수에 저장하고 25행으로 이동합니다.
23행	'/' 버튼을 누른 경우 24행으로 이동하고 그렇지 않으면 25행으로 이동합니다.
24행	나눗셈을 실행하여 result 변수에 저장하고 25행으로 이동합니다.
25행	텍스트 객체의 값을 초기화합니다.
26행	텍스트 객체의 값을 result 변수의 값으로 설정합니다.
27행	확인을 위해 print 명령을 통해 수식의 형태로 값을 출력합니다.
28~29행	다음 계산을 위해 op, tmp 변수를 초기화합니다.
30행	숫자가 눌린 경우로 31~32행을 수행합니다.
31행	텍스트 객체의 마지막에 눌린 숫자 값을 추가합니다.
32행	확인을 위해 print 명령을 통해 출력합니다.

완성된 프로그램을 실행하여 계산기가 제대로 작동되는지 확인합니다.

실행 결과

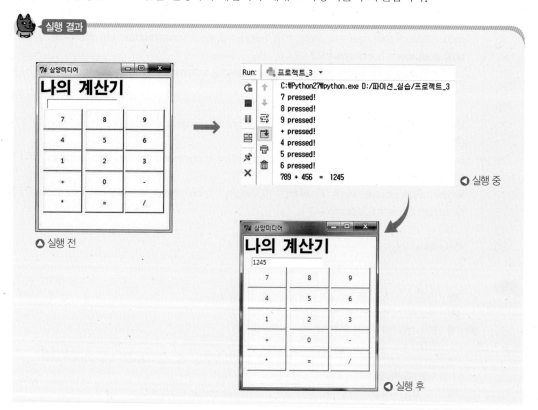

◯ 실행 전

◁ 실행 중

◁ 실행 후

인터넷의 정보를 활용해 보자

활동
목표

• 인터넷에 공개되어 있는 다양한 문서의 내용을 가져와 활용할 수 있다.

⭐ 인터넷에서 특정 HTML 문서의 내용을 읽어 온 후, 내용을 분석하고 정리하는 방법에 대해 알아봅시다. 또한 이를 활용하여 필요한 내용을 가져올 수 있도록 해 봅시다.

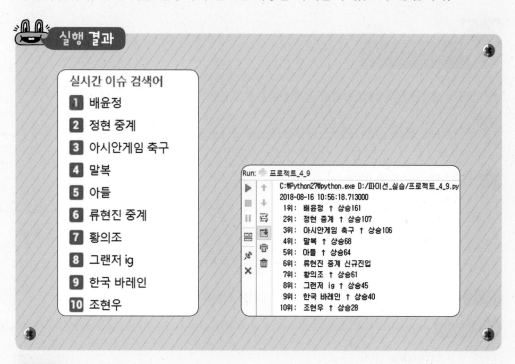

실시간 이슈 검색어

1 배윤정
2 정현 중계
3 아시안게임 축구
4 말복
5 아들
6 류현진 중계
7 황의조
8 그랜저 ig
9 한국 바레인
10 조현우

```
Run:    프로젝트_4_9
        C:\Python27\python.exe D:/파이션_실습/프로젝트_4_9.py
        2018-08-16 10:56:18.713000
        1위: 배윤정 ↑ 상승161
        2위: 정현 중계 ↑ 상승107
        3위: 아시안게임 축구 ↑ 상승106
        4위: 말복 ↑ 상승68
        5위: 아들 ↑ 상승64
        6위: 류현진 중계 신규진입
        7위: 황의조 ↑ 상승61
        8위: 그랜저 ig ↑ 상승45
        9위: 한국 바레인 ↑ 상승40
        10위: 조현우 ↑ 상승28
```

처리 조건

• 인터넷 프로토콜 관련 모듈(HTMLParser, urllib)들의 사용 방법을 알아봅니다.
• Beautifulsoup 모듈의 사용 방법을 알아봅니다.
• HTML에서 원하는 정보를 가져오는 프로그램을 작성합니다.

문제 해결하기

⭐ [실행 결과]와 [처리 조건]을 분석하여 프로그램으로 수행한 작업들을 설계합니다.

【문제 분석 및 알고리즘 설계】

인터넷상에 떠 있는 뉴스나 스포츠, 연예 정보들 역시 프로그램에 의해 기재되는 것입니다. 인터넷상에 있는 다양한 자료를 가져와서 활용하기 위해서는 인터넷 프로토콜 관련 모듈을 살펴보는 등 다음과 같은 절차가 필요합니다.

> **1** 단계　HTML을 분석하여 필요한 자료를 가져오는 HTML Parser과 urllib 모듈 알아보기
>
> **2** 단계　가져온 자료를 쉽게 활용할 수 있게 도와주는 Beautifulsoup 모듈 알아보기
>
> **3** 단계　'다음 사이트(daum.net)'의 실시간 이슈 검색어를 가져오는 프로그램 만들기

프로그래밍하기

⭐ 앞에서 설계한 문제 해결 방법을 단계별로 프로그래밍하여 미션을 해결합니다.

1 단계　HTML 분석 관련 모듈인 HTMLParser과 urllib를 살펴 봅시다.

⭐ HTMLParser 모듈 알아보기

HTMLParser는 HTML 또는 XHTML 문서를 분석하기 위한 모듈입니다. HTMLParser 모듈을 이용하면 필요에 따라 태그를 활용할 수 있고, 태그를 제외한 실제 내용을 활용할 수도 있기 때문에 사용자가 임의로 재정의하여 사용합니다.

 다음과 같이 프로그램을 작성하고 실행 결과를 확인해 봅시다.

```
1    # encoding: utf-8
2    from HTMLParser import HTMLParser
3    class MyHTMLParser(HTMLParser) :
4        def handle_starttag(self, tag, attrs) :
5            print '시작 태그: ', tag
6        def handle_endtag(self, tag) :
7            print '종료 태그: ', tag
8        def handle_data(self, data) :
```

> HTMLParser 모듈을 이용하여 HTML의 태그들을 구분하는 실습입니다.
> MyHTMLParser라는 클래스를 생성하고 시작 태그, 종료 태그와 태그 내용을 구분하는 함수인 handle_starttag, handle_endtag, handle_data들을 재정의하여 아래의 실행 결과를 얻을 수 있습니다.

```
9              print '태그 내용: ', data
10      parser = MyHTMLParser( )
11      parser.feed('〈html〉〈head〉〈title〉Parser 연습〈/title〉〈/head〉'
12      '〈body〉〈h1〉내용 분석〈/h1〉〈/body〉〈/html〉')
```

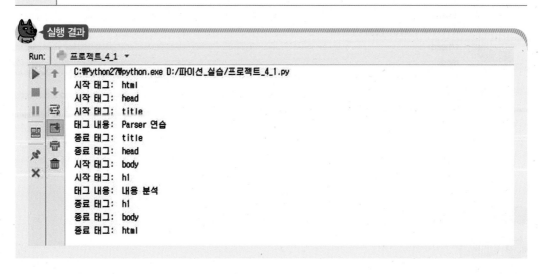

실행 결과

```
Run:    프로젝트_4_1 ▼
   C:\Python27\python.exe D:/파이선_실습/프로젝트_4_1.py
   시작 태그:  html
   시작 태그:  head
   시작 태그:  title
   태그 내용:  Parser 연습
   종료 태그:  title
   종료 태그:  head
   시작 태그:  body
   시작 태그:  h1
   태그 내용:  내용 분석
   종료 태그:  h1
   종료 태그:  body
   종료 태그:  html
```

2 urllib 모듈 알아보기

urllib 모듈은 인터넷의 주소, 즉 URL(Uniform Resource Locator, 인터넷에 올려진 정보들의 주소)을 이용하는 모듈입니다. 여러 가지 함수가 있지만 urlopen( ) 함수를 가장 많이 활용합니다.

실습 2 ▶ 다음 프로그램을 작성하고 실행 결과를 확인해 봅시다.

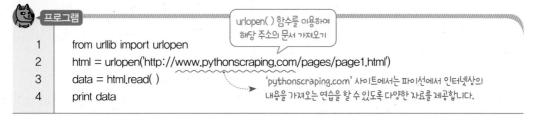

프로그램

```
1      from urllib import urlopen
2      html = urlopen('http://www.pythonscraping.com/pages/page1.html')
3      data = html.read( )
4      print data
```

urlopen( ) 함수를 이용하여 해당 주소의 문서 가져오기

'pythonscraping.com' 사이트에서는 파이선에서 인터넷상의 내용을 가져오는 연습을 할 수 있도록 다양한 자료를 제공합니다.

2행에서 urlopen 함수를 이용하여 "http://www.pythonscraping.com/pages/page1.html"의 내용을 읽어 와서 아래의 내용과 함께 출력합니다.

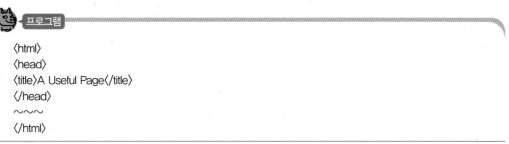

프로그램

```
〈html〉
〈head〉
〈title〉A Useful Page〈/title〉
〈/head〉
~~~
〈/html〉
```

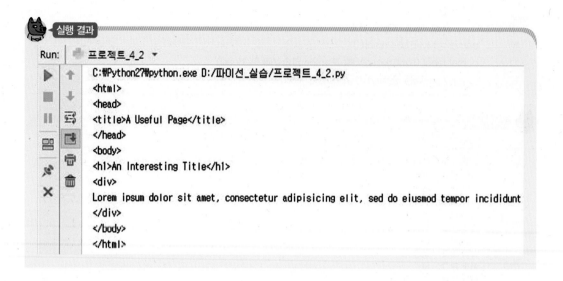

```
Run:    프로젝트_4_2  ▼
        C:\Python27\python.exe D:/파이선_실습/프로젝트_4_2.py
        <html>
        <head>
        <title>A Useful Page</title>
        </head>
        <body>
        <h1>An Interesting Title</h1>
        <div>
        Lorem ipsum dolor sit amet, consectetur adipisicing elit, sed do eiusmod tempor incididunt
        </div>
        </body>
        </html>
```

실습3 다음 프로그램을 작성하고 실행 결과를 확인해 봅시다.

프로그램

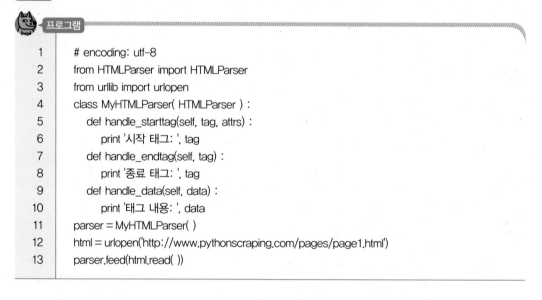

```python
1    # encoding: utf-8
2    from HTMLParser import HTMLParser
3    from urllib import urlopen
4    class MyHTMLParser( HTMLParser ) :
5        def handle_starttag(self, tag, attrs) :
6            print '시작 태그: ', tag
7        def handle_endtag(self, tag) :
8            print '종료 태그: ', tag
9        def handle_data(self, data) :
10           print '태그 내용: ', data
11   parser = MyHTMLParser( )
12   html = urlopen('http://www.pythonscraping.com/pages/page1.html')
13   parser.feed(html.read( ))
```

위와 같이 urlopen( ) 함수로 원하는 사이트에서 가져온 내용을 HTMLParser 모듈을 통해 태그와 내용을 분리하여 나타내고 필요할 때 활용할 수 있습니다.

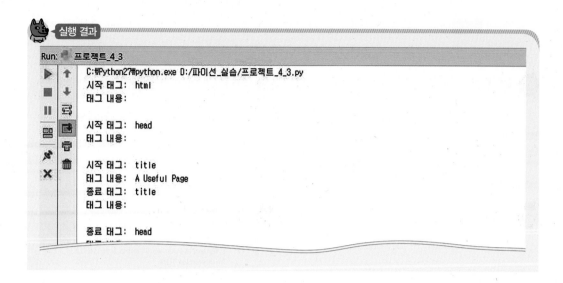

```
Run:  프로젝트_4_3
      C:\Python27\python.exe D:/파이션_실습/프로젝트_4_3.py
      시작 태그:  html
      태그 내용:

      시작 태그:  head
      태그 내용:

      시작 태그:  title
      태그 내용:  A Useful Page
      종료 태그:  title
      태그 내용:

      종료 태그:  head
```

2단계 자료를 정보로 만드는 Beautifulsoup 모듈을 살펴봅시다.

Beautifulsoup 모듈은 인터넷상에서 가져온 내용을 형식에 맞게 정리하여 표현하는 역할을 합니다. 앞에서 보듯이 인터넷 문서의 내용을 그대로 가져오기 때문에 필요한 내용을 찾기 위해서는 조금 복잡한 과정을 거쳐야 할 때도 있습니다. 하지만 이 모듈을 활용하면 쉽게 필요한 내용을 얻을 수 있습니다.

실습4 다음 프로그램을 작성하고 실행 결과를 확인해 봅시다.

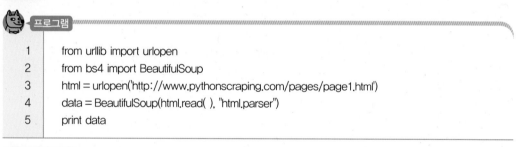

프로그램

```python
1   from urllib import urlopen
2   from bs4 import BeautifulSoup
3   html = urlopen('http://www.pythonscraping.com/pages/page1.html')
4   data = BeautifulSoup(html.read( ), "html.parser")
5   print data
```

실행 결과

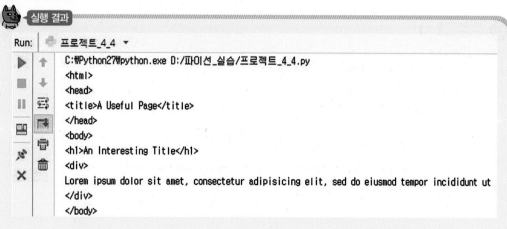

```
Run:  프로젝트_4_4 ▼
      C:\Python27\python.exe D:/파이션_실습/프로젝트_4_4.py
      <html>
      <head>
      <title>A Useful Page</title>
      </head>
      <body>
      <h1>An Interesting Title</h1>
      <div>
      Lorem ipsum dolor sit amet, consectetur adipisicing elit, sed do eiusmod tempor incididunt ut
      </div>
      </body>
```

212쪽의 실습3 에서 만든 프로그램과 큰 차이가 없는 결과를 나타내지만, 만약 h1 태그의 내용만 얻으려고 한다면 쉽게 얻을 수 있습니다. 5행을 다음과 같이 수정해 봅시다.

뿐만 아니라 태그의 내용만 얻으려고 하면 아래와 같이 'text'를 추가합니다.

Beautifulsoup 모듈뿐만 아니라 인터넷에서 자료를 구하는 경우에는 URL 페이지에 문제가 발생할 수 있기 때문에 try~except~else문을 통해 대비해야 합니다.

실습5 다음 프로그램을 작성하고 실행 결과를 확인해 봅시다.

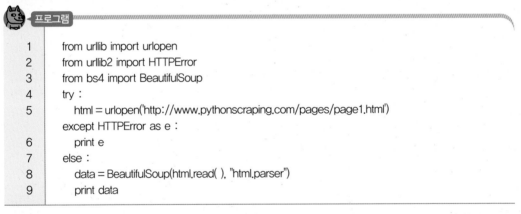

```
1    from urllib import urlopen
2    from urllib2 import HTTPError
3    from bs4 import BeautifulSoup
4    try :
5        html = urlopen('http://www.pythonscraping.com/pages/page1.html')
     except HTTPError as e :
6        print e
7    else :
8        data = BeautifulSoup(html.read( ), "html.parser")
9        print data
```

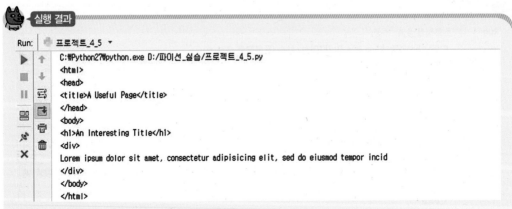

```
Run:    프로젝트_4_5  ▼
    C:\Python27\python.exe D:/파이선_실습/프로젝트_4_5.py
    <html>
    <head>
    <title>A Useful Page</title>
    </head>
    <body>
    <h1>An Interesting Title</h1>
    <div>
    Lorem ipsum dolor sit amet, consectetur adipisicing elit, sed do eiusmod tempor incid
    </div>
    </body>
    </html>
```

실습 6 ► Beautifulsoup 모듈을 활용하여 다음 프로그램을 작성하고 실행 결과를 확인해 봅시다.

프로그램

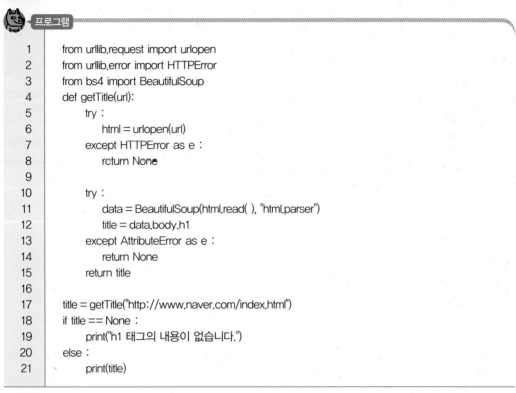

```
1    from urllib.request import urlopen
2    from urllib.error import HTTPError
3    from bs4 import BeautifulSoup
4    def getTitle(url):
5        try :
6            html = urlopen(url)
7        except HTTPError as e :
8            rcturn None
9
10       try :
11           data = BeautifulSoup(html.read( ), "html.parser")
12           title = data.body.h1
13       except AttributeError as e :
14           return None
15       return title
16
17   title = getTitle("http://www.naver.com/index.html")
18   if title == None :
19       print("h1 태그의 내용이 없습니다.")
20   else :
21       print(title)
```

실행 결과

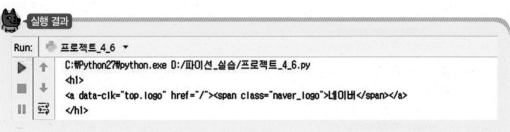

```
Run:    프로젝트_4_6  ▼

C:\Python27\python.exe D:/파이선_실습/프로젝트_4_6.py
<h1>
<a data-clk="top.logo" href="/"><span class="naver_logo">네이버</span></a>
</h1>
```

위 프로그램에서는 getTitle( ) 함수를 통해 페이지의 제목을 반환하는데, 이때 문제가 있으면 None 객체를 반환합니다. getTitle 내부에서는 이전 실습과 마찬가지로 HTTPError를 체크하고 BeautifulSoup 행 두 개를 try문으로 캡슐화합니다.

예를 들어 서버가 존재하지 않으면 html은 None 객체이고 html.read( )가 AttributeError를 일으킵니다. try문 하나에 원하는 만큼 여러 행을 넣을 수도 있고, AttributeError를 일으킬 수 있는 별도의 함수도 어느 시점에서든 호출할 수도 있습니다.

인터넷의 내용을 가져올 때는 기존의 코드를 재사용하는 경우가 많습니다. 범용 함수를 만들고 여기에 예외 처리를 철저하게 만들어두면 빠르고 믿을 수 있는 인터넷 자료 수집 프로그램을 쉽게 만들 수 있습니다.

3 단계 '다음(daum.net)'의 실시간 이슈 검색어를 가져오는 프로그램을 만들어 봅시다.

실습7 '다음'에서 제공하는 실시간 이슈 검색어 자료를 가져와 봅시다.

실행 결과

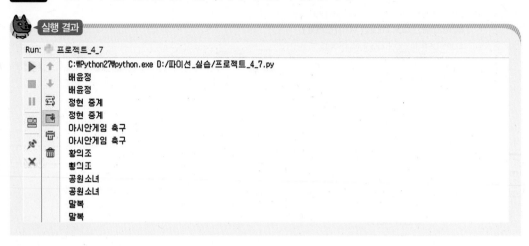

프로그램

```
1   # encoding: utf-8
2   from urllib import urlopen
3   from urllib2 import HTTPError
4   from bs4 import BeautifulSoup
5   def getData(url) :
6       try :
7           html = urlopen(url)
8       except HTTPError as e :
9           return None
10      try :
11          data = BeautifulSoup(html.read( ), "html.parser")
12          nameList = data.find_all("span", {"class" : "txt_issue"})
13      except AttributeError as e :
14          return None
15      return nameList
16  data = getData("http://www.daum.net/index.html")
17  if data == None :
18      print "데이터가 없습니다."
19  else :
20      for name in data :
21          print name.get_text( )
```

설명

12행 실시간 이슈 검색어를 가져오려면 해당 태그를 알아야 하므로 오른쪽의 그림과
같이 브라우저에서 검색해야 합니다. 예를 들어 크롬 브라우저에서 실시간 이슈
검색어 태그를 찾으려면 검색어에서 마우스 오른쪽 버튼을 클릭하여 [검사] 메뉴
를 클릭합니다.

실습8 실시간 이슈 검색어 자료를 순위대로 출력하는 프로그램을 작성해 봅시다.

실습7 의 실행 결과를 살펴보면 실시간 이슈 검색어가 한 번만 출력되는 것이 아니라 여러 번 출력되고 있는 것을 볼 수 있습니다. 이유는 해당 페이지에서 화면에 표현하는 방법이 다양하기 때문에 같은 내용이 여러 번 등장하는 것입니다. 그러므로 같은 검색어는 한 번만 출력되도록 프로그램을 다음과 같이 수정합니다.

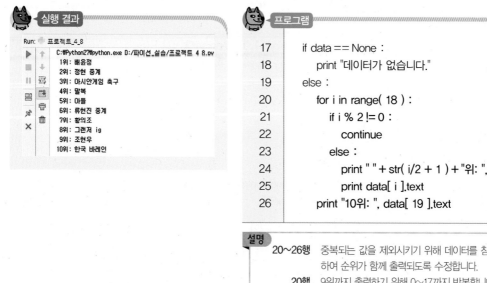

🐾 **실행 결과**

```
Run:  프로젝트_4_8
      C:\Python27\python.exe D:/파이선_실습/프로젝트 4_8.py
      1위: 배윤정
      2위: 정현 중계
      3위: 아시안게임 축구
      4위: 말복
      5위: 아들
      6위: 류현진 중계
      7위: 황의조
      8위: 그랜저 ig
      9위: 조현우
      10위: 한국 바레인
```

🐾 **프로그램**

```
17      if data == None :
18          print "데이터가 없습니다."
19      else :
20          for i in range( 18 ) :
21              if i % 2 != 0 :
22                  continue
23              else :
24                  print " " + str( i/2 + 1 ) + "위: ",
25                  print data[ i ].text
26          print "10위: ", data[ 19 ].text
```

설명

20~26행 중복되는 값을 제외시키기 위해 데이터를 참고하여 순위가 함께 출력되도록 수정합니다.

20행 9위까지 출력하기 위해 0~17까지 반복합니다.

21행 색인 변수 i 값이 홀수이면 22행을 수행하고 짝수이면 23행의 else문에 속한 24~25행을 수행합니다.

22행 홀수인 경우 바로 앞에서 출력한 검색어 이므로 20행으로 이동합니다.

24행 짝수인 경우로 순위를 출력합니다.

25행 검색어를 출력합니다.

26행 마지막으로 검색어 10위에 해당하는 순위와 자료를 출력합니다.

실습9 실시간 이슈 검색어 자료의 이슈 결과가 함께 출력되도록 프로그램을 완성해 봅시다.

🐾 **실행 결과**

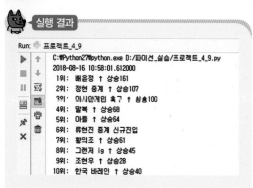

```
Run:  프로젝트_4_9
      C:\Python27\python.exe D:/파이선_실습/프로젝트_4_9.py
      2018-08-16 10:58:01.612000
      1위:  배윤정  상승161
      2위:  정현 중계 ↑ 상승107
      3위:  아시안게임 축구 ↑ 상승100
      4위:  말복 ↑ 상승68
      5위:  아들 ↑ 상승64
      6위:  류현진 중계 신규진입
      7위:  황의조 ↑ 상승61
      8위:  그랜저 ig ↑ 상승45
      9위:  조현우 ↑ 상승28
      10위: 한국 바레인 ↑ 상승40
```

```
1    import datetime
2
3    def getResult(url) :
4        try :
5            html = urlopen(url)
6        except HTTPError as e :
7            return None
8        try:
9            data = BeautifulSoup(html.read( ), "html.parser")
10           resultList = data.find_all("em", {"class" : "rank_result"})
11       except AttributeError as c :
12           rcturn Nono
13       return resultList
14
15   print datetime.datetime.now( )
16
17   data = getData("http://www.daum.net/index.html")
18   result = getResult("http://www.daum.net")
19
20   if data == None :
21       print "데이터가 없습니다."
22   else :
23       for i in range(18) :
24           if i % 2 != 0 :
25               continue
26           else :
27               print " " + str( i / 2 + 1 ) + "위: ",
28               print data[ i ].text, result[ i ].text
29       print "10위: ", data[ 18 ].text, result[ I8 ].text
```

설명

1행	현재 시간도 함께 출력하기 위해 datetime 모듈 import합니다.
4~13행	순위 상승 여부를 가져오기 위해 사용자 정의 함수 getResult( )를 정의합니다.
16행	현재 시간을 출력합니다.
17행	result 변수에 순위 상승 여부 리스트를 저장합니다.
27행	각 순위에 해당하는 순위 상승 여부를 함께 출력합니다.
28행	10위에 해당하는 순위 상승 여부를 함께 출력합니다.

1 216쪽의 실습7에서 작성했던 '다음(daum.net)'의 실시간 급상승 검색어를 가져오는 프로그램을 활용하여 '네이버(naver.com)'의 검색어를 가져오는 프로그램을 작성해 봅시다.

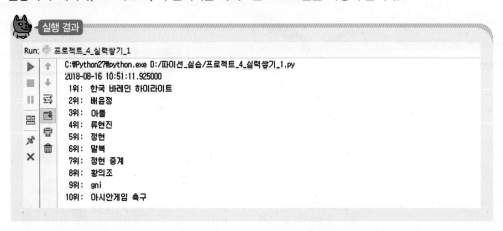

2 기상청 홈페이지(www.kma.go.kr)에서 지역별 현재 기온을 가져오는 프로그램을 작성해 봅시다.

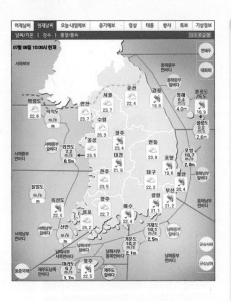

• 삼양미디어 홈페이지(www.samyangm.com)의
[고객센터]–[자료실]에서 '러플과 함께하는 파이
선&햄스터_소스 파일'을 다운로드하여 활용해
보세요.

PART

Ⅲ

햄스터

CHAPTER

01

햄스터 기본 익히기

햄스터 로봇을 컴퓨터에 연결하고, 필요한 디바이스 드라이버와
라이브러리를 설치하여 주어진 미션들을 수행해 봅시다.

SECTION
1 **햄스터 시작하기**

SECTION
2 **햄스터 움직이기**

SECTION
4 **근접 센서를 이용한
장애물 피하기**

SECTION
3 **바닥 센서를 이용한
라인 트레이싱**

SECTION
5 **LED, 소리, 빛 센서 활용하기**

햄스터 시작하기

활동 목표
- 햄스터를 사용하기 위한 준비 작업을 할 수 있다.
- 필요한 소프트웨어를 설치하고 실행할 수 있다.

교육용 로봇인 햄스터를 문제 해결에 사용하기 위해서는 다음과 같이 USB 동글, 컴퓨터, 관련 소프트웨어 등을 준비한 후 그리고 햄스터와 컴퓨터를 연결하고 소프트웨어들을 설치해야 합니다.

햄스터 로봇   USB 동글

관련 소프트웨어

컴퓨터

컴퓨터와 관련 소프트웨어

🔺 햄스터 사용에 필요한 준비물

 USB 동글을 컴퓨터에 연결하기

프로그램으로 햄스터 로봇을 움직이기 위해서는 먼저 햄스터에 있는 전원을 켜고, USB 동글을 컴퓨터 본체에 연결하도록 합니다.

블루투스 연결 표시등

충전 표시등

전원 스위치

USB to BLE Bridge

블루투스 연결 표시등

🔵 **전원 켜기**   전원 스위치를 위로 올리면 'on', 아래로 내리면 'off'가 됩니다.

🔵 **USB 연결**   USB 동글을 노트북이나 데스크톱 컴퓨터 본체의 USB 포트에 꽂은 후 햄스터를 가까이 가져가면 USB 블루투스 연결 표시등이 파란색으로 깜박이면서 연결됩니다.

2 햄스터 작동에 필요한 디바이스 드라이버와 라이브러리 설치하기

햄스터를 움직이게 하려면 햄스터를 제어할 수 있는 디바이스 드라이버와 필요한 라이브러리를 다운로드하여 설치해야 합니다. 이 작업은 USB 동글을 PC의 USB 단자에 꽂기 전에 다음과 같은 순서에 의해 설치하도록 합니다.

따라하기 ① 햄스터 스쿨 홈페이지(http://hamster.school)에 접속하여 [다운로드]를 클릭한 후 [파이썬]을 선택하고 │ 디바이스 드라이버 내려 받기 및 설치 방법 │을 클릭합니다.

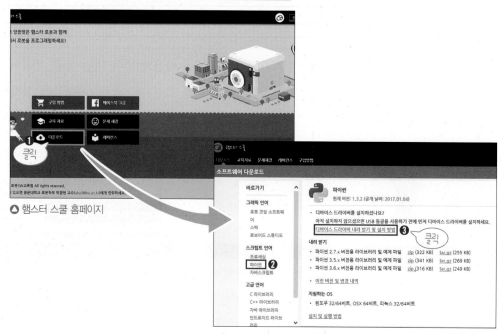

● 햄스터 스쿨 홈페이지

② 내가 사용할 컴퓨터의 운영 체제에 맞는 드라이버를 다운로드하여 압축을 풀고, '32비트/64비트' 중 컴퓨터 사양에 맞는 것을 선택하여 설치합니다.

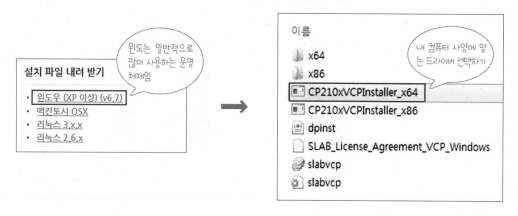

③ 이번에는 파이참에서 햄스터를 제어하기 위해 '파이썬 2.7 x 버전용 라이브러리 및 예제 파일'을 다운로드하여 파이참이 설치된 곳에 복사합니다.

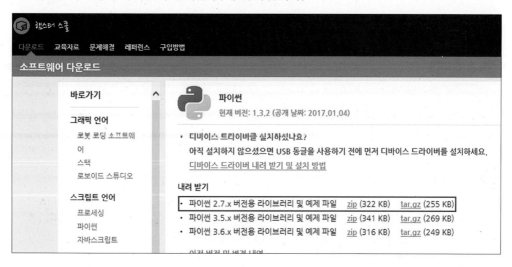

④ 다운받은 압축 파일 을 풀면 나오는 | roboid-python2.7-v1.3.2 | 폴더를 열고 표시되는 파일 중 'win-setup'을 마우스로 더블 클릭하여 라이브러리를 설치합니다.

라이브러리 설치 중 문제가 발생하면 어떻게 해야 하나요?

만약 설치 중 문제가 발생한다면 수동으로 복사하면 됩니다. [site-packages] 폴더 안의 [roboid] 폴더와 [serial] 폴더를 복사한 후, '파이썬이 설치된 폴더'-[Lib]-[site-packages] 폴더 안에 붙여 넣기 합니다.

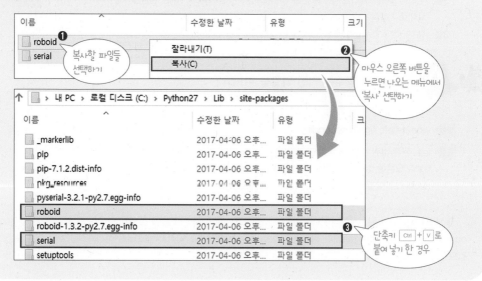

디바이스 드라이버와 라이브러리가 제대로 설치되었는지 확인하기 위해 파이참을 실행한 후 다음과 같이 명령을 입력하고 실행해 보도록 합니다.

실습 1 ▶ 햄스터를 30의 속도로 1초간 움직이도록 해 봅시다.

🐱 **실행 결과**

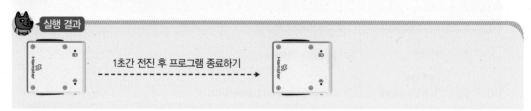

1초간 전진 후 프로그램 종료하기

🐱 **프로그램**

```
1    from roboid import *
2    h = Hamster( )
3    h.wheels(30, 30)          햄스터의 왼쪽과 오른쪽 바퀴를 30의 속도로 전진하기
4    wait(1000)                움직이던 햄스터를 1초간 멈추었다가 종료하기
```

윈도 [메뉴] 또는 바탕 화면의 (파이참) 아이콘을 실행하여 프로그램을 작성합니다.

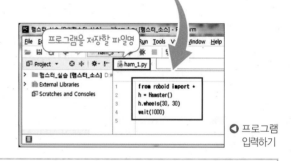

◀ 프로그램 입력하기

설명

1행 프로그램으로 햄스터를 제어하면서 움직이게 하려면 이 명령을 반드시 기재하도록 합니다.

2행 햄스터 로봇과 'h'라는 변수를 연결하여 햄스터 로봇을 제어하기 위한 명령입니다. 이때 변수 이름 'h'는 사용자 임의로 지정할 수 있습니다.

3행 햄스터에게 명령하기 위해 연결한 h 변수 다음에 '.'을 입력하고 사용할 함수 또는 변수를 추가로 입력합니다.

 wheels 함수는 어떤 역할을 하나요?

형식 ▶ wheels(left, right[, seconds])

속성 ▶ left: 왼쪽 바퀴 속도(정수 값으로 범위는 −100~100의 수) 지정
right: 오른쪽 바퀴 속도(정수 값으로 범위는 −100~100의 수) 지정
seconds: 로봇이 움직이는 시간(실수 값) [초] 지정

햄스터를 움직이기 위해 양쪽 바퀴의 속도를 지정하고, seconds(초) 후에 정지할 수 있도록 합니다. 만약 'seconds'를 생략한 경우에는 햄스터가 정지하지 않고 계속 움직입니다. 따라서 햄스터를 정지하려면 'left' 또는 'right'의 값으로 0을 입력합니다.

햄스터 움직이기

 활동 목표 • 햄스터를 전진, 후진, 좌회전, 우회전 등 원하는 위치로 이동할 수 있다.

햄스터를 앞으로 이동하기 위해 'wheels(왼쪽 바퀴 속도, 오른쪽 바퀴 속도)' 함수를 이용합니다. 이때 햄스터의 바퀴 속도는 −100~100 사이의 숫자를 입력하는데 양수이면 전진, 음수이면 후진을 의미합니다.

실습 1 ▶ 햄스터를 2초간 전진해 봅시다.

🐕 실행 결과

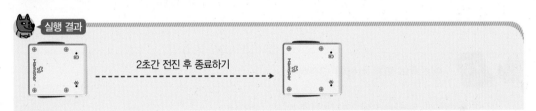

2초간 전진 후 종료하기

🐕 프로그램

```
1    from roboid import *
2    h = Hamster( )
3    h.wheels(30, 30)
4    wait(2000)  ◀┈┈▶ 2초 후 종료하기
```

 설명

1행 로보이드 패키지(햄스터)를 모두 사용하기 위한 선언문입니다.
2행 햄스터를 제어하기 위한 변수 h 선언 및 햄스터를 연결합니다.
3행 햄스터의 양쪽 바퀴는 30의 속도로 이동합니다. 그런데 'wheels(30, 30)'으로 설정하면 직진해야 하지만, 오른쪽(또는 왼쪽)으로 휘어져 이동할 수 있습니다. 이는 햄스터의 바퀴 지체기 틀어진 상태이므로 'wheel(30, 32)' 또는 'wheel(28, 30)'처럼 좌우 틀린 값을 적용하여 직진으로 이동할 수 있도록 적절히 조절합니다.
4행 2초 후 햄스터의 움직임을 종료합니다.

실습 2 햄스터를 2초간 후진해 봅시다.

실행 결과

2초간 후진 후 종료하기

프로그램

```
1    from roboid import *
2    h = Hamster( )
3    h.wheels(-30, -30)     ◀┈┈  후진을 위해 양쪽 바퀴의 값을 -30의 속도로 지정하기
4    wait(2000)
```

실습 3 햄스터를 1초간 좌회전해 봅시다.

실행 결과

-30
(왼쪽)   30
(오른쪽)

프로그램

```
1    from roboid import *
2    h = Hamster( )
3    h.wheels(-30, 30)     ◀
4    wait(1000)
```
제자리 좌회전을 위해
왼쪽 바퀴의 값은 음수,
오른쪽 바퀴의 값은 양
수로 지정하기

궁금해요? 햄스터의 회전 방법이 궁금해요.

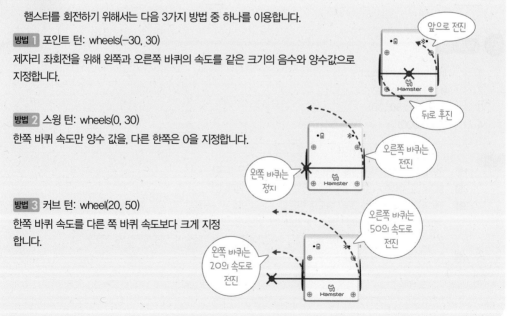

햄스터를 회전하기 위해서는 다음 3가지 방법 중 하나를 이용합니다.

방법 1 포인트 턴: wheels(-30, 30)
제자리 좌회전을 위해 왼쪽과 오른쪽 바퀴의 속도를 같은 크기의 음수와 양수값으로
지정합니다.

앞으로 전진

뒤로 후진

방법 2 스윙 턴: wheels(0, 30)
한쪽 바퀴 속도만 양수 값을, 다른 한쪽은 0을 지정합니다.

오른쪽 바퀴는
전진

왼쪽 바퀴는
정지

방법 3 커브 턴: wheel(20, 50)
한쪽 바퀴 속도를 다른 쪽 바퀴 속도보다 크게 지정
합니다.

오른쪽 바퀴는
50의 속도로
전진

왼쪽 바퀴는
20의 속도로
전진

실습4 ► 햄스터를 90도 제자리 우회전하도록 해 봅시다.

실행 결과

제자리 우회전

※ 단, 햄스터마다 우회전하는 시간이 다를 수 있으므로 90도 우회전하는 시간을 찾도록 합니다. 이때 'wait' 함수를 이용하여 90도 우회전하고 정지하는 값을 찾도록 합니다.

프로그램

```
1    from roboid import *
2    h = Hamster( )
3    h.wheels(30, -30)
4    wait(1000)
5    h.wheels(0, 0)
```

3 ◄---- 햄스터를 우회전하기 위해 왼쪽 바퀴 값은 양수, 오른쪽 바퀴 값은 음수로 지정하기

4 ◄---- 햄스터가 90도 우회전을 하기 위해 기다려야 하는 시간을 찾아야 하므로 다양한 값을 지정하여 수행해 보기

5 ◄---- 햄스터를 정지합니다. 햄스터가 제자리 회전을 위해 기다려야 하는 시간은 각 햄스터마다 조금씩 다를 수 있으므로 90도 회전을 위해 기다리는 시간을 확인해 보기

MEMO

SECTION 3

바닥 센서를 이용한 라인 트레이싱

활동 목표 • 햄스터의 바닥 센서의 특징을 알고 라인을 따라 이동할 수 있다.

햄스터의 왼쪽과 오른쪽 바닥에는 적외선 센서가 있습니다. 이를 이용하면 정지선에서 멈출 수 있고 특정 선을 따라 이동할 수도 있습니다. 또한 left_floor( )와 right_floor( ) 함수를 이용하면 햄스터의 바닥 센서값을 알 수 있습니다.

왼쪽 바닥 센서
(적외선 센서)

오른쪽 바닥 센서
(적외선 센서)

실습 1 햄스터의 바닥 센서값을 확인해 봅시다.

실행 결과

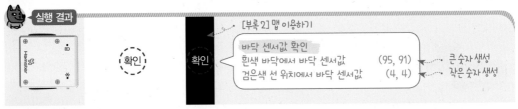

확인

확인

• [부록 2] 맵 이용하기

바닥 센서값 확인
흰색 바닥에서 바닥 센서값   (95, 91) ◀ 큰 숫자 생성
검은색 선 위치에서 바닥 센서값   (4, 4) ◀ 작은 숫자 생성

처리 조건 특정 선이 그려진 바닥에 햄스터를 움직여서 흰색 바닥과 검은색 선에서 센서값을 확인하도록 합니다.

프로그램

```
1    from roboid import *
2    h = Hamster( )
3    wait(100) ◀ 햄스터가 정상적으로 움직이기 위해 시작 전 0.1초 기다렸다가 시작하기
4    while 1 : ◀ 반복문인 while문을 사용하여 5행을 무한 반복하기
5        print h.left_floor( ), h.right_floor( ) ◀ left_floor( ) 함수를 호출하면 왼쪽 바닥 센서의 값을, right_
                                                    floor( ) 함수를 호출하면 오른쪽 바닥 센서의 값을 화면에 출력하기
```

※ 프로그램을 실행했을 때 무한 반복되는 작업을 중지하려면 파이참 메뉴에서 ■ 버튼을 클릭합니다.

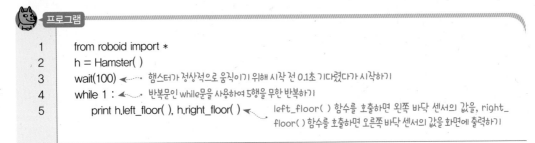

클릭

left_floor( ), right_floor( ) 함수가 하는 역할은 무엇인가요?

• left_floor( ) 함수는 왼쪽 바닥 센서값, right_floor( ) 함수는 오른쪽 바닥 센서값을 반환합니다. 바닥 센서값은 약 10ms(초당 100회)마다 측정되며, 블루투스 통신으로는 약 20ms(초당 50회)마다 전달됩니다.
• 사용되는 값의 범위는 0~100으로 흰색은 100에 가까운 값, 검은색은 0에 가까운 값을 반환합니다.
• 반환값: 바닥 센서값(정수 0~100, 초깃값: 0)
• 흰색 바닥과 검은색 선의 센서값을 확인했으면 검은색 선을 결정하는 임계값을 정해야 합니다.
• 임계값은 다음 식의 결괏값을 기준으로 정하며 그 임계값을 기준으로 검은색 선을 만났는지를 판별합니다.

    임계값 = (흰색 바닥 센서 확인값 + 검은색 선 바닥 센서 확인값) / 2

🐹 검은색 선에서의 센서값은 4, 흰색 바닥에서의 센서값은 96일 경우
'(4 + 96) / 2 = 50'이므로 30~70 사이에서 임계값을 정합니다. 이때 임계값을 작게 정할수록 검은색 선에 가까이 가야 정지하고, 임계값이 클수록 검은색 선 초입에서 정지합니다.

실습 2 햄스터가 흰색 바닥을 전진하다가 검은색 선을 만나면 정지하도록 해 봅시다.

실행 결과

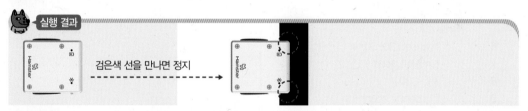

검은색 선을 만나면 정지

처리 조건 햄스터의 왼쪽 바닥 센서 또는 오른쪽 바닥 센서가 검은색 선을 만나면 정지하기 위해 양쪽 바닥 센서값을 계속 확인하면서 전진하다가 임계값(예를 들어 30) 보다 작으면 멈추도록 합니다.

프로그램

```
1    from roboid import *
2    h = Hamster( )
3    wait(100)
4    while 1:
5        h.wheels(30, 30)
6        lf = h.left_floor( )        ← 왼쪽 바닥 감지 센서의 값을 읽어 lf에 저장하기
7        rf = h.right_floor( )       ← 오른쪽 바닥 감지 센서의 값을 읽어 rf에 저장하기
                                       왼쪽 바닥 감지 센서 lf 값 또는 오른쪽 바닥 감지 센서 rf의 값이 30보다 작으면 검은색 선에 닿
8        if lf < 30 or rf < 30 :    ← 은 것이므로 조건을 만족하여 9행으로 이동하고, 그렇지 않으면 다시 4행의 while문을 반복하기
9            h.wheels(0, 0)         ⎫
10           break                  ⎬ 좌우 양쪽 바퀴 속도를 0으로 변경하고 10행에 의해 반복문을 벗어나 11행으로 이동하기
11   h.wheels(0, 0)   ← 햄스터의 동작을 정지하기
```

실습3 햄스터의 왼쪽 바닥 감지 센서로 검은색 선을 지날 때마다 카운트하여 3번째 검은색 선에서 정지하도록 해 봅시다.

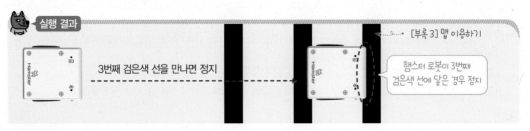

실행 결과

3번째 검은색 선을 만나면 정지

[부록3] 맵 이용하기

햄스터 로봇이 3번째 검은색 선에 닿은 경우 정지

처리 조건 바닥 센서가 검은색 선을 감지할 때마다 카운트 값을 1씩 증가시키는 작업을 반복하다가 그 값이 3이 되면 정지하도록 합니다.

프로그램

```
1    from roboid import *
2    h = Hamster( )
3    wait(100)        ◄┈┈ 잠깐 멈추기
4    count = 0
5    while 1 :
6        h.wheels(30, 30)   ◄┈┈ 앞으로 전진하기
7        lf = h.left_floor( )
8        if lf < 30 :
9            count = count + 1
10           if count == 3 :
11               h.wheels(0, 0)
12               break
13           while lf < 30 :
14               lf = h.left_floor( )
15                   h.wheels(30, 30)
```

무한 반복문

설명

4행 검은색 선을 카운트 할 count 변수를 설정하고 0으로 초기화합니다.

5행 6행에서부터 15행까지 무한 반복합니다.

6행 햄스터의 좌우 바퀴가 30의 속도로 전진합니다.

7행 왼쪽 바닥 감지 센서값을 읽어 lf 변수에 저장합니다.

8행 만약 왼쪽 바닥 감지 센서값이 검은색 선(30 미만)을 만나면 9행~15행까지를 실행하고, 그렇지 않으면 7행부터 다시 반복합니다.

9행 검은색 선을 감지하면 count 변수 값을 1씩 증가시킵니다.

10행~12행 만약 count 값이 3이면, 즉 3번째 검은색 선을 만나면 11~12행을 수행하므로 햄스터는 멈춘 후 반복문을 벗어나서 프로그램을 종료하고, 그렇지 않으면 13행으로 이동합니다.

13행~15행 만약 왼쪽 바닥 센서가 검은색 선을 만날 경우 해당 선을 벗어날 때까지 while문에 의해 14~15행을 반복하므로 계속 전진합니다.

실습 4 ▶ 햄스터가 왼쪽 바닥 센서를 이용하여 지그재그로 라인을 따라 이동하도록 해 봅시다.

실행 결과

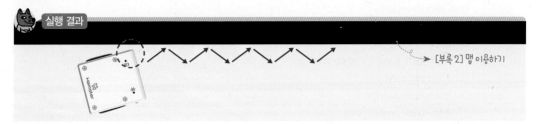

[부록 2] 맵 이용하기

처리 조건 햄스터의 왼쪽 바닥 센서가 검은색 선을 감지하면 오른쪽으로 커브 턴(왼쪽 바퀴 속도 30, 오른쪽 바퀴 속도 10)하여 이동하고, 아니면 인쪽으로 커브 턴(왼쪽 비퀴 속도 10, 오른쪽 비퀴 속도 30)하어 이동합니다.

프로그램

```
1    from roboid import *
2    h = Hamster( )
3    while 1 :
4        print h.left_floor( )
5        lf = h.left_floor( )
6        if(lf < 30) :
7            h.wheels(30, 10)      } 바닥 센서가 검은색 선을 만났을 경우
8        else :
9            h.wheels(10, 30)      } 바닥 센서가 검은색 선을 만나지 않았을 경우
```

설명

3행 4행에서부터 9행까지를 무한 반복합니다.

4행 화면에 왼쪽 바닥 센서값을 출력합니다.

5행 바닥 센서값을 lf 변수에 저장합니다.

6~7행 만약 왼쪽 바닥 센서값인 lf 값이 검은색 선을 만나면(임계값이 30보다 작으면) 7행으로 이동하여 오른쪽 방향으로 이동하고, 아니면 9행으로 이동하여 왼쪽 방향으로 이동합니다.

실습 5 ▶ 햄스터가 라인을 따라 이동하다가 교차로를 만나면 정지하도록 해 봅시다.

실행 결과

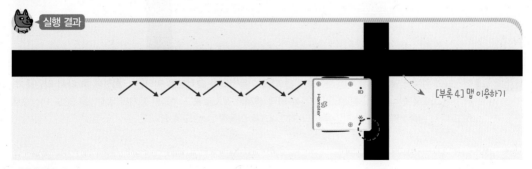

[부록 4] 맵 이용하기

처리 조건 햄스터가 왼쪽 바닥 센서를 이용하여 라인을 따라 이동하다가 교차로 즉, 오른쪽 바닥 센서가 검은색 선을 감지하면 이동을 멈추도록 합니다.

```
1    from roboid import *
2    h = Hamster( )
3    while 1 :
4        print h.left_floor( ), h.right_floor( )
5        lf = h.left_floor( )
6        rf = h.right_floor( )
7        if (rf < 30) and (rf != 0) :
8            h.wheels(0, 0)
9            break
10       if(lf < 30) :
11           h.wheels(30, 10)
12       else :
13           h.wheels(10, 30)
```

    4행 햄스터의 왼쪽과 오른쪽의 바닥 센서값을 확인합니다.

5~6행 왼쪽 바닥 센서값은 lf, 오른쪽 바닥 센서값은 rf 변수에 저장합니다.

7~8행 햄스터의 오른쪽 바닥 센서값인 rf가 검은색 선을 만나면 정지하고 무한 반복문을 벗어납니다. 단, 처음 시작할 때 rf의 값은 0이 기억되므로 오른쪽 바닥 센서값인 rf 값이 0이 아니면을 추가합니다.

10~13행 lf 값이 검은색 선을 만나면 11행에 의해 오른쪽 방향으로 이동하고, 아니면 13행에 의해 왼쪽 방향으로 이동합니다.

실습 6 햄스터가 라인을 따라 이동하다가 교차로를 만나면 우회전하여 다시 라인을 따라 이동하도록 해 봅시다.

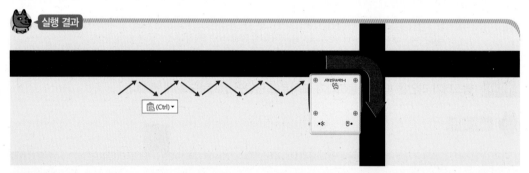

처리 조건 햄스터의 왼쪽 바닥 센서를 이용하여 라인을 따라 이동하다가 교차로를 만나면 우회전한 후 다시 라인을 따라 이동하도록 합니다. 즉, 햄스터의 오른쪽 바닥 센서가 교차로를 감지하면 제자리 우회전을 90도 이상으로 하고 다시 왼쪽 바닥 센서가 라인을 따라 지그재그로 이동할 수 있도록 합니다.

```
1    from roboid import *
2    h = Hamster( )
3    while 1 :
4        print h.left_floor( ), h.right_floor( )
5        lf = h.left_floor( )
6        rf = h.right_floor( )
7        if (rf < 30) and (rf != 0) :
8            h.wheels(0, 0)
9            h.wheels(30, -30)
10           wait(1000)
11       if(lf < 30) :
12           h.wheels(30, 10)
13       else :
14           h.wheels(10, 30)
```

실습5 에서 작성한 프로그램 중 일부 수 정하기

햄스터가 교차로를 감지하면 정지하고 오른쪽으로 90도 이상 회전하여 왼쪽 바닥 감지 센서를 검은색 선 오른쪽에 위치하게 하여 다시 검은색 선을 따라 이동하기

실습7 ▶ 햄스터가 라인을 따라 이동하다가 교차로를 만나면 좌회전한 후, 다시 라인을 따라 이동하도록 해 봅시다.

실행 결과

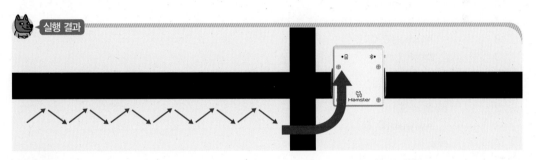

처리 조건 햄스터가 왼쪽 바닥 센서를 이용하여 라인을 따라 이동하다가 교차로를 만나면 좌회전한 후, 다시 라인을 따라 이동하고자 합니다. 이때 왼쪽으로 커브 턴하여 검은색 선 오른쪽에 왼쪽 바닥 감지 센서가 오도록 합니다.

```
1    from roboid import *
2    h = Hamster( )
3    while 1 :
4        print h.left_floor( ), h.right_floor( )
5        lf = h.left_floor( )
6        rf = h.right_floor( )
7        if (rf < 30) and (rf != 0) :
8            h.wheels(0, 0)
9            h.wheels(10, 50)
10           wait(1000)
11       if(lf < 30) :
12           h.wheels(30, 10)
13       else :
14           h.wheels(10, 30)
```

실습6 에서 작성한 프로그램 중 일부 수 정하기

햄스터가 교차로를 감지하면 왼쪽으로 크게 커브 턴하여 검은색 선 오른쪽에 위치하도록 한 후 다시 검은색 선을 따라 이동하기

실습 8 햄스터가 좌우 두 개의 바닥 센서를 이용하여 라인을 따라 이동하다가 교차로에서 정지해 봅시다.

실행 결과

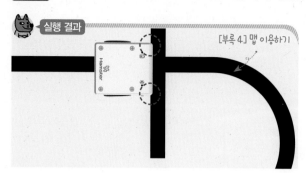

[부록 4] 맵 이용하기

처리 조건

• 검은색 선을 햄스터의 왼쪽 바닥 센서와 오른쪽 바닥 센서 사이에 두고 이동하는 방법으로 두 센서 모두 검은색 선에 닿으면 정지하고, 왼쪽 바닥 센서에 검은색 선이 닿으면 왼쪽 방향으로 회전하도록 합니다.

• 오른쪽 바닥 센서에 검은색 선이 닿으면 오른쪽 방향으로 회전하고 두 센서 모두 검은색 선에 닿지 않으면 앞으로 나가도록 합니다.

프로그램

```
1    from roboid import *
2    h = Hamster( )
3    while 1 :
4        print h.left_floor( ), h.right_floor( )
5        lf = h.left_floor( )
6        rf = h.right_floor( )
7        if (rf < 30) and (rf != 0) and (lf < 30) :
8            h.wheels(0, 0)
9            break
10       if (lf < 30) :
11           h.wheels(0, 30)
12       elif (rf < 30) :
13           h.wheels(30, 0)
14       else :
15           h.wheels(20, 20)
```

설명

7~9행 햄스터의 양쪽 바닥 센서에 검은색 선이 감지되면(즉, 교차로인 경우) 정지한 후 종료하고, 그렇지 않으면 바로 10행으로 이동합니다.

10~11행 왼쪽 바닥 센서에 검은색 선이 감지되면 11행으로 이동하여 왼쪽 방향으로 회전하고, 그렇지 않으면 12행으로 이동합니다.

12~13행 오른쪽 바닥 센서에 검은색 선이 감지되면 13행으로 이동하여 오른쪽 방향으로 회전하고, 그렇지 않으면 15행으로 이동합니다.

14~15행 양쪽 바닥 센서에 검은색 선이 감지되지 않으면 20의 속도로 전진합니다.

근접 센서를 이용한 장애물 피하기

활동 목표 •햄스터에 부착된 근접 센서의 특징을 알고, 장애물을 피해 이동할 수 있다.

햄스터의 전방 양쪽에 있는 근접 센서(적외선 센서)를 이용하면 물체를 감지하고 물체 사이의 거리도 감지할 수 있습니다. 근접 센서는 전방의 1cm 이상, 30cm 이하의 거리에 있는 물체나 장애물을 감지할 수 있으며, 센서값은 0부터 255사이의 값을 가집니다.

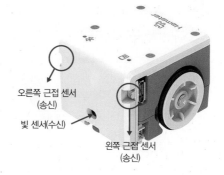

오른쪽 근접 센서 (송신)

빛 센서(수신)

왼쪽 근접 센서 (송신)

실습1 햄스터 전방에 있는 근접 센서값을 확인해 봅시다.

실행 결과

햄스터 로봇이 더 잘 움직일 수 있도록 손바닥을 약간 둥글게 하기

출력되는 센서값	
3	3
4	4
⋮	⋮
50	50
62	62
⋮	⋮

처리 조건 left_proximity( ), right_proximity( ) 함수를 이용하여 햄스터 전방에 있는 근접 센서값을 확인합니다. 이때 물체를 감지할 때와 그렇지 않을 때의 값을 확인합니다.

프로그램

```
1    from roboid import *
2    h = Hamster( )
3    wait(100)        햄스터가 정상적으로 동작하기 위해 시작 전 0.1초 정도 기다렸다가 시작하기
4    while 1 :        5행을 무한 반복하기
5        print (h.left_proximity( ), h.right_proximity( ))
```

왼쪽 전방 근접 센서값 오른쪽 전방에 있는 근접 센서 값을 화면에 출력하기

● 근접 센서값 알아보기

전방에 물체가 없을 때의 센서값	물체가 가까이 있을 때의 센서값
(4, 4)	(70, 70)

left_proximity( )와 right_proximity( )의 역할은 무엇인가요?

• left_proximity( ): 왼쪽 근접 센서값을 반환합니다. 이때 근접 센서의 데이터는 약 10ms(초당 100회)마다 측정되며,
블루투스 통신으로 약 20ms(초당 50회)마다 전달됩니다. 반환값: (정수 0~255, 초깃값: 0)

• right_proximity( ): 오른쪽 근접 센서값을 반환하며, left_proximity( ) 함수와 같은 반환값을 가집니다.

실습2 ▶ 햄스터가 앞으로 이동하다가 물체를 만나면 정지하도록 해 봅시다.

🐾 실행 결과

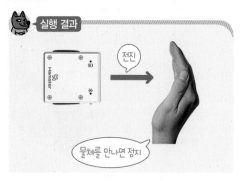

전진

물체를 만나면 정지

🐾 프로그램

```
1    from roboid import *
2    h = Hamster( )
3    wait(100)
4    while 1:
5        lp = h.left_proximity( )
6        rp = h.right_proximity( )
7        h.wheels(30, 30)
8        if lp > 50 or rp > 50 :
9            h.wheels(0, 0)
10           break
```

처리 조건
• 햄스터의 전방에 있는 근접 센서가 물체를 감지하면
(예 50보다 큰 값일 때 물체 감지) 정지하도록 합니다.

설명
　　4행 반복문으로 5~10행을 무한 반복합니다.
　5~6행 왼쪽 근접 센서값은 lp에, 오른쪽 근접 센서값은 rp에 저장합니다.
　　8행 왼쪽 근접 센서 또는 오른쪽 근접 센서의 값이 50보다 클 경우는 벽을 감지한 상태이므로 9~10행을 수행
　　　　하고, 그렇지 않으면 다시 5행부터 반복합니다.
　9~10행 햄스터를 정지하고 반복문을 벗어나서 프로그램을 종료합니다.

실습3 ▶ 햄스터가 검은색 선을 따라 이동하다 물체를 감지하면 정지하도록 해 봅시다.

[부록2] 맵 이용하기

🐾 실행 결과

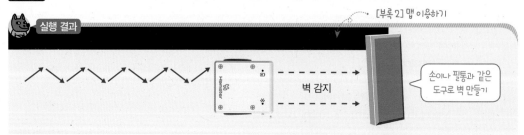

벽 감지

손이나 필통과 같은
도구로 벽 만들기

처리 조건 햄스터가 왼쪽 바닥 센서를 이용하여 검은색 선을 따라 이동하다가 전방 근접 센서가 물체를 감지하면(예 50
　　　　보다 큰 값일 때 물체 감지) 정지합니다.

```
1    from roboid import *
2    h = Hamster( )
3    wait(100)
4    while 1:
5        lf = h.left_floor( )
6        rf = h.right_floor( )
7        lp = h.left_proximity( )
8        rp = h.right_proximity( )
9        if lp > 50 or rp > 50 :
10           h.wheels(0, 0)
11           break
12       if(lf < 30) :
13           h.wheels(30, 10)
14       else :
15           h.wheels(10, 30)
```

5~6: 햄스터의 왼쪽 바닥 센서와 오른쪽 바닥 센서의 값을 lf와 rf 변수에 각각 저장하기

7: 왼쪽 전방 근접 센서값을 감지하여 lp에 저장하기

8: 오른쪽 전방 근접 센서값을 감지하여 rp에 저장하기

9~11: 왼쪽 또는 오른쪽 근접 센서값이 50보다 크면 정지하고 반복문 벗어나기

12~15: 왼쪽 바닥 센서가 검은색 선을 감지하면 오른쪽 방향으로 이동하고, 아니면 왼쪽 방향으로 이동하면서 라인을 따라 이동하기

실습 4 물체의 접근 거리에 따라 햄스터의 움직임을 바꾸도록 해 봅시다.

실행 결과

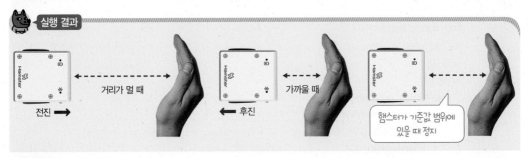

거리가 멀 때 / 전진 ➡ / 가까울 때 / ⬅ 후진 / 햄스터가 기준값 범위에 있을 때 정지

처리 조건 햄스터가 왼쪽 근접 센서를 이용하여 손바닥 가까이 가면 후진하고, 손바닥과 멀어지면 앞으로 전진하는 밀당 프로그램을 작성합니다.

예 50~70과 같은 기준값을 주고 햄스터가 기준값 범위에 있으면 그 자리에 서 있고, 기준값보다 작은값이 들어오면 물체를 감지하지 못한 것이므로 앞으로 전진하거나 후진하도록 합니다.

프로그램

```
1    from roboid import *
2    h = Hamster( )
3    wait(100)
4    while 1 :
5        lp = h.left_proximity( )
6        rp = h.right_proximity( )
7        if lp < 30 :
8            h.wheels(30, 30)
9        elif lp <= 40 :
10           h.wheels(0, 0)
11       else :
12           h.wheels(-30, -30)
```

5~6: 좌우 근접 센서값을 저장하기

7~8: 왼쪽 근접 센서가 30보다 작으면 전진하고, 그렇지 않으면 9행으로 이동하기

9~10: 왼쪽 근접 센서가 40보다 작거나 같으면 10행으로 이동하여 정지하고, 그렇지 않으면 11행으로 이동하기

11~12: 왼쪽 근접 센서가 40보다 큰 상태이므로 후진하기

실행 결과

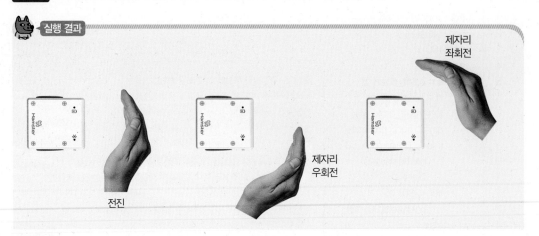

제자리
좌회전

제자리
우회전

전진

처리 조건 햄스터의 양쪽 근접 센서에 물체가 감지되면 전진하고, 왼쪽 근접 센서에만 감지될 경우에는 왼쪽 방향으로 제자리 좌회전을 합니다. 만약 오른쪽 근접 센서에만 감지되면 오른쪽 방향으로 제자리 우회전 하도록 합니다.

프로그램

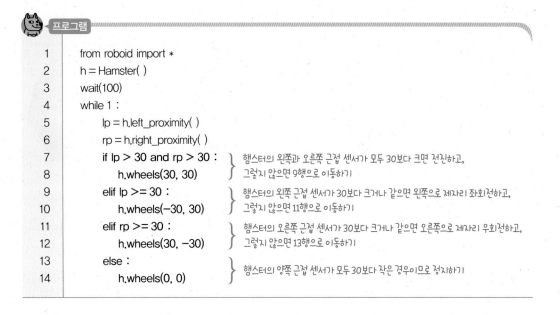

```
1    from roboid import *
2    h = Hamster( )
3    wait(100)
4    while 1 :
5        lp = h.left_proximity( )
6        rp = h.right_proximity( )
7        if lp > 30 and rp > 30 :
8            h.wheels(30, 30)
9        elif lp >= 30 :
10           h.wheels(-30, 30)
11       elif rp >= 30 :
12           h.wheels(30, -30)
13       else :
14           h.wheels(0, 0)
```

} 햄스터의 왼쪽과 오른쪽 근접 센서가 모두 30보다 크면 전진하고,
그렇지 않으면 9행으로 이동하기

} 햄스터의 왼쪽 근접 센서가 30보다 크거나 같으면 왼쪽으로 제자리 좌회전하고,
그렇지 않으면 11행으로 이동하기

} 햄스터의 오른쪽 근접 센서가 30보다 크거나 같으면 오른쪽으로 제자리 우회전하고,
그렇지 않으면 13행으로 이동하기

} 햄스터의 양쪽 근접 센서가 모두 30보다 작은 경우이므로 정지하기

SECTION 5

LED, 소리, 빛 센서 활용하기

 활동 목표 • 햄스터에 있는 LED, 소리, 빛 센서를 활용할 수 있다..

 LED 켜고 끄기

햄스터에 부착된 LED의 색을 지정하여 켜고 끄기 위해서는 'leds(왼쪽 색 지정, 오른쪽 색 지정)' 함수를 이용합니다. 색 값을 'Hamster.LED_BLUE' 또는 '1'을 적용하면 파란색을, 'Hamster. LED_RED' 또는 '4'를 적용하면 빨간색 LED를 켤 수 있습니다.

📷 햄스터에 부착된 LED의 색을 왼쪽은 파란색, 오른쪽은 빨간색으로 켜기
→ leds(Hamster.LED_BLUE, Hamster.LED_RED) 또는 leds(1, 4)

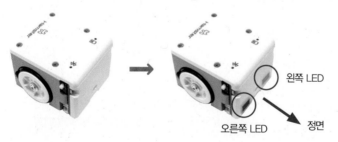

왼쪽 LED / 오른쪽 LED / 정면

실습 1 햄스터에 있는 LED의 색을 왼쪽은 파란색, 오른쪽은 빨간색으로 1초간 켜고 끄기 해 봅시다.

실행 결과

오른쪽 LED / 왼쪽 LED

프로그램
```
1   from roboid import *
2   h = Hamster( )
3   h.leds(1, 4)          LED의 색을 왼쪽은 파란색, 오른쪽은 빨간색 켜기
4   wait(1000)            1초간 기다리기
5   h.leds(0, 0)          양쪽 LED를 끄기
```

실습 2 햄스터가 전진할 때는 노란색 LED, 후진할 때는 빨간색 LED를 켜도록 해 봅시다.

실행 결과

| 빨간색 LED | | 노란색 LED |
| 후진 | | 전진 |

처리 조건
- leds( ) 함수로 전진할 때는 노란색 6번을, 후진할 때는 빨간색 4번을 지정합니다
- 정지 할 때는 LED를 끄고, 2초 간격으로 전진과 후진을 반복하도록 합니다.

프로그램

```
1    from roboid import *
2    h = Hamster( )
3    while 1 :          ◁┄┄ 4~9행을 무한 반복하기
4         h.wheels(30, 30)      ◁┄┄ 전진하기
5         h.leds(6, 6)      ◁┄ 노란색 LED 켜기
6         wait(2000)      ◁┄┄ 2초간 정지하기
7         h.wheels(−30, −30)      ◁┄┄ 후진하기
8         h.leds(4, 4)      ◁┄┄ 빨간색 LED 켜기
9         wait(2000)      ◁┄┄ 2초간 정지하기
```

궁금해요? leds( ) 함수로 원하는 색 지정은 어떻게 하나요?

- 형식: leds(왼쪽 색 지정, 오른쪽 색 지정)
- leds( ) 함수를 이용하여 왼쪽 LED와 오른쪽 LED의 색상을 지정합니다.
- LED의 색 지정은 '0~7' 사이의 정수를 사용할 수 있으며, 각 숫자의 색상은 다음과 같습니다.

LED 색상	숫자	설명	
Hamster.LED_OFF	0	LED 끄기(off)	
Hamster.LED_BLUE	1	LED를 파란색으로 켜기	(R: 0, G: 0, B: 255)
Hamster.LED_GREEN	2	LED를 초록색으로 켜기	(R: 0, G: 255, B: 0)
Hamster.LED_CYAN	3	LED를 하늘색으로 켜기	(R: 0, G: 255, B: 255)
Hamster.LED_RED	4	LED를 빨간색으로 켜기	(R: 255, G: 0, B: 0)
Hamster.LED_MAGENTA	5	LED를 보라색으로 켜기	(R: 255, G: 0, B: 255)
Hamster.LED_YELLOW	6	LED를 노란색으로 켜기	(R: 255, G: 255, B: 0)
Hamster.LED_WHITE	7	LED를 하얀색으로 켜기	(R: 255, G: 255, B: 255)

예 왼쪽과 오른쪽 LED 모두 파란색으로 켜고자 할 경우
- 양쪽 LED를 따로 제어하고자 할 때: leds(1, 1) 또는 leds(Hamster.LED_BLUE, Hamster.LED_BLUE)
- 왼쪽과 오른쪽 LED를 함께 제어하고자 할 때: leds(1) 또는 leds(Hamster.LED_BLUE)

2 소리 내기

어떤 자동차는 후진할 때 소리를 내서 알리는 기능이 있습니다. 햄스터에서도 'buzzer(음 높이)' 함수를 이용하여 소리를 낼 수 있습니다.

실습3 ▶ 242쪽의 **실습2** 에 명령을 추가하여 햄스터가 후진할 때 버저를 울리도록 해 봅시다.

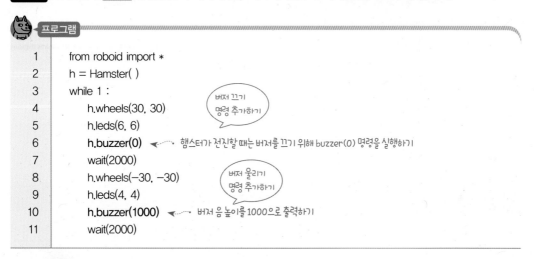

🐶 **프로그램**

```
1   from roboid import *
2   h = Hamster( )
3   while 1 :
4       h.wheels(30, 30)
5       h.leds(6, 6)
6       h.buzzer(0)      ◀--- 햄스터가 전진할 때는 버저를 끄기 위해 buzzer(0) 명령을 실행하기
7       wait(2000)
8       h.wheels(-30, -30)
9       h.leds(4, 4)
10      h.buzzer(1000)   ◀--- 버저 음 높이를 1000으로 출력하기
11      wait(2000)
```

버저 끄기 명령 추가하기

버저 울리기 명령 추가하기

궁금해요? **buzzer(hz) 함수의 역할은 무엇인가요?**

• 버저 소리의 음 높이 주파수를 hz[Hz]로 설정합니다.
• 음 높이는 '0~167772.15Hz' 이내의 실수로 표현하며 소수점 둘째 자리까지 지정할 수 있습니다.
• 버저 소리를 끄려면 '0'을 지정합니다.

실습4 ▶ 햄스터 전방에 있는 근접 센서와 LED를 이용하여 신호등을 만들어 봅시다.

 실행 결과

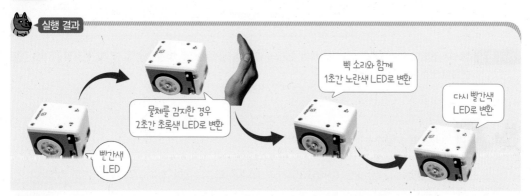

빨간색 LED

물체를 감지한 경우 2초간 초록색 LED로 변환

삑 소리와 함께 1초간 노란색 LED로 변환

다시 빨간색 LED로 변환

처리 조건 • 햄스터가 빨간색 LED 상태로 시작하여 전방 근접 센서에 물체가 감지되면 2초간 초록색으로 바뀌고, 이후 노란색으로 1초간 변경되었다가 다시 빨간색으로 돌아오는 신호등을 만들도록 합니다.
• LED가 노란색으로 변할 때는 버저를 짧게 울리도록 합니다.

```
1    from roboid import *
2    h = Hamster( )
3    while 1 :
4        h.leds(4, 4)              ←········· 햄스터 좌우에 있는 LED를 빨간색으로 켜기
5        lp = h.left_proximity( )    }  왼쪽 근접 센서에서 감지된 값은 lp, 오른쪽 근접 센서에서 감지된 값은 rp에 저장하기
6        rp = h.right_proximity( )
7        if lp > 30 or rp > 30 :   ←·· 만약 왼쪽 또는 오른쪽 근접 센서에 물체가 감지되면 8~13행의 명령을 실행하고, 그렇지
8            h.leds(2, 2)             }  않으면 4~7행을 반복하기
9            wait(2000)                  물체가 감지된 경우로, 초록색 LED를 2초간 켜기
10           h.leds(6, 6)             }
11           h.buzzer(1000)            노란색 LED를 1초간 켜고 버저 울리기
12           wait(1000)
13           h.buzzer(0)          ←········· 버저 음을 끄고, 반복문을 수행하기
```

3 빛 센서 활용하기

햄스터 앞면에는 빛의 밝기를 감지하는 빛 센서(밝기 센서)가 있습니다. 빛 센서의 값을 확인하려면 'light( )' 함수를 사용합니다.

실습 5 ▶ 햄스터 전면에 있는 빛 센서의 값을 확인해 봅시다.

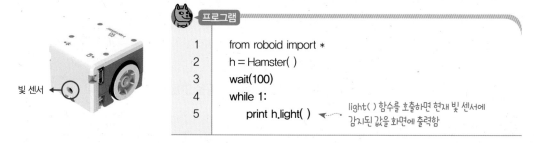

빛 센서 ←

프로그램

```
1    from roboid import *
2    h = Hamster( )
3    wait(100)
4    while 1:
5        print h.light( )    ←······ light( ) 함수를 호출하면 현재 빛 센서에
                                       감지된 값을 화면에 출력함
```

처리 조건 햄스터 전면에 있는 빛 센서를 이용하여 현재의 밝기 상태와 손으로 빛을 가렸을 때 빛 센서의 값에는 어떤 변화가 있는지 확인하도록 합니다.

궁금해요? light( ) 함수는 어떻게 활용하나요?

빛 센서값을 반환합니다. 반환값은 0~65535룩스(Lux) 사이의 정수이며, 빛이 밝을수록 숫자가 커집니다. (초깃값: 0)

예 빛 센서값 알아보기: 평상 시 빛 밝기는 90 정도이며, 손이나 물체로 빛 센서를 가릴 경우, 센서와의 거리에 따라 센서값이 작은 숫자로 변함

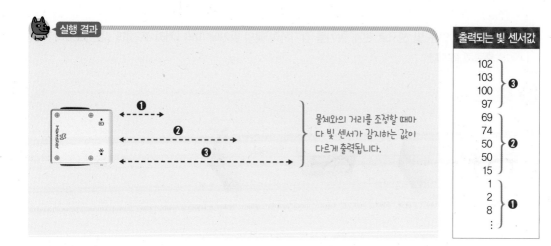

물체와의 거리를 조정할 때마다 빛 센서가 감지하는 값이 다르게 출력됩니다.

출력되는 빛 센서값	
102	
103	❸
100	
97	
69	
74	
50	❷
50	
15	
1	
2	❶
8	
⋮	

실습 6 햄스터에 있는 빛 센서로 현재 상태의 밝기를 감지하여 어두워지면(예를 들어 30 미만) 하얀색 LED 를 켜고, 아니면 LED를 끄도록 해 봅시다.

◁ 앞에 물체가 없으면 LED 끄기

흰색 LED

◁ 물체가 가까이 있으면 하얀색 LED가 깜빡임

```
1    from roboid import *
2    h = Hamster( )
3    wait(100)
4    while 1:        ← 5~9행까지를 무한 반복하기
5        print h.light( )    ← 화면에 빛 센서가 감지한 값 출력하기
6        if h.light( ) < 30 :    } light 센서값이 30보다 작으면 어두운 것으로 간주하여 흰색 LED를 켜기
7            h.leds(7)
8        else :    } light 센서값이 30보다 크거나 같으면 밝은 것으로 간주하여 LED를 끄기
9            h.leds(0)
10       wait(20)    ← 너무 빨리 반복되지 않게 하기 위한 명령
```

실습7 햄스터에 있는 빛 센서로 현재 밝기를 감지하여 빛의 밝기에 따라 [처리 조건]과 같은 LED의 색을
출력해 봅시다.

실행 결과

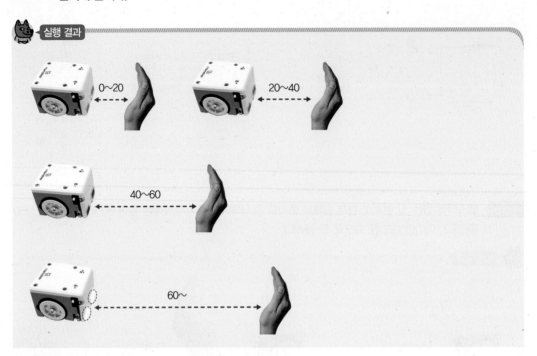

처리 조건

빛 센서 밝기 값	출력
0~20 미만	파란색 LED 출력 (1)
20~40 미만	초록색 LED 출력 (2)
40~60 미만	빨간색 LED 출력 (4)
60 이상~	하얀색 LED 출력 (7)

프로그램

```
1    from roboid import
2    h = hamster( )
3    while 1 :
4      print h.light( )
5      if h.light( ) < 20 :
6        h.led(1)
7      elif h.light( ) < 40 :
8        h.led(2)
9      elif h.light( ) < 60 :
10       h.led(4)
11     else :
12       h.led(7)
13     wait(20)
```

CHAPTER 02

다양한 센서로 실생활 프로젝트 해결하기

햄스터 로봇에 있는 다양한 센서로 컴퓨터 외부의 정보를 입력받아 프로그램으로 처리한 결과를 소리나 동작으로 보여주는 과정을 통해 피지컬 컴퓨팅 시스템으로 구현하는 방법을 알아봅시다.

PROJECT 1
햄스터를 원하는 곳으로 움직이기

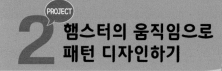

PROJECT 3
키보드 방향키로 햄스터를 조종하기

PROJECT 2
햄스터의 움직임으로 패턴 디자인하기

PROJECT 4
우수법과 좌수법을 이용한 미로 탈출

PROJECT 5
격자 미로 탈출

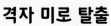

PROJECT 6
햄스터로 도로 주행 연습하기

PROJECT 7
햄스터로 연주하는 주크박스

PROJECT
1

햄스터를 원하는 곳으로 움직이기

활동 목표
• 햄스터를 전진, 우회전, 좌회전 등 원하는 방향으로 자유롭게 움직일 수 있다.

★ 햄스터의 전진, 후진, 좌회전, 우회전 학습을 바탕으로 다음과 같이 원하는 곳으로 이동해 봅시다.

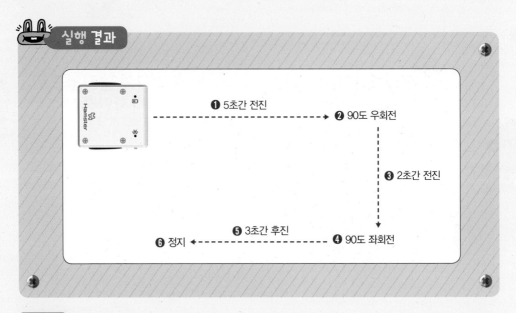

실행 결과

❶ 5초간 전진 ❷ 90도 우회전
❸ 2초간 전진
❺ 3초간 후진 ❹ 90도 좌회전
❻ 정지

처리 조건

• 실행 결과와 같이 5초간 전진 후 90도 우회전 그리고 다시 2초간 전진, 다시 90도 좌회전 후 3초간 후진하고 정지하도록 합니다.
• 완성한 프로그램은 '햄스터_프로젝트_1.py'로 저장합니다.

⭐ [실행 결과]와 [처리 조건]을 분석하여 프로그램으로 수행한 작업들을 설계합니다.

【문제 분석 및 알고리즘 설계】

문제를 보다 쉽게 해결하기 위해 다음과 같이 작은 문제들로 나누어 해결합니다.

1단계 5초간 전진하기

2단계 00도 우회전히기

3단계 2초간 전진하기

4단계 90도 좌회전하기

5단계 3초간 후진 후 정지하기

프로그래밍하기

⭐ 앞에서 설계한 문제 해결 방법을 단계별로 프로그래밍하여 미션을 해결합니다.

1단계 햄스터가 5초간 전진하도록 해 봅시다.

speed라는 변수를 설정하여 전진하는 속도 30을 지정한 후 그 값만큼 전진합니다.

실행 결과

❶ 5초간 전진

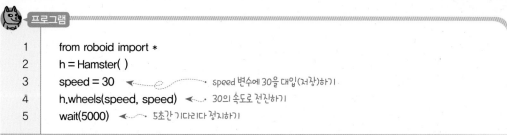

프로그램

```
1    from roboid import *
2    h = Hamster( )
3    speed = 30          ← speed 변수에 30을 대입(저장)하기
4    h.wheels(speed, speed)   ← 30의 속도로 전진하기
5    wait(5000)          ← 5초간 기다리다 정지하기
```

※ 만약 햄스터가 직진을 하다가 왼쪽 또는 오른쪽 방향으로 틀어질 경우, 해당 방향의 바퀴 속도 값을 더 큰 숫자로 조정하면서 방향을 조절해 보도록 합니다. 예를 들어 햄스터가 오른쪽으로 틀어질 경우 오른쪽 바퀴 값을 38 혹은 40 등으로 조정합니다.

2단계 6~7행에 90도 우회전하는 명령들을 추가해 봅시다.

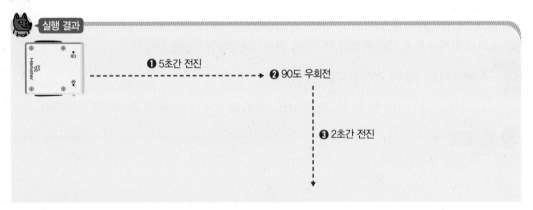

실행 결과

❶ 5초간 전진 ▶ ❷ 90도 우회전

프로그램

```
1    from roboid import *
2    h = Hamster( )
3    speed = 30
4    h.wheels(speed, speed)      ◀······  좌우 양쪽의 바퀴를 30의 속도로 전진하기
5    wait(5000)      ◀·····  5초간 대기
6    h.wheels(speed, −speed)      ◀·····  90도 우회전을 위해 왼쪽은 30, 오른쪽은 −30을 적용하기
7    wait(1000)      ◀·····  90도 회전하기 위해 1초간 기다리다 종료하기
```

3단계 8~9행에 2초간 전진하는 명령들을 추가해 봅시다.

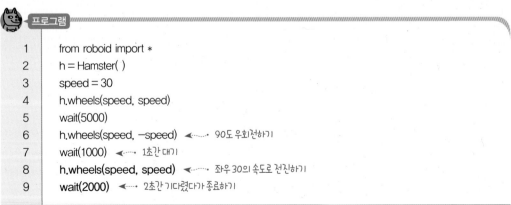

실행 결과

❶ 5초간 전진 ▶ ❷ 90도 우회전

❸ 2초간 전진

프로그램

```
1    from roboid import *
2    h = Hamster( )
3    speed = 30
4    h.wheels(speed, speed)
5    wait(5000)
6    h.wheels(speed, −speed)      ◀·····  90도 우회전하기
7    wait(1000)      ◀·····  1초간 대기
8    h.wheels(speed, speed)      ◀·····  좌우 30의 속도로 전진하기
9    wait(2000)      ◀·····  2초간 기다렸다가 종료하기
```

4 단계 10~11행에 90도 좌회전하는 명령들을 추가해 봅시다.

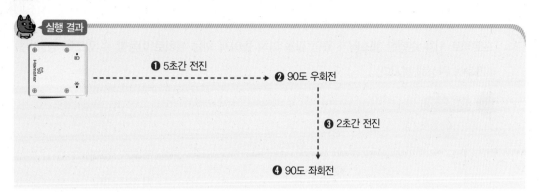

실행 결과

❶ 5초간 전진
❷ 90도 우회전
❸ 2초간 전진
❹ 90도 좌회전

프로그램

```
1   from roboid import *
2   h = Hamster( )
3   speed = 30
4   h.wheels(speed, speed)
5   wait(5000)
6   h.wheels(speed, -speed)
7   wait(1000)
8   h.wheels(speed, speed)
9   wait(2000)
10  h.wheels(-speed, speed)   ←······ 좌회전을 위해 왼쪽 -30, 오른쪽 30 적용하기
11  wait(1000)   ←·········· 90도 회전하기 위해 1초를 기다렸다가 종료하기
```

5 단계 12~14행에 3초간 후진을 위해 양쪽 바퀴의 속도를 음수로 지정하고, 정지하는 명령들을 추가하여 프로그램을 완성해 봅시다.

프로그램

```
1   from roboid import *
2   h = Hamster( )
3   speed = 30
4   h.wheels(speed, speed)
5   wait(5000)
6   h.wheels(speed, -speed)
7   wait(1000)
8   h.wheels(speed, speed)
9   wait(2000)
10  h.wheels(-speed, speed)
11  wait(1000)
12  h.wheels(-speed, -speed)
13  wait(3000)   ←······ 30의 속도로 3초간 후진하기
14  h.wheels(0, 0)   ←······ 햄스터를 정지하기
```

[프로젝트 1]을 수행한 햄스터가 왔던 길을 다시 돌아서 처음 위치로 이동할 수 있도록 명령어를 추가하여 완성해 봅시다.

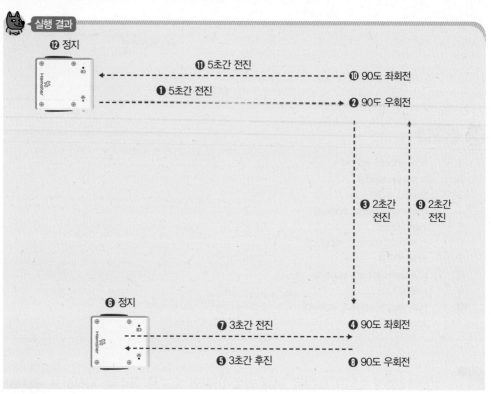

처리 조건

• 완성한 프로그램은 '햄스터_프로젝트_1_실력쌓기.py'로 저장합니다.

햄스터의 움직임으로 패턴 디자인하기

활동 목표

• 햄스터에 펜을 부착하여 이동 방향에 따라 다양한 도형을 그릴 수 있다.

★ 햄스터에 필기구를 부착한 후 움직임으로 다양한 패턴을 그리는 작업을 해 봅시다.

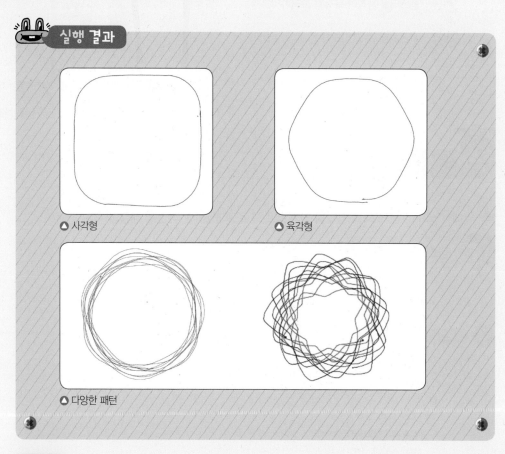

실행 결과

🔺 사각형

🔺 육각형

🔺 다양한 패턴

처리 조건

• 햄스터의 움직임으로 기본 도형을 그려 본 후 다양한 패턴을 그리도록 합니다.
• 완성한 프로그램은 '햄스터_프로젝트_2.py'로 저장합니다.

⭐ [실행 결과]와 [처리 조건]을 분석하여 프로그램으로 수행한 작업들을 설계합니다.

【문제 분석 및 알고리즘 설계】

사전 준비하기 햄스터를 움직여 패턴을 그리기 위해서는 먼저 햄스터에 펜을 연결해야 합니다. 펜을 부착한 햄스터의 움직임을 조절하여 사각형을 그려 보고, 각도를 변형하여 육각형도 그려 보도록 합니다. 다시 육각형의 각도를 다르게 하여 햄스터가 계속 이동하면서 또 다른 패턴을 그리는 작업을 진행합니다.

○ 햄스터에 펜 홀더를 끼우거나 펜을 테이프로 붙여 패턴을 그린 경우

> **1** 단계   햄스터를 움직여 사각형 그리기
> **2** 단계   햄스터를 움직여 육각형 그리기
> **3** 단계   햄스터를 움직여 육각형 패턴 그리기

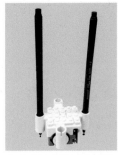

○ 펜 홀더에 펜을 끼운 경우

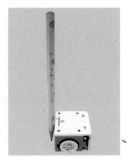

○ 펜을 테이프로 붙인 경우

프로그래밍하기

⭐ 앞에서 설계한 문제 해결 방법을 단계별로 프로그래밍하여 미션을 해결합니다.

🚩 **1** 단계   햄스터를 움직여 사각형을 그려 봅시다.

햄스터의 움직임으로 사각형을 그리기 위해서는 1초간 전진한 후 90도 우회전하는 동작을 4번 반복하도록 합니다.

🐾 프로그램

```
1    from roboid import *
2    h = Hamster( )
3    speed = 30
4    for i in range(1, 5) :          ⟵···· 반복문으로 변수 i 값을 1, 2, 3, 4까지 1씩 증가할 때마다 5~8행을 반복하기
5        h.wheels(speed, speed)      ⟵···· 햄스터가 30의 속도로 전진하기
6        wait(1000)                  ⟵···· 1초간 대기하기
7        h.wheels(speed, −speed)     ⟵···· 90도 우회전하기
8        wait(1000)                  ⟵···· 1초간 대기하다가 종료하기
```

for문은 어떻게 사용하나요?

2 단계 육각형을 그려 봅시다.

햄스터의 움직임으로 육각형을 그리기 위해서는 1초씩 전진하고 60도 회전하는 동작을 6번 반복하도록 합니다. 또한 60도를 회전할 때까지 대기 시간을 찾아야 합니다.

 프로그램

```
1    from roboid import *
2    h = Hamster( )
3    speed = 30
4    for i in range(1, 7) :      ◀----- 색인 변수 i 값이 1부터 7보다 작을 때까지 반복하므로 5~8행을 6번 반복하기
5        h.wheels(speed, speed)  ⎫ 햄스터 양쪽 바퀴는 30의 속도로 1초간 전진하기
6        wait(1000)              ⎭
7        h.wheels(speed, −speed) ◀----- 60도 우회전하기
8        wait(650)               ◀----- 60도 우회전 하기 위해 기다리는 시간을 수정할 수 있음
```

3 단계 육각형으로 패턴을 그리는 작업을 무한 반복할 수 있도록 명령들을 추가하여 프로그램을 완성해 봅시다.

햄스터가 계속 각도를 조금씩 회전하면서 다각형 그리기로 다양한 패턴을 그릴 수 있습니다. [2단계]에서 학습한 육각형 그리기를 15도씩 회전하면서 육각형을 그리도록 합니다.

 프로그램

```
1    from roboid import *
2    h = Hamster( )
3    speed = 30
4    while 1 :      ◀----- 5~11행을 무한 반복하기
5        for i in range(1, 7) :
6            h.wheels(speed, speed)   ⎫
7            wait(1000)               ⎪ 햄스터가 6번 회전하면서 육각형 그리기
8            h.wheels(speed, −speed)  ⎪
9            wait(650)                ⎭
10       h.wheels(speed, −speed)  ⎫ 다른 각도에서 육각형을 그릴 수 있도록 15도 회전하기
11       wait(100)                ⎭
```

다음과 같이 햄스터의 움직임을 통해 별 모양을 그려 봅시다.

 실행 결과

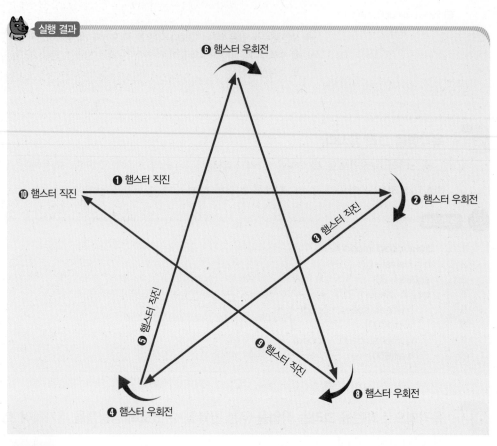

처리 조건

• 완성한 프로그램은 '햄스터_프로젝트_2_실력쌓기.py'로 저장합니다.

📣 **참고** 햄스터 전진과 145도 회전을 5회 반복하면 별을 그릴 수 있습니다.

① 햄스터 5초간 전진	**프로그램 구성**
② 햄스터 145도 회전	
③ 햄스터 5초간 전진	다음의 ①, ②를 5회 반복하기 ◀┄┄ for문 사용
④ 햄스터 145도 회전	① 햄스터 5초간 전진 ⎫ for문 내의 명령들
⑤ 햄스터 5초간 전진	② 햄스터 145도 회전 ⎭
⑥ 햄스터 145도 회전	
⑦ 햄스터 5초간 전진	
⑧ 햄스터 145도 회전	
⑨ 햄스터 5초간 전진	
⑩ 햄스터 145도 회전	

PROJECT 3

키보드 방향키로
햄스터를 조종하기

• 햄스터를 키보드의 방향키를 이용하여 이동 방향을 지정할 수 있다.

★ 키보드의 방향키를 이용하여 햄스터를 원하는 방향으로 움직여 봅시다.

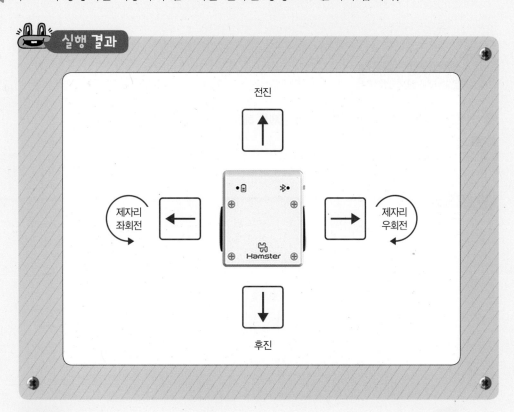

실행 결과

전진

제자리
좌회전

제자리
우회전

후진

처리 조건

• 키보드의 방향키(↑, ↓, ←, →)로 햄스터를 움직이도록 합니다.

• ↑키를 누르면 전진하기, ↓키를 누르면 후진하기, ←키를 누르면 제자리 좌회전하기, →키를 누르면 제자리
우회전을 하도록 합니다.

• 완성한 프로그램은 '햄스터_프로젝트_3.py'로 저장합니다.

⭐ [실행 결과]와 [처리 조건]을 분석하여 프로그램으로 수행한 작업들을 설계합니다.

【문제 분석 및 알고리즘 설계】

　　다음과 같이 문제를 작은 문제들로 나누어 해결합니다.

> **1**단계　↑ 키를 누르면 전진하기
>
> **2**단계　↓ 키를 누르면 후진하기
>
> **3**단계　← 키를 누르면 제자리 좌회전하기
>
> **4**단계　→ 키를 누르면 제자리 우회전하기

프로그래밍하기

⭐ 키보드 이벤트 처리 방법을 이용하여 문제를 해결하도록 합니다.

1단계 　햄스터가 키보드의 ↑ 키를 누르면 전진하도록 해 봅시다.

 　프로그램

```
1    from roboid import *
2    h = Hamster( )
3    while 1 :     ◁┄┄┄ 4~9행을 무한 반복하기
4        key = Keyboard.read( )   ◁┄┄┄ 키보드 이벤트를 얻기, 즉 키보드로 입력한 값을 key 변수에 저장하기
5        if key :   ◁┄┄┄ 키보드 이벤트가 있으면 6행으로 이동하고, 그렇지 않으면 3행으로 이동하기
6            if key == Keyboard.UP :     ┐ 키보드에서 ↑ 키를 누르면 전진하고, 그렇지 않으면
7                h.wheels(30, 30)        ┘ 8행으로 이동하기
8            else :                      ┐ 이외의 키를 누르면 햄스터는 정지하기
9                h.wheels(0, 0)          ┘
```

 　프로그램에서 키보드를 활용하려면 어떤 준비가 필요한가요?

　　프로그램에서 키보드를 활용하기 위해서는 먼저 이벤트 프로그램을 실행해야 합니다. 그런데 파이참에서 '키보드 이벤트'를 실행하면 편집기 창에서 키보드 이벤트를 가져가야 하므로 키보드 이벤트 처리를 할 수 없습니다. 따라서 윈도 명령 창에서 다음과 같은 순서에 의해 프로그램(*.py)을 실행해야 합니다.

1. 키보드 이벤트 실행 방법
① 파이선에서 프로그램을 작성한 후 "파일명.py"로 저장합니다. 예 m3_1.py
② 파일을 저장한 폴더를 선택하고 Shift 키를 누른 상태로 마우스 오른쪽 버튼을 클릭하면 나오는 메뉴에서 [여기서 명령 창 열기]를 선택합니다.
③ "python 파일명"을 입력하여 프로그램을 실행합니다. 예 python m3_1.py
④ 실행 상태에서 ↑방향키를 누르면 햄스터가 전진하는지 확인합니다.

2. 프로그램에서 키보드의 키들을 인식하는 명령문 사용 방법
• 방향키(↑, ↓, ←, →)를 입력받아 사용할 경우: 예를 들어 ↑키인지를 판단하려면 'if key == Keyboard.UP'와 같이 명령문을 지정합니다.
• 숫자 또는 영문자를 입력받아 사용할 경우: 예를 들어 영문 소문자 'a'인지를 판단해야 할 경우에는 if key == 'a'와 같이 지정합니다.
  예 키보드에서 'a' 키를 누르면 햄스터가 전진하기
    if key == 'a':
        h.wheels(30, 30)

2 단계 8∼9행에 키보드의 ↓ 키를 누르면 햄스터가 후진하는 명령을 추가해 봅시다.

프로그램

```
1    from roboid import *
2    h = Hamster( )
3    while 1 :
4        key = Keyboard.read( )
5        if key :      키보드 이벤트가 있으면 6행으로 이동하고 그렇지 않으면 11행으로 이동하기
6            if key == Keyboard.UP :
7                h.wheels(30, 30)          ↑키를 누른 경우 전진하기
8            elif key == Keyboard.DOWN :
9                h.wheels(-30, -30)        ↓키를 누른 경우 후진하기
10           else :
11               h.wheels(0, 0)     햄스터 정지하기
```

3 단계 10∼11행에 ← 키를 누르면 햄스터가 제자리에서 좌회전하는 명령을 추가해 봅시다.

프로그램

```
1    from roboid import *
2    h = Hamster( )
3    while 1 :
4        key = Keyboard.read( )
5        if key :
6            if key == Keyboard.UP :
```

```
7              h.wheels(30, 30)
8          elif key == Keyboard.DOWN :
9              h.wheels(-30, -30)
10         elif key == Keyboard.LEFT :
11             h.wheels(-30, 30)
12         else :
13             h.wheels(0, 0)
```

←키를 누르면 제자리 좌회전하기

4 단계 12~13행에 키보드의 →키를 누르면 햄스터가 제자리에서 우회전하는 명령을 추가
하여 프로그램을 완성해 봅시다.

프로그램

```
1    from roboid import *
2    h = Hamster( )
3    while 1 :
4        key = Keyboard.read( )
5        if key :
6            if key == Keyboard.UP :
7                h.wheels(30, 30)
8            elif key == Keyboard.DOWN :
9                h.wheels(-30, -30)
10           elif key == Keyboard.LEFT :
11               h.wheels(-30, 30)
12           elif key == Keyboard.RIGHT :
13               h.wheels(30, -30)
14           else :
15               h.wheels(0, 0)
```

→키를 누르면 제자리 우회전하기

햄스터를 원하는 방향으로 원하는 만큼 이동하기 위해 키보드에서 ←, →, ↑, ↓를 원하는 만큼 입력하고, 마지막으로 Space Bar 키를 누르면 입력한 방향키 순서대로 움직이도록 해 봅시다. (단, 입력값은 100개 이내로 제한할 것)

📖 3초간 전진 후 우회전, 2초간 전진 후 좌회전, 2초간 후진하고 정지하려면 다음과 같이 방향키를 입력하기

입력값: ↑ ↑ ↑ → ↑ ↑ ← ↓ ↓

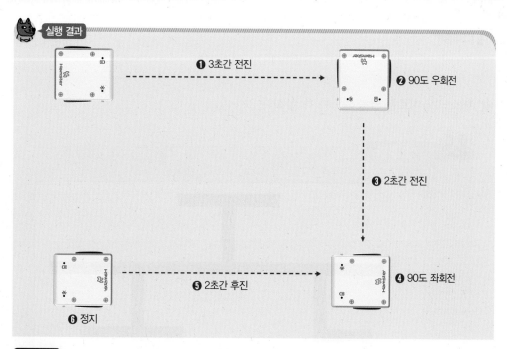

처리 조건

• 방향키에 따라 다음과 같이 동작하도록 합니다.

← 을 입력한 경우: 왼쪽으로 90도 회전하기

→ 을 입력한 경우: 오른쪽으로 90도 회전하기

↑ 을 입력한 경우: 2초간 전진하기

↓ 을 입력한 경우: 2초간 후진하기

Space Bar 을 입력한 경우: 입력은 종료되고 입력한 순서대로 햄스터를 움직이기

• 완성한 프로그램은 '햄스터_프로젝트_3_실력쌓기.py'로 저장합니다.

우수법과 좌수법을 이용한 미로 탈출

활동
목표

• 우수법과 좌수법을 이용하여 미로를 탈출하는 프로그램을 작성할 수 있다.

★ 햄스터가 미로를 탈출하도록 해 봅시다.

실행 결과

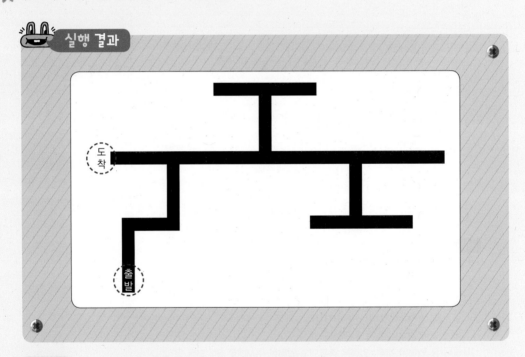

도
착

출
발

처리 조건

• 도착지를 모르는 상황에서 햄스터가 경로를 탐색하여 미로를 탈출하도록 합니다. 이때 경로 탐색은 우수법과 좌수법을 이용하도록 합니다.
• 미로는 [부록 6]의 맵을 이용하도록 합니다.
• 완성한 프로그램은 '햄스터_프로젝트_4.py'로 저장합니다.

⭐ [실행 결과]와 [처리 조건]을 분석하여 프로그램으로 수행한 작업들을 설계합니다.

【문제 분석 및 알고리즘 설계】

햄스터가 길을 찾다가 교차로를 만나면 다음과 같은 우선순위에 의해 길 찾기를 진행하도록 합니다.

우수법의 우선순위			좌수법의 우선순위	
1순위	우회전		1순위	좌회전
2순위	전진		2순위	전진
3순위	좌회전		3순위	우회전
4순위	유턴		4순위	유턴

상황에 따라 우수법 혹은 좌수법이 빠를 수 있으므로 두 가지 방법을 모두 적용하여 미로를 탈출하는 프로그램을 완성해 보도록 합니다.

문제를 해결하기 위해 작은 문제들로 나누어 해결합니다.

1단계 우수법을 이용하여 미로 탈출하기

2단계 좌수법을 이용하여 미로 탈출하기

⭐ 앞에서 설계한 문제 해결 방법을 단계별로 프로그래밍하여 미션을 해결합니다.

 1단계 우수법을 이용하여 미로를 탈출해 봅시다.

우수법을 이용하여 미로를 탈출하는 방법은 생각보다 간단합니다. 햄스터에 있는 왼쪽 바닥 센서를 이용하여 검은색 선의 오른쪽을 따라 이동하다가 오른쪽 바닥 센서에 검은색 선이 감지되면 오른쪽에 길이 있는 것이므로 오른쪽 길로 이동하면 됩니다. 단, 길이 없을 때는 자동으로 돌아갈 수 있도록 지그재그 방식을 커브 턴에서 스윙 턴으로 변경하면 좀 더 안전하게 미로를 탈출할 수 있습니다.

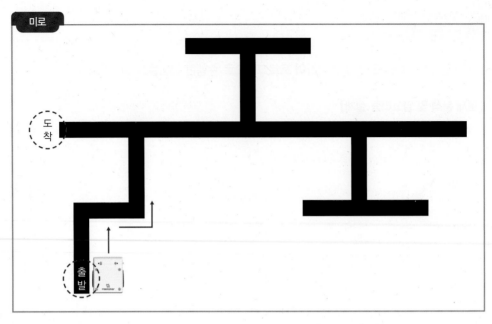

미로

```
1    from roboid import *
2    h = Hamster( )
3    while 1 :          4~14행을 무한 반복하기
4        print h.left_floor( ), h.right_floor( )          좌우 바닥 센서값 출력하기
5        lf = h.left_floor( )          왼쪽 바닥 센서값을 lf에 저장하기
6        rf = h.right_floor( )          오른쪽 바닥 센서값을 rf에 저장하기
7        if (rf < 30)  and (rf != 0):
8            h.wheels(0, 0)
9            h.wheels(30, -30)
10           wait(800)
11       if(lf < 30) :
12           h.wheels(30, 0)
13       else :
14           h.wheels(0, 30)
```

오른쪽 교차로를 감지하면 오른쪽으로 90도 이상 회전하여 왼쪽 바닥 감지 센서를 검은색 선 오른쪽에 위치하게 하고 다시 검은색 선을 따라 이동하게 합니다.

스윙 턴을 이용하여 검은색 선을 이동하기 때문에 길이 없으면 자동으로 유턴합니다.

2단계 좌수법을 이용하여 미로 탈출을 해 봅시다.

[1단계]처럼 우수법을 이용하여 미로를 탈출하면 경우에 따라 가까운 곳에 도착지가 있음에도 불구하고 길을 많이 돌게 됩니다.

이번에는 교차로에서 좌회전을 먼저하는 좌수법을 이용하도록 합니다. 오른쪽 바닥 감지 센서를 이용하여 검은색 선의 왼쪽 라인을 따라 이동하고 왼쪽 바닥 감지 센서에 의해 교차로를 감지합니다.

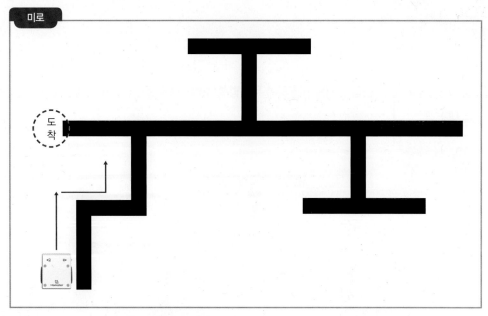

미로

프로그램

```
1    from roboid import *
2    h = Hamster( )
3    while 1 :
4        print h.left_floor( ), h.right_floor( )
5        lf = h.left_floor( )
6        rf = h.right_floor( )
7        if (lf < 30)  and (lf != 0) :
8            h.wheels(0,0)
9            h.wheels(-30, 30)
10           wait(800)
11       if(rf < 30) :
12           h.wheels(0, 30)
13       else :
14           h.wheels(30, 0)
```

왼쪽 교차로를 감지하면 왼쪽으로 90도 이상 회전하여 오른쪽 바닥 감지 센서를 검은색 선 왼쪽에 위치하게 하고 다시 검은색 선을 따라 이동하게 합니다.

스윙턴을 이용하여 검은색 선을 이동하기 때문에 길이 없으면 자동으로 유턴합니다.

햄스터 전방에 있는 근접 센서를 이용하여 우수법/좌수법으로 이동 중 앞에 물체가 있으면 종료해 봅시다.

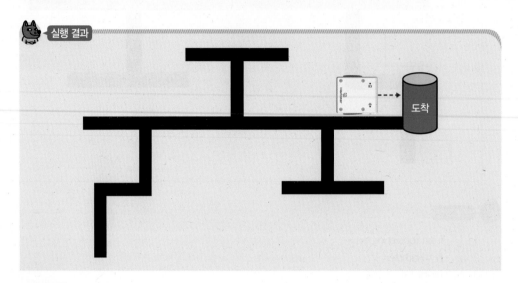

실행 결과

처리 조건

• 완성한 프로그램은 '햄스터_프로젝트_4_실력쌓기.py'로 저장합니다.

격자 미로 탈출

• 검은색 선으로 구성된 미로를 탈출하는 프로그램을 작성할 수 있다.

⭐ 햄스터가 격자로 그린 라인을 빨간색 화살표가 지시하는 대로 빠져 나가도록 해 봅시다.

실행 결과

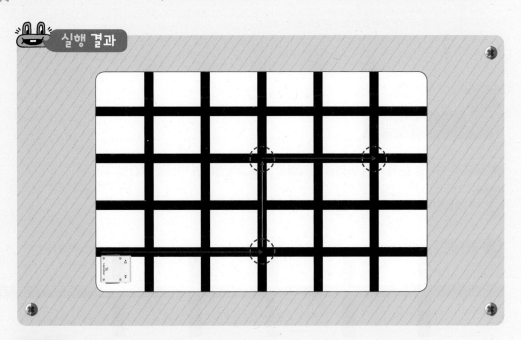

처리 조건

• [부록 5]에 있는 격자 미로를 이용하도록 합니다.
• 완성한 프로그램은 '햄스터_프로젝트_5.py'로 저장합니다.

⭐ [실행 결과]와 [처리 조건]을 분석하여 프로그램으로 수행한 작업들을 설계합니다.

【문제 분석 및 알고리즘 설계】

햄스터가 출발하여 세 번째 교차로에서 좌회전하고 다시 전진하여 두 번째 만나는 교차로에서 우회전한 후, 또 전진하다가 두 번째 교차로를 만나면 이동을 멈추도록 설계합니다.

1단계 세 번째 교차로까지 전진하기

2단계 좌회전하기

3단계 두 번째 교차로까지 전진하기

4단계 우회전하기

5단계 두 번째 교차로까지 전진한 후 멈추기

⭐ 앞에서 설계한 문제 해결 방법을 단계별로 프로그래밍하여 미션을 해결합니다.

1단계 세 번째 교차로까지 전진하도록 해 봅시다.

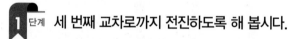

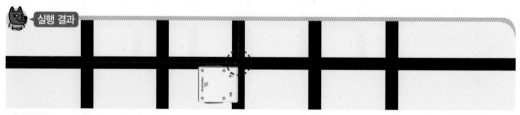

처리 조건 햄스터가 좌회전할 교차로까지 가기 위해 전진하는 동작이 여러 번 반복되므로 이 부분을 함수로 만들어 프로그램을 작성합니다.

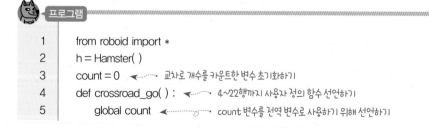

```
1    from roboid import *
2    h = Hamster( )
3    count = 0    ◁┈┈ 교차로 개수를 카운트한 변수 초기화하기
4    def crossroad_go( ) :    ◁┈┈ 4~22행까지 사용자 정의 함수 선언하기
5        global count    ◁┈┈ count 변수를 전역 변수로 사용하기 위해 선언하기
```

6	n = 0 ◄┈┈┈┈┈┈ 현재 교차로의 개수를 저장할 변수 초기화하기
7	while 1 : ◄┈┈┈ 8행부터 22행까지 무한 반복하기
8	lf = h.left_floor( ) ┐ 양쪽 바닥 센서값을 감지하여 lf와 rf 변수에 각각 저장하기
9	rf = h.right_floor( ) ┘ 오른쪽 바닥 센서에 교차로가 감지되면 11~18행
10	if (rf < 30) and (rf != 0) : ◄┈ 까지 수행하고, 그렇지 않으면 19행으로 이동하기
11	n = n + 1 ◄┈ 교차로가 감지될 때마다 n의 값을 1씩 증가하기
12	print n ◄┈┈┈ 카운트한 교차로 수를 화면에 출력하기
13	if(n == count) : ┐ 현재 교차로 수 n과 정지할 교차로 수 count 값이 같
14	h.wheels(0, 0) ┤ 으면 햄스터의 이동을 정지한 후 반복문을 종료하고 23
15	break ┘ 행으로 이동하고, 그렇지 않으면 16행으로 이동하기
16	while rf < 30 : ┐ 오른쪽 바닥 감지 센서가 검은색 선을 벗어날 때까지
17	rf = h.right_floor( ) ┤ 오른쪽으로 약간 치우쳐서 전진하기
18	h.wheels(30, 20) ┘
19	if(lf < 30) : ┐
20	h.wheels(30, 10) ┤ 왼쪽 바닥 감지 센서가 검은색 선에 닿으면 오른쪽으
21	else : ┤ 로 전진하고, 아니면 왼쪽으로 전진하기
22	h.wheels(10, 30) ┘
23	count = 3 ◄┈┈┈ 3칸을 이동하기 위해 count 값에 3을 저장하기
24	crossroad_go( ) ◄┈ crossroad_go( ) 함수를 호출하여 3칸 이동하기

햄스터가 전진하다가 원하는 교차로에 도착하면 멈추는 동작을 함수 crossroad_go( ) 로 정의하기

※ 프로그램 실행은 1~3행 → 23행 → 24행에서 함수 호출로 4행~22행을 차례대로 실행합니다.

2 단계 23~26행, 29행에 좌회전하기 위한 명령들을 추가해 봅시다.

실행 결과

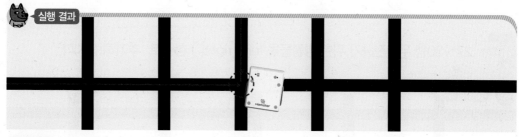

처리 조건 왼쪽으로 회전하는 함수 turn_left( )를 만들고, 햄스터가 커브 턴하여 검은색 선 오른쪽으로 왼쪽 바닥 감지 센서가 오도록 합니다.

프로그램

23	def turn_left( ) :
24	h.wheels(10, 40) ┐
25	wait(1300) ┤ 왼쪽으로 크게 커브 턴하는 turn_left( ) 함수 정의하기
26	h.wheels(0, 0) ┘
27	count = 3 ┐ 교차로까지 전진하기 위해 count 변수의 값을 3으로 지정하고
28	crossroad_go( ) ┘ crossroad_go( ) 함수를 호출하기
29	turn_left( ) ◄┈ 좌회전하기 위해 turn_left( ) 함수 호출하기

3 단계 30~31행에 두 번째 교차로까지 전진하기 위한 명령을 추가해 봅시다.

🐾 실행 결과

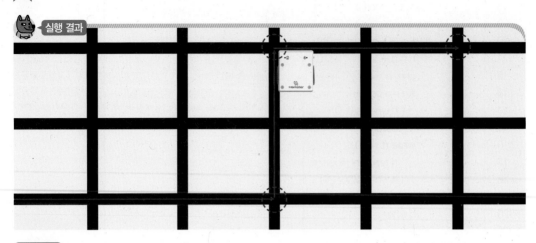

처리 조건 앞에서 만든 crossroad_go( ) 함수를 이용하여 두 번째 교차로까지 이동하는 명령을 추가합니다.

🐾 프로그램

```
27      count = 3
28      crossroad_go( )
29      turn_left( )
30      count = 2          ◀------▶ 두 번째 교차로까지 이동하기 위해 count 변수에 2를 저장하기
31      crossroad_go( )    ◀------▶ 두 번째 교차로까지 이동하기 위해 함수 호출
```

4 단계 27~30행 우회전하기 위한 명령들을 turn_right( ) 함수로 추가해 봅시다.

🐾 실행 결과

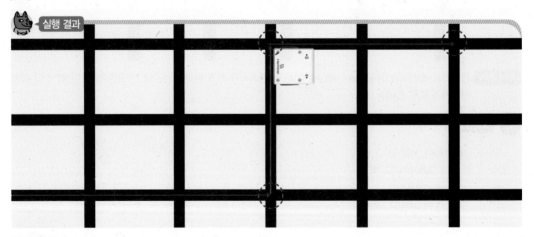

처리 조건 오른쪽으로 회전하는 함수 turn_right( )를 만들고, 햄스터가 90도 이상 제자리 좌회전하여 검은색 선 오른쪽에 왼쪽 바닥 감지 센서가 오도록 합니다.

```
27    def turn_right( ) :
28            h.wheels(30, −30)
29            wait(1000)
30            h.wheels(0, 0)
```
우회전을 위한 turn_right( ) 함수
를 정의하기

```
31    count = 3
32    crossroad_go( )
33    turn_left( )
34    count = 2
35    crossroad_go( )
36    turn_right( )    ◀-------- 우회전 함수 호출하기
```

5 단계 37∼38행에 두 번째 교차로까지 전진하기 위한 명령들을 추가해 봅시다.

실행 결과

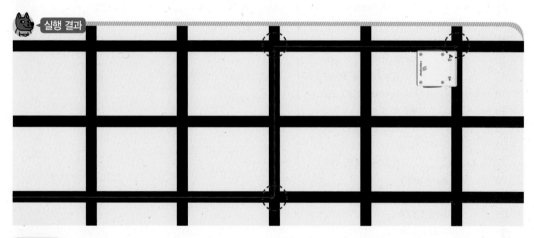

처리 조건 앞에서 만든 crossroad_go( ) 함수를 이용하여 두 번째 교차로까지 이동하도록 명령을 추가합니다.

프로그램

```
36    turn_right( )
37    count = 2    ◀------- 두 번째 교차로까지 이동하기 위해 count 변수에 2를 저장하기
38    crossroad_go( )    ◀--- 함수를 호출하여 두 번째 교차로까지 이동하기
```

완성된 프로그램은 다음과 같습니다. 프로그램을 실행하여 원하는 결과가 나오는지 확인해 봅시다.

완성 프로그램

```
1     from roboid import *
2     h = Hamster( )
3     count = 0
4     def crossroad_go( ) :
5         global count
6         n = 0
7         while 1:
8             lf = h.left_floor( )
9             rf = h.right_floor( )
10            if (rf < 30) and (rf != 0) :
11                n = n + 1
12                print n
13                if(n == count) :
14                    h.wheels(0, 0)
15                    break
16            while rf < 30 :
17                rf = h.right_floor( )
18                h.wheels(30, 20)
19            if(lf < 30) :
20                h.wheels(30, 10)
21            else :
22                h.wheels(10, 30)
23    def turn_left( ):
24        h.wheels(10, 40)
25        wait(1300)
26        h.wheels(0, 0)
27    def turn_right( ):
28        h.wheels(30, -30)
29        wait(700)
30        h.wheels(0, 0)
31    count = 3
32    crossroad_go( )
33    turn_left('')
34    count = 2
35    crossroad_go( )
36    turn_right( )
37    count = 2
38    crossroad_go( )
```

4~22행 → 원하는 교차로까지 전진하기 위한 사용자 정의 함수 만들기

23~26행 → 좌회전을 위한 사용자 정의 함수 만들기

27~30행 → 우회전을 위한 사용자 정의 함수 만들기

31행 ← 햄스터가 첫 번째 교차로까지 가기 위해 count 변수의 값을 3으로 지정하기
32행 ← crossroad_go( ) 함수를 호출하여 햄스터는 count 변수의 값만큼 전진하고 돌아오기
33행 ← turn_left( ) 함수를 호출하여 햄스터는 좌회전하고 돌아오기
34행 ← 햄스터가 두 번째 교차로까지 전진하기 위해 count 변수의 값을 2로 지정하기
35행 ← 다시 crossroad_go( ) 함수를 호출하여 count 변수의 값만큼 전진하고 돌아오기
36행 ← turn_right( ) 함수를 호출하여 햄스터는 우회전하고 돌아오기
37행 ← 다시 햄스터가 세 번째 교차로까지 전진하기 위해 count 변수의 값을 2로 지정하기
38행 ← 다시 crossroad_go( ) 함수를 호출하여 count 변수의 값만큼 전진하고 돌아오기

※ 프로그램은 1~3행 → 31~38행 순으로 실행하면서 상황에 따라 원하는 함수를 호출하여 햄스터가 해당 동작을 진행하도록 합니다.

1 햄스터가 다음 그림처럼 'ㄹ'자 모양으로 이동할 수 있도록 해 봅시다.

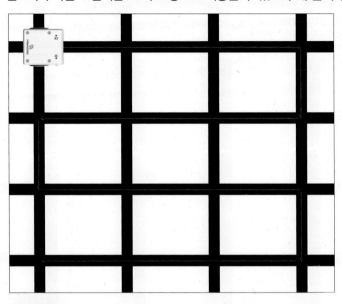

처리 조건

• 완성한 프로그램은 '햄스터_프로젝트_5_실력쌓기_1.py'로 저장합니다.

2 햄스터가 다음 그림처럼 나선형으로 이동할 수 있도록 해 봅시다.

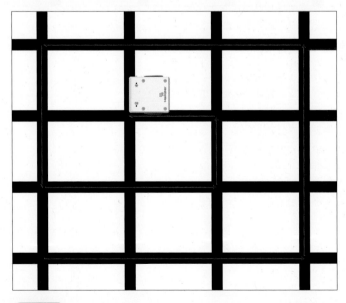

처리 조건

• 완성한 프로그램은 '햄스터_프로젝트_5_실력쌓기_2.py'로 저장합니다.

3 햄스터가 이동할 위치, 즉 좌표 x, y값을 키보드로 입력하여 움직여 봅시다.

> 예 이동할 x좌표: 4   이동할 y좌표: 3

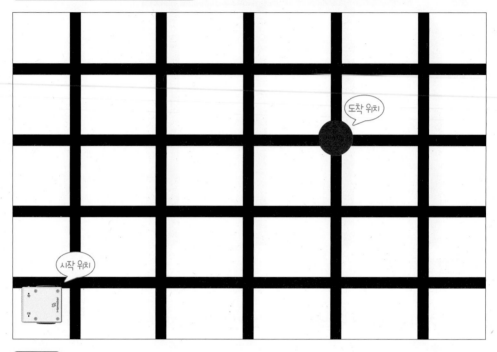

처리 조건

• 완성한 프로그램은 '햄스터_프로젝트_5_실력쌓기_3.py'로 저장합니다.

PROJECT 6

햄스터로 도로 주행 연습하기

활동 목표 • 햄스터를 이용하여 운전면허 시험장과 같은 도로 주행 연습을 할 수 있다.

★ 운전자가 자동차로 도로를 주행하다보면 다양한 문제 상황을 만날 수 있습니다. 햄스터를 이용하여 주어진 도로를 이동하면서 부딪치는 여러 가지 문제 상황을 해결해 봅시다.

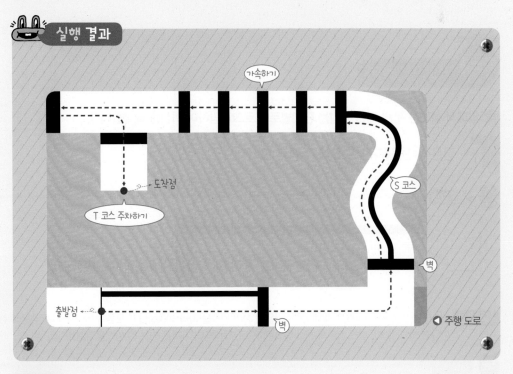

처리 조건

• [부록 7]의 도로 주행 맵을 이용하도록 합니다.
• 검은색 선을 따라 도로 주행을 하면서 벽을 만나면 좌회전, S 코스, 가속하기, T 코스 주차하기 등을 경험해 보도록 합니다.
• 완성한 프로그램은 '햄스터_프로젝트_6.py'로 저장합니다.

문제 해결하기

⭐ [실행 결과]와 [처리 조건]을 분석하여 프로그램으로 수행한 작업들을 설계합니다.

【문제 분석 및 알고리즘 설계】

문제 상황을 해결하기 위해 작은 문제들로 나누어서 설계하도록 합니다.

1 단계 검은색 선을 따라 주행하기

2 단계 벽을 감지하면 좌회전하기

3 단계 S 코스 주행하기

4 단계 가속하기

5 단계 T 코스 주차하기

프로그래밍하기

⭐ 앞에서 설계한 문제 해결 방법을 단계별로 프로그래밍하여 미션을 해결합니다.

1 단계 **검은색 선을 따라 도로를 주행해 봅시다.**

처리 조건 햄스터의 왼쪽 바닥 센서로 감지하면서 검은색 선의 왼쪽을 따라 이동하다가 오른쪽 바닥 센서가 검은색 선을 만나면 정지합니다. 이때 검은색 선이 일직선이므로 직선에 더 가까운 커브 턴 방식을 이용하도록 합니다.

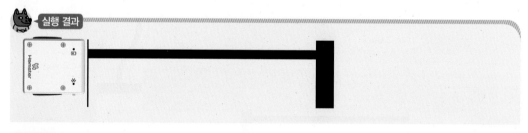

```
1    from roboid import *
2    h = Hamster( )
3    wait(100)
4    def line_go( ) :   ◄---------- 검은 색 선을 따라 주행하는 동작을 line_go( ) 함수로 정의하시
5        while 1 :
6            lf = h.left_floor( )
```

7	rf = h.right_floor( )
8	if (rf < 30) and (rf != 0) :
9	h.wheels(0, 0)
10	break
11	if(lf < 30) :
12	h.wheels(30, 20)
13	else :
14	h.wheels(20, 30)
15	h.wheels(30, 30)
16	wait(500)
17	line_go( )

설명

4~14행 햄스터가 검은색 선을 따라 계속 이동하다가 교차로를 만나면 정지하기 위한 line_go( ) 함수를 정의합니다.
8~10행 오른쪽 바닥 센서가 검은색 선을 감지하면 정지하고, line_go( ) 함수를 종료합니다.
11~12행 왼쪽 바닥 센서가 검은색 선에 닿으면 오른쪽 방향으로 전진합니다.
13~14행 왼쪽 바닥 센서가 검은색 선에서 떨어지면 왼쪽 방향으로 전진합니다.
15~16행 햄스터는 처음 시작할 때 양쪽 바퀴가 30의 속도로 검은색 선 위치로 이동하기 위해 0.5초 전진합니다.
17행 line_go( ) 함수를 호출하여 햄스터가 라인을 따라 이동하다가 교차로에서 정지하도록 합니다.

2 단계 **벽을 감지하면 좌회전하기 위한 명령들을 well_turn_left( ) 함수로 추가해 봅시다.**

실행 결과

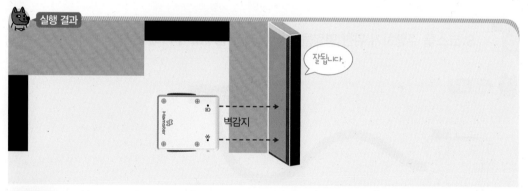

잘됩니다.

벽감지

처리 조건 햄스터가 전진하다 벽이 감지되면 제자리 90도 좌회전을 하고 전진하다가 검은색 선을 만나면 정지합니다.

프로그램

15	def well_turn_left( ) :
16	while 1 :
17	lp = h.left_proximity( )
18	rp = h.right_proximity( )
19	print lp , rp
20	h.wheels(30, 30)
21	if lp > 70 or rp > 70 :
22	h.wheels(0, 0)

햄스터가 벽을 제대로
인식하지 못하면 해당
값을 줄여 줍니다.

23	wait(500)	
24	h.wheels(−30, 30)	⎫
25	wait(950)	⎪ 함수 추가하기
26	h.wheels(0, 0)	⎪
27	wait(500)	⎪
28	while 1 :	⎪
29	h.wheels(30, 30)	⎪
30	lf = h.left_floor( )	⎪
31	rf = h.right_floor( )	⎪
32	if (lf < 30) or (rf < 30) :	⎪
33	h.wheels(0, 0)	⎪
34	return	⎭
35	h.wheels(30, 30)	
36	wait(500)	
37	line_go( )	
38	well_turn_left( ) ◀┈┈▶ 함수 호출 명령 추가하기	

설명

15~34행   전방 근접 센서가 벽을 감지하면 좌회전하여 검은색 선까지 전진하는 well_turn_left( ) 함수를 정의합니다.

21~27행   전방 근접 센서가 벽을 감지하면 왼쪽으로 90도 좌회전합니다.

28행   반복문에 의해 29~34행을 무한 반복합니다.

32~34행   바닥 감지 센서가 검은색 선을 만나면 정지한 후, return문에 의해 함수를 종료하고 복귀합니다.

38행   벽을 감지하면 좌회전을 하기 위해 well_turn_left( ) 함수를 호출합니다.

3 단계   **S 코스를 주행하기 위한 명령들을 s_turn( ) 함수로 추가해 봅시다.**

실행 결과

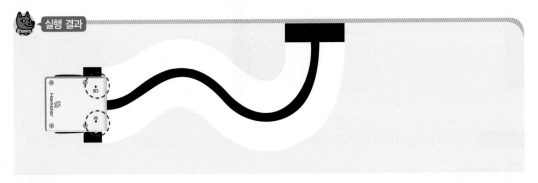

처리 조건

• 햄스터가 양쪽 바닥 센서를 이용하여 S 코스를 주행할 때 다음의 조건에 따라 동작하도록 합니다.

  – 양쪽 바닥 센서가 모두 감지되면 정지하기

  – 왼쪽 바닥 센서가 검은색 선을 감지하면 왼쪽 방향으로 회전하고, 오른쪽 바닥 센서가 검은색 선을 감지하면 오른쪽 방향으로 회전하기

  – 위의 조건에 해당하지 않으면 전진하기

```
35      def s_turn( ) :
36          h.wheels(30, 30)
37          wait(500)
38          while 1 :
39              print h.left_floor( ), h.right_floor( )
40              lf = h.left_floor( )
41              rf = h.right_floor( )
42              if (rf < 30) and (rf != 0) and (lf < 30) :
43                  h.wheels(0, 0)
44                  return
45              if (lf < 30) :
46                  h.wheels(0, 30)
47              elif (rf < 30) :
48                  h.wheels(30, 0)
49              else :
50                  h.wheels(20, 20)
51      h.wheels(30, 30)
52      wait(500)
53      line_go( )
54      well_turn_left( )
55      s_turn( )
```

함수 추가하기

함수 호출 명령 추가하기

설명

35~50행 S 코스 주행을 위한 s_turn( ) 함수를 정의합니다.

36~37행 검은색 선을 빠져나가기 위해 0.5초 전진합니다.

42~44행 양쪽 바닥 센서에 검은색 선이 닿으면 43행으로 이동하여 정지하고, S 코스 주행 함수인 s_turn( )을 종료하고 호출한 곳으로 복귀합니다.

45~46행 왼쪽 바닥 센서에 검은색 선이 닿으면 왼쪽으로 회전하고, 그렇지 않으면 47행으로 이동합니다.

47~48행 오른쪽 바닥 센서에 검은색 선이 닿으면 오른쪽으로 회전하고, 그렇지 않으면 49행으로 이동합니다.

49~50행 양쪽 바닥 센서가 검은색 선에 닿지 않으면 전진합니다.

55행 S 코스를 주행하기 위해 s_turn( ) 함수를 호출합니다.

4 단계 가속하기 위한 명령들을 acceleration( ) 함수로 추가해 봅시다.

실행 결과

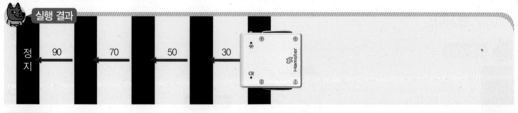

정지 ← 90 ← 70 ← 50 ← 30

처리 조건 30의 속도로 전진하다가 첫 번째 검은색 선에서 50의 속도로, 두 번째 검은색 선에서 70의 속도로, 세 번째 검은색 선에서 100의 속도로 전진하고 네 번째 검은색 선에서 정지하는 함수를 작성합니다.

```
51    def acceleration( ) :
52        h.wheels(30, 30)
53        wait(500)
54        speed = 30
55        count = 1
56        while count <= 4 :
57            lf = h.left_floor( )
58            rf = h.right_floor( )
59            h.wheels(speed, speed)
60            if (lf < 30) :
61                count = count + 1
62                speed = speed + 20
63                while lf <30 :
64                    lf = h.left_floor( )
65                    h.wheels(speed, speed)
66        h.wheels(0, 0)
67    h.wheels(30, 30)
68    wait(500)
69    line_go( )
70    well_turn_left( )
71    s_turn( )
72    acceleration( )
```

함수 추가하기 (51~66)

함수 호출 명령 추가하기 (72)

51~66행 가속 구간을 acceleration( ) 함수로 정의합니다.
52~53행 검은색 선을 빠져나오기 위해 0.5초 전진합니다.
54행 speed 변수를 선언하고 30으로 초기화합니다.
55행 현재 가속 구간 변수 count를 선언하고 1로 초기화합니다.
56행 현재 가속 구간이 4보다 클 때까지 57~65행을 반복합니다.
59행 햄스터는 speed 값으로 전진합니다.
60~65행 왼쪽 바닥 감지 센서 값이 검은색 선을 만나면 count 값을 1 증가하고 speed 속도는 20을 증가한 후, 검은색 선을 빠져나갈 때까지 전진합니다.
66행 네 번째 검은색 선을 만나면 while 문을 벗어나 햄스터를 정지하고 호출한 곳으로 복귀합니다.
72행 가속하기 위해 acceleration( ) 함수를 호출합니다.

5단계 T 코스로 주차하기 위한 명령들을 t_parking( ) 함수로 추가하여 프로그램을 완성해 봅시다.

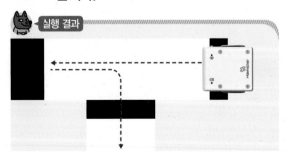

처리 조건
• T 코스로 주차하기 위해 앞으로 전진하여 검은색 선에서 정지한 후, 후진으로 검은색 선을 만날 때까지 커브 턴하고 다시 잠시 후진하여 주차를 완료하도록 합니다.

```
67      def t_parking( ) :
68          h.wheels(30, 30)
69          wait(500)
70          while 1 :
71              lf = h.left_floor( )
72              rf = h.right_floor( )
73              print h.left_floor( ), h.right_floor( )
74              h.wheels(30, 30)
75              if rf < 30 and rf != 0 :
76                  h.wheels(0,0)
77                  h.wheels(−15, −35)
78                  wait(1000)
79                  break
80          while 1 :
81              lf = h.left_floor( )
82              rf = h.right_floor( )
83              h.wheels(−15, −35)
84              if rf < 30 and rf != 0 :
85                  h.wheels(−30, −30)
86                  wait(1000)
87                  h.wheels(0, 0)
88                  wait(2500)
89                  break
90      h.wheels(30, 30)
91      wait(500)
92      line_go( )
93      well_turn_left( )
94      s_turn( )
95      acceleration( )
96      t_parking( )
```

함수 추가하기

함수 호출 명령 추가하기

⭐ 완성된 프로그램은 다음과 같습니다. 프로그램을 실행하여 원하는 결과가 나오는지 확인해 봅시다.

완성 프로그램

```
1       from roboid import *
2       h = Hamster( )
3       wait(100)
4       def line_go( ) :
5           while 1 :
6               lf = h.left_floor( )
7               rf = h.right_floor( )
8               if (rf < 30) and (rf != 0) :
9                   h.wheels(0,0)
```

```
10                      break
11              if(lf < 30) :
12                      h.wheels(30, 20)
13              else :
14                      h.wheels(20, 30)
15      def well_turn_left( ) :
16          while 1 :
17              lp = h.left_proximity( )
18              rp = h.right_proximity( )
19              print lp, rp
20              h.wheels(30, 30)
21              if lp > 70 or rp > 70 :
22                  h.wheels(0, 0)
23                  wait(500)
24                  h.wheels(-30, 30)
25                  wait(950)
26                  h.wheels(0, 0)
27                  wait(500)
28                  while 1 :
29                      h.wheels(30, 30)
30                      lf = h.left_floor( )
31                      rf = h.right_floor( )
32                      if (lf < 30) or (rf < 30):
33                          h.wheels(0, 0)
34                          return
35      def s_turn( ) :
36          h.wheels(30, 30)
37          wait(500)
38          while 1 :
39              print h.left_floor( ), h.right_floor( )
40              lf = h.left_floor( )
41              rf = h.right_floor( )
42              if (rf < 30) and (rf != 0) and (lf < 30) :
43                  h.wheels(0, 0)
44                  return
45              if (lf < 30) :
46                  h.wheels(0, 30)
47              elif (rf < 30) :
48                  h.wheels(30, 0)
49              else :
50                  h.wheels(20, 20)
51      def acceleration( ) :
52          h.wheels(30, 30)
53          wait(500)
54          speed = 30
55          count = 1
```

검은색 선을 따라 주행하기 위한 사용자 정의
함수 line_go( ) 만들기

벽을 감지하면 좌회전을 위한 사용자 정의 함수
well_turn_lert( ) 만들기

S 코스를 주행하기 위한 사용자 정의 함수 s_turn( ) 만들기

```
56    while count <= 4 :
57        lf = h.left_floor( )
58        rf = h.right_floor( )
59        h.wheels(speed, speed)
60        if (lf < 30) :
61            count = count + 1
62            speed = speed + 20
63            while lf <30 :
64                lf = h.left_floor( )
65                h.wheels(speed, speed)
66    h.wheels(0, 0)
67 def t_parking( ) :
68    h.wheels(30, 30)
69    wait(500)
70    while 1 :
71        lf = h.left_floor( )
72        rf = h.right_floor( )
73        print h.left_floor( ), h.right_floor( )
74        h.wheels(30, 30)
75        if rf < 30 and rf != 0 :
76            h.wheels(0,0)
77            h.wheels(-15, -35)
78            wait(1000)
79            break
80    while 1 :
81        lf = h.left_floor( )
82        rf = h.right_floor( )
83        h.wheels(-15, -35)
84        if rf < 30 and rf != 0 :
85            h.wheels(-30, -30)
86            wait(1000)
87            h.wheels(0,0)
88            wait(2500)
89            break
90 h.wheels(30, 30)
91 wait(500)
92 line_go( )
93 well_turn_left( )
94 s_turn( )
95 acceleration( )
96 t_parking( )
```

가속하기를 위한 사용자 정의 함수 acceleration( ) 만들기

T 코스 주차를 위한 사용자 정의 함수 t_parking( ) 만들기

- 햄스터의 양쪽 바퀴가 30의 속도로 0.5초 전진하기
- 검은색 선을 따라 이동하기 위해 line_go( ) 함수를 호출하여 명령을 수행하고 돌아오기
- 벽을 감지하면 좌회전을 위해 well_turn_left( ) 함수를 호출하여 명령을 수행하고 돌아오기
- 이번에는 s 코스 주행을 위해 s_turn( ) 함수를 호출하여 명령을 수행하고 돌아오기
- 다시 가속하기를 위해 acceleration( ) 함수를 호출하여 명령을 수행하고 돌아오기
- 마지막으로 T 코스 주차를 위해 t_parking( ) 함수를 호출하여 명령을 수행하고 돌아와 프로그램을 종료하기

※ 프로그램은 1~3행을 수행하고 90~96행까지를 실행하면서 상황에 따라 원하는 사용자 정의 함수를 호출하여 햄스터가 해당 동작을 진행하도록 합니다.

주차된 햄스터를 다시 왔던 길을 되돌아가도록 해 봅시다.

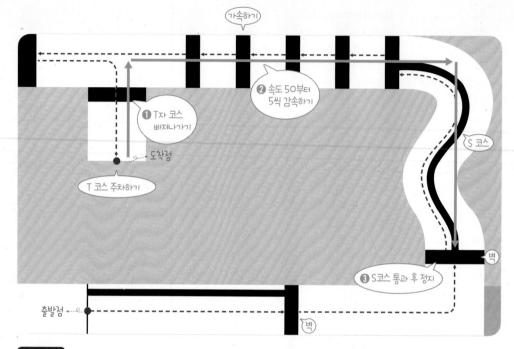

처리 조건

• S 코스가 시작되는 위치를 목표 지점으로 정하도록 합니다.

• 완성한 프로그램은 '햄스터_프로젝트_6_실력쌓기.py'로 저장합니다.

햄스터로 연주하는 주크박스

활동 목표

• 다양한 악보를 입력하여 원하는 음악을 연주하는 주크박스를 만들 수 있다.

★ 햄스터의 왼쪽 근접 센서로는 곡을 선택하고 오른쪽 근접 센서로는 음악을 연주하는 주크박스를 만들어 봅시다.

실행 결과

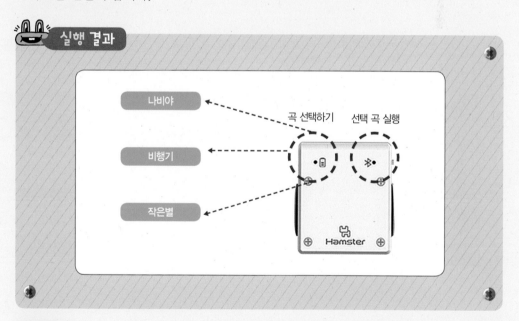

나비야

비행기

작은별

곡 선택하기   선택 곡 실행

처리 조건

• 여러 곡을 선정하여 악보를 입력한 후 원하는 곡을 선택하면 해당 음악을 연주하도록 합니다.

• 완성한 프로그램은 '햄스터_프로젝트_7.py'로 저장합니다.

 문제 해결하기

⭐ [실행 결과]와 [처리 조건]을 분석하여 프로그램으로 수행한 작업들을 설계합니다.

【문제 분석 및 알고리즘 설계】

　사전 준비하기 햄스터로 음정을 소리내기 위해서는 note( ) 함수를 이용합니다. 이 함수로 음정과 박자를 입력할 수 있는데, [부록 1]의 음표 상수에서 원하는 음정을 찾아 사용하도록 합니다.

 note( ) 함수는 어떻게 사용하나요?

- note( ) 함수는 버저를 이용하여 음정을 beats 박자만큼 소리를 냅니다.
- 형식: note(pitch, beats)
  - pitch: 1~88 사이의 정수형 숫자를 기재하는데, 이 숫자는 피아노의 88 건반에 대응합니다.
  - beats: 박자를 의미하는 것으로 실수형 값을 기재합니다.

'나비야', '비행기', '작은별'과 같이 3곡의 노래를 함수로 만든 후, 햄스터에 있는 왼쪽 근접 센서는 곡 선택기로 이용하고, 오른쪽 근접 센서는 곡 실행기(연주하기)로 이용합니다.

1단계	나비야 연주
2단계	비행기 연주
3단계	작은별 연주
4단계	곡 선택기
5단계	선택 곡 연주하기

 프로그래밍하기

⭐ 앞에서 설계한 문제 해결 방법을 단계별로 프로그래밍하여 미션을 해결하도록 합니다.

1단계 '나비야'를 연주하는 프로그램을 함수로 작성해 봅시다.

○ 나비야 악보

처리 조건 '나비야' 악보를 이용하여 연주 프로그램을 완성합니다. 이때 2분음표는 1박자 값, 4분음표는 0.5 박자 값, 8분음표는 0.25 박자 값을 사용합니다.

🐱 **프로그램**

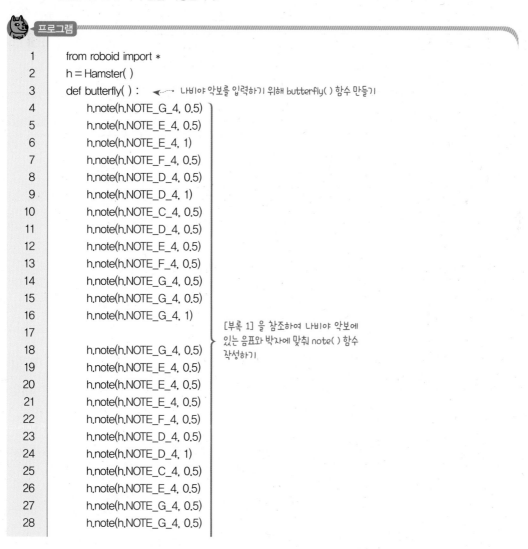

```
1    from roboid import *
2    h = Hamster( )
3    def butterfly( ) :        ◀······ 나비야 악보를 입력하기 위해 butterfly( ) 함수 만들기
4        h.note(h.NOTE_G_4, 0.5)
5        h.note(h.NOTE_E_4, 0.5)
6        h.note(h.NOTE_E_4, 1)
7        h.note(h.NOTE_F_4, 0.5)
8        h.note(h.NOTE_D_4, 0.5)
9        h.note(h.NOTE_D_4, 1)
10       h.note(h.NOTE_C_4, 0.5)
11       h.note(h.NOTE_D_4, 0.5)
12       h.note(h.NOTE_E_4, 0.5)
13       h.note(h.NOTE_F_4, 0.5)
14       h.note(h.NOTE_G_4, 0.5)
15       h.note(h.NOTE_G_4, 0.5)
16       h.note(h.NOTE_G_4, 1)
17
18       h.note(h.NOTE_G_4, 0.5)
19       h.note(h.NOTE_E_4, 0.5)
20       h.note(h.NOTE_E_4, 0.5)
21       h.note(h.NOTE_E_4, 0.5)
22       h.note(h.NOTE_F_4, 0.5)
23       h.note(h.NOTE_D_4, 0.5)
24       h.note(h.NOTE_D_4, 1)
25       h.note(h.NOTE_C_4, 0.5)
26       h.note(h.NOTE_E_4, 0.5)
27       h.note(h.NOTE_G_4, 0.5)
28       h.note(h.NOTE_G_4, 0.5)
```

[부록 1] 을 참조하여 나비야 악보에 있는 음표와 박자에 맞춰 note( ) 함수 작성하기

29	h.note(h.NOTE_E_4, 0.5)
30	h.note(h.NOTE_E_4, 0.5)
31	h.note(h.NOTE_E_4, 1)
32	butterfly( ) ◀----- butterfly( ) 함수를 호출하여 나비야가 정확히 연주되는지 확인하기

 2 단계 '비행기'를 연주하는 프로그램을 함수로 추가해 봅시다.

[1단계]와 같은 방법으로 '비행기' 악보를 이용하여 연주 프로그램을 작성합니다.

비행기

미국 민요

● 비행기 악보

프로그램

32	def plane( ) : ◀----- 비행기 악보를 입력하기 위해 plane( ) 함수 만들기
33	h.note(h.NOTE_E_4, 0.375)
34	h.note(h.NOTE_D_4, 0.125)
35	h.note(h.NOTE_C_4, 0.25)
36	h.note(h.NOTE_D_4, 0.25)
37	h.note(h.NOTE_E_4, 0.25)
38	h.note(h.NOTE_E_4, 0.25)
39	h.note(h.NOTE_E_4, 0.5)
40	h.note(h.NOTE_D_4, 0.25)
41	h.note(h.NOTE_D_4, 0.25)
42	h.note(h.NOTE_D_4, 0.5)
43	h.note(h.NOTE_E_4, 0.25)
44	h.note(h.NOTE_E_4, 0.25)
45	h.note(h.NOTE_E_4, 0.5)
46	
47	h.note(h.NOTE_E_4, 0.375)
48	h.note(h.NOTE_D_4, 0.125)
49	h.note(h.NOTE_C_4, 0.25)
50	h.note(h.NOTE_D_4, 0.25)
51	h.note(h.NOTE_E_4, 0.25)
52	h.note(h.NOTE_E_4, 0.25)

함수 추가하기

비행기 악보의 음표와 박자에 맞춰 note( ) 함수 작성하기

53	h.note(h.NOTE_E_4, 0.5)
54	h.note(h.NOTE_D_4, 0.25)
55	h.note(h.NOTE_D_4, 0.25)
56	h.note(h.NOTE_E_4, 0.25)
57	h.note(h.NOTE_D_4, 0.25)
58	h.note(h.NOTE_C_4, 0.5)
59	plane( ) ◄┄┄┄┄• plane( ) 함수를 호출하여 비행기가 정확히 연주되는지 확인하기

함수 호출
명령 추가

3 단계 '작은 별'을 연주하는 프로그램을 함수로 추가해 봅시다.

앞에서 작업한 방법으로 '작은 별' 악보를 이용하여 연주 프로그램을 작성합니다.

작은 별

모차르트 작곡

🔵 작은 별 악보

프로그램

함수 추가하기

59	def star( ) : ◄┄┄┄┄ 작은별 악보를 입력하기 위해 star( ) 함수 만들기
60	h.note(h.NOTE_C_4, 0.5)
61	h.note(h.NOTE_C_4, 0.5)
62	h.note(h.NOTE_G_4, 0.5)
63	h.note(h.NOTE_G_4, 0.5)
64	h.note(h.NOTE_A_4, 0.5)
65	h.note(h.NOTE_A_4, 0.5)
66	h.note(h.NOTE_G_4, 1)
67	h.note(h.NOTE_F_4, 0.5)
68	h.note(h.NOTE_F_4, 0.5)
69	h.note(h.NOTE_E_4, 0.5)
70	h.note(h.NOTE_E_4, 0.5)
71	h.note(h.NOTE_D_4, 0.5)
72	h.note(h.NOTE_D_4, 0.5)
73	h.note(h.NOTE_C_4, 1)
74	
75	h.note(h.NOTE_G_4, 0.5)

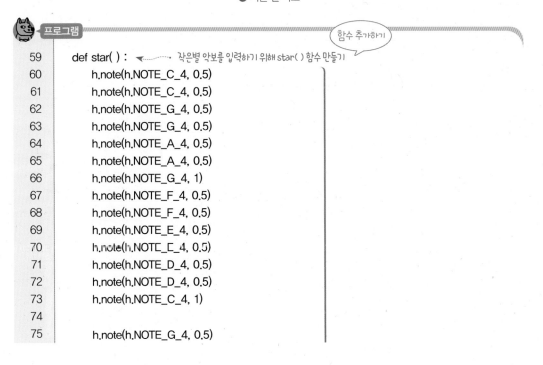

76	h.note(h.NOTE_G_4, 0.5)
77	h.note(h.NOTE_F_4, 0.5)
78	h.note(h.NOTE_F_4, 0.5)
79	h.note(h.NOTE_E_4, 0.5)
80	h.note(h.NOTE_E_4, 0.5)
81	h.note(h.NOTE_D_4, 1)
82	h.note(h.NOTE_G_4, 0.5)
83	h.note(h.NOTE_G_4, 0.5)
84	h.note(h.NOTE_F_4, 0.5)
85	h.note(h.NOTE_F_4, 0.5)
86	h.note(h.NOTE_E_4, 0.5)
87	h.note(h.NOTE_E_4, 0.5)
88	h.note(h.NOTE_D_4, 1)
89	
90	h.note(h.NOTE_C_4, 0.5)
91	h.note(h.NOTE_C_4, 0.5)
92	h.note(h.NOTE_G_4, 0.5)
93	h.note(h.NOTE_G_4, 0.5)
94	h.note(h.NOTE_A_4, 0.5)
95	h.note(h.NOTE_A_4, 0.5)
96	h.note(h.NOTE_G_4, 1)
97	h.note(h.NOTE_F_4, 0.5)
98	h.note(h.NOTE_F_4, 0.5)
99	h.note(h.NOTE_E_4, 0.5)
100	h.note(h.NOTE_E_4, 0.5)
101	h.note(h.NOTE_D_4, 0.5)
102	h.note(h.NOTE_D_4, 0.5)
103	h.note(h.NOTE_C_4, 1)
104	star( )

작은별 악보의 음표와 박자에 맞춰 note( ) 함수 작성하기

함수 호출 명령 추가

star( ) 함수를 호출하여 작은별이 정확히 연주되는지 확인하기

4 단계 연주할 곡을 선택하는 명령을 추가해 봅시다.

햄스터의 왼쪽 근접 센서를 이용하여 세 개의 곡 중 하나를 선택할 수 있도록 합니다. 이때 select 변수를 설정하여 1번 선택은 파란색 LED, 2번 선택은 초록색 LED, 3번 선택은 빨간색 LED를 표시하도록 합니다.

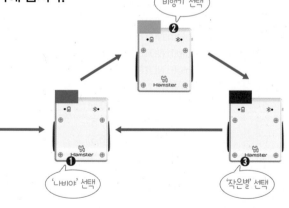

'비행기' 선택

'나비야' 선택

'작은별' 선택

```
105    select = 0  ◄----  select 변수를 선언하고 0으로 초기화하기
106    while 1:  ◄----  107~119행까지를 무한 반복하기
107        lp = h.left_proximity( )
108        rp = h.right_proximity( )
109        if lp > 20 :  ◄----  왼쪽 근접 센서에 물체가 감지될 때만 110~120행을 실행하기
110            select = select + 1  ◄----  select 값를 1 증가하기
111            if select > 3 :        ┐ select 값이 3보다 크면 select 변수의 값을 1로 변경하기
112                select = 1         ┘
113
114            if select == 1 :       ┐
115                h.leds(1, 0)       │
116            elif select == 2 :     │ select 값이 1이면 파란색, 2이면 초록색, 3이면 빨간색 LED를 켜기
117                h.leds(2, 0)       │
118            elif select == 3 :     │
119                h.leds(4, 0)       ┘
120            wait(1000)  ◄----  왼쪽 근접 센서에 물체가 감지되어 처리한 후에도 또 감지됨을 막기 위해 1초 대기 하기
```

5단계 선택한 곡을 연주하는 명령을 추가하여 프로그램을 완성해 봅시다.

왼쪽 근접 센서를 이용하여 1, 2, 3 중 하나를 선
택하여 select 변수에 기억합니다. 선택 값이 1이
면 파란색 LED, 2이면 초록색 LED, 3리면 빨간색
LED를 켜고 선택 곡을 연주합니다.

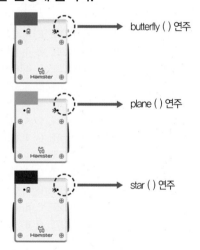

butterfly ( ) 연주

plane ( ) 연주

star ( ) 연주

```
121    if rp > 20 :  ◄----  오른쪽 근접 센서가 감지되면 곡 실행을 뜻하므로 122~127행을 실행하기
122        if select == 1 :      ┐ select 변수 값이 1이면 butterfly( ) 함수를 호출하여 '나비야'를 연주하기
123            butterfly( )      ┘
124        elif select == 2 :    ┐ select 변수 값이 2이면 plane( ) 함수를 호출하여 '비행기'를 연주하기
125            plane( )          ┘
126        elif select == 3 :    ┐ select 변수 값이 3이면 star( ) 함수를 호출하여 '작은별'을 연주하기
127            star( )           ┘
```

★ 완성된 프로그램은 다음과 같습니다. 프로그램을 실행하여 원하는 결과가 나오는지 확인해 봅시다.

```
1    from roboid import *
2    h = Hamster( )
3    def butterfly( ) :  ◄┈┈┈ '나비야'를 연주하기 위한 함수 만들기
4        h.note(Hamster.NOTE_G_4, 0.5)
5        h.note(h.NOTE_E_4, 0.5)
6        h.note(h.NOTE_E_4, 1)
7        h.note(h.NOTE_F_4, 0.5)
8        h.note(h.NOTE_D_4, 0.5)
9        h.note(h.NOTE_D_4, 1)
10       h.note(h.NOTE_C_4, 0.5)
11       h.note(h.NOTE_D_4, 0.5)
12       h.note(h.NOTE_E_4, 0.5)
13       h.note(h.NOTE_F_4, 0.5)
14       h.note(h.NOTE_G_4, 0.5)
15       h.note(h.NOTE_G_4, 0.5)
16       h.note(h.NOTE_G_4, 1)
17
18       h.note(h.NOTE_G_4, 0.5)
19       h.note(h.NOTE_E_4, 0.5)
20       h.note(h.NOTE_E_4, 0.5)
21       h.note(h.NOTE_E_4, 0.5)
22       h.note(h.NOTE_F_4, 0.5)
23       h.note(h.NOTE_D_4, 0.5)
24       h.note(h.NOTE_D_4, 1)
25       h.note(h.NOTE_C_4, 0.5)
26       h.note(h.NOTE_E_4, 0.5)
27       h.note(h.NOTE_G_4, 0.5)
28       h.note(h.NOTE_G_4, 0.5)
29       h.note(h.NOTE_E_4, 0.5)
30       h.note(h.NOTE_E_4, 0.5)
31       h.note(h.NOTE_E_4, 1)
32   def plane( ) :  ◄┈┈┈┈┈┈► '비행기'를 연주하기 위한 함수 만들기
33       h.note(h.NOTE_E_4, 0.375)
34       h.note(h.NOTE_D_4, 0.125)
35       h.note(h.NOTE_C_4, 0.25)
36       h.note(h.NOTE_D_4, 0.25)
37       h.note(h.NOTE_E_4, 0.25)
38       h.note(h.NOTE_E_4, 0.25)
39       h.note(h.NOTE_E_4, 0.5)
40       h.note(h.NOTE_D_4, 0.25)
41       h.note(h.NOTE_D_4, 0.25)
42       h.note(h.NOTE_D_4, 0.5)
43       h.note(h.NOTE_E_4, 0.25)
```

```
44        h.note(h.NOTE_E_4, 0.25)
45        h.note(h.NOTE_E_4, 0.5)
46
47        h.note(h.NOTE_E_4, 0.375)
48        h.note(h.NOTE_D_4, 0.125)
49        h.note(h.NOTE_C_4, 0.25)
50        h.note(h.NOTE_D_4, 0.25)
51        h.note(h.NOTE_E_4, 0.25)
52        h.note(h.NOTE_E_4, 0.25)
53        h.note(h.NOTE_E_4, 0.5)
54        h.note(h.NOTE_D_4, 0.25)
55        h.note(h.NOTE_D_4, 0.25)
56        h.note(h.NOTE_E_4, 0.25)
57        h.note(h.NOTE_D_4, 0.25)
58        h.note(h.NOTE_C_4, 0.5)
59    def star( ) :          ◄ ········ ···► '작은별'을 연주하기 위한 함수 만들기
60        h.note(h.NOTE_C_4, 0.5)
61        h.note(h.NOTE_C_4, 0.5)
62        h.note(h.NOTE_G_4, 0.5)
63        h.note(h.NOTE_G_4, 0.5)
64        h.note(h.NOTE_A_4, 0.5)
65        h.note(h.NOTE_A_4, 0.5)
66        h.note(h.NOTE_G_4, 1)
67        h.note(h.NOTE_F_4, 0.5)
68        h.note(h.NOTE_F_4, 0.5)
69        h.note(h.NOTE_E_4, 0.5)
70        h.note(h.NOTE_E_4, 0.5)
71        h.note(h.NOTE_D_4, 0.5)
72        h.note(h.NOTE_D_4, 0.5)
73        h.note(h.NOTE_C_4, 1)
74
75        h.note(h.NOTE_G_4, 0.5)
76        h.note(h.NOTE_G_4, 0.5)
77        h.note(h.NOTE_F_4, 0.5)
78        h.note(h.NOTE_F_4, 0.5)
79        h.note(h.NOTE_E_4, 0.5)
80        h.note(h.NOTE_E_4, 0.5)
81        h.note(h.NOTE_D_4, 1)
82        h.note(h.NOTE_G_4, 0.5)
83        h.note(h.NOTE_G_4, 0.5)
84        h.note(h.NOTE_F_4, 0.5)
85        h.note(h.NOTE_F_4, 0.5)
86        h.note(h.NOTE_E_4, 0.5)
87        h.note(h.NOTE_E_4, 0.5)
88        h.note(h.NOTE_D_4, 1)
89
90        h.note(h.NOTE_C_4, 0.5)
```

행	코드
91	h.note(h.NOTE_C_4, 0.5)
92	h.note(h.NOTE_G_4, 0.5)
93	h.note(h.NOTE_G_4, 0.5)
94	h.note(h.NOTE_A_4, 0.5)
95	h.note(h.NOTE_A_4, 0.5)
96	h.note(h.NOTE_G_4, 1)
97	h.note(h.NOTE_F_4, 0.5)
98	h.note(h.NOTE_F_4, 0.5)
99	h.note(h.NOTE_E_4, 0.5)
100	h.note(h.NOTE_E_4, 0.5)
101	h.note(h.NOTE_D_4, 0.5)
102	h.note(h.NOTE_D_4, 0.5)
103	h.note(h.NOTE_C_4, 1)
104	select = 0 ◄········ select 변수를 0으로 초기화하기
105	while 1 :
106	lp = h.left_proximity( ) ┐ 양쪽 근접 센서로 감지된 물체 값을 lp와 rp 변수에 저장하기
107	rp = h.right_proximity( ) ┘
108	if lp > 20 : ◄ 왼쪽 근접 센서에 물체가 감지된 경우(즉, lp의 값이 20보다 크면) 곡을 선택하기 위해 109~119행까지를 실행하고, 그렇지 않으면 121행 이후를 실행하기
109	select = select + 1 ◄· select 변수의 값을 1 증가하기
110	if select > 3 : ┐ select 변수의 값이 3보다 크면 다시 1로 초기화하는 이유는 3개의 곡 중
111	select = 1 ┘ 하나를 선택하기 위함.
112	
113	if select == 1 : ┐ select 변수의 값이 1이면 파란색 LED를 켜고, 그렇지 않으면 115행으
114	h.leds(1,0) ┘ 로 이동하기
115	elif select == 2 : ┐ select 변수의 값이 2이면 초록색 LED를 켜고, 그렇지 않으면 117행으
116	h.leds(2,0) ┘ 로 이동하기
117	elif select == 3 : ┐ select 변수의 값이 3이면 빨간색 LED를 켜고, 그렇지 않으면 119행으
118	h.leds(4, 0) ┘ 로 이동하기
119	wait(1000) ◄········ 1초간 대기하기
120	
121	if rp > 20:
122	if select == 1 : ┐ select 변수의 값이 1이면 '나비야'를 연주하고
123	butterfly( ) ┘ 돌아오기
124	elif select == 2 : ┐ select 변수의 값이 2이면 '비행기'를 연주하고
125	plane( ) ┘ 돌아오기
126	elif select == 3 : ┐ select 변수의 값이 3이면 '작은별'을 연주하고
127	star( ) ┘ 돌아오기

106~127행을 무한반복하기

햄스터의 오른쪽 근접 센서에 물체가 감지되면 122~127행을 수행하고 그렇지 않으면, 106행부터 다시 반복하기

※ 프로그램은 1~2행을 수행하고 나비야, 비행기, 작은별의 악보를 입력하기 위해 butterfly( ) 함수, plane( ) 함수, star( ) 함수를 각각 정의합니다. 그런 다음 104~127행까지를 실행하면서 상황에 따라 원하는 함수를 호출하여 햄스터가 해당 동작을 진행하도록 합니다.

 햄스터 주크박스에 새로운 곡을 추가해 봅시다.

실행 결과

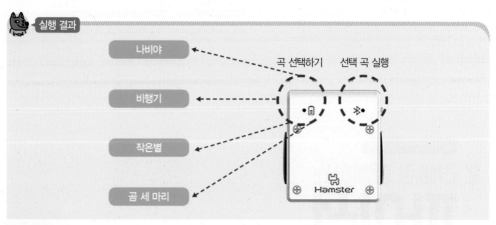

처리 조건

• 다음과 같은 절차에 의해 악보와 프로그램을 수정하도록 합니다.

① 인터넷에서 주크박스에 새로 넣을 악보를 검색하여 선정하도록 합니다.

예

● 곰 세마리 악보

② [부록 1]에 있는 음계표를 참고하여 악보를 입력할 곡의 함수를 정의하여 악보를 입력합니다.
③ 주크박스 선택기 명령 쪽을 수정하여 4번째 곡을 선택하여 연주될 수 있도록 수정합니다.

• 완성한 프로그램은 '햄스터_프로젝트_7_실력쌓기.py'로 저장합니다.

컴퓨팅 사고력(CT)을 활용한

러플과 함께하는
파이썬
& 햄스터

발 행 일	초판 1쇄 발행　2018년 09월 05일
지 은 이	서성원 · 홍성준 · 김형기
발 행 인	신재석
발 행 처	(주)삼양미디어
주　　소	서울시 마포구 양화로 6길 9-28
전　　화	02) 335-3030
팩　　스	02) 335-2070
등록번호	제10-2285호
	Copyright ⓒ 2018, samyangmedia
홈페이지	www.samyang**M**.com
I S B N	978-89-5897-362-1 (13000)
정　　가	16,000원

부록1

음표계

음 높이	숫자	설명	음 높이	숫자	설명
NOTE_OFF	0	소리를 끈다.	NOTE_F_4	45	4번째 옥타브의 파 음
NOTE_A_0	1	0번째 옥타브의 라 음	NOTE_F_SHARP_4	46	4번째 옥타브의 파# 음
NOTE_A_SHARP_0	2	0번째 옥타브의 라# 음	NOTE_G_FLAT_4	46	4번째 옥타브의 솔b 음
NOTE_B_FLAT_0	2	0번째 옥타브의 시b 음	NOTE_G_4	47	4번째 옥타브의 솔 음
NOTE_B_0	3	0번째 옥타브의 시 음	NOTE_G_SHARP_4	48	4번째 옥타브의 솔# 음
NOTE_C_1	4	1번째 옥타브의 도 음	NOTE_A_FLAT_4	48	4번째 옥타브의 라b 음
NOTE_C_SHARP_1	5	1번째 옥타브의 도# 음	NOTE_A_4	49	4번째 옥타브의 라 음
NOTE_D_FLAT_1	5	1번째 옥타브의 레b 음	NOTE_A_SHARP_4	50	4번째 옥타브의 라# 음
NOTE_D_1	6	1번째 옥타브의 레 음	NOTE_B_FLAT_4	50	4번째 옥타브의 시b 음
NOTE_D_SHARP_1	7	1번째 옥타브의 레# 음	NOTE_B_4	51	4번째 옥타브의 시 음
NOTE_E_FLAT_1	7	1번째 옥타브의 미b 음	NOTE_C_5	52	5번째 옥타브의 도 음
NOTE_E_1	8	1번째 옥타브의 미 음	NOTE_C_SHARP_5	53	5번째 옥타브의 도# 음
NOTE_F_1	9	1번째 옥타브의 파 음	NOTE_D_FLAT_5	53	5번째 옥타브의 레b 음
NOTE_F_SHARP_1	10	1번째 옥타브의 파# 음	NOTE_D_5	54	5번째 옥타브의 레 음
NOTE_G_FLAT_1	10	1번째 옥타브의 솔b 음	NOTE_D_SHARP_5	55	5번째 옥타브의 레# 음
NOTE_G_1	11	1번째 옥타브의 솔 음	NOTE_E_FLAT_5	55	5번째 옥타브의 미b 음
NOTE_G_SHARP_1	12	1번째 옥타브의 솔# 음	NOTE_E_5	56	5번째 옥타브의 미 음
NOTE_A_FLAT_1	12	1번째 옥타브의 라b 음	NOTE_F_5	57	5번째 옥타브의 파 음
NOTE_A_1	13	1번째 옥타브의 라 음	NOTE_F_SHARP_5	58	5번째 옥타브의 파# 음
NOTE_A_SHARP_1	14	1번째 옥타브의 라# 음	NOTE_G_FLAT_5	58	5번째 옥타브의 솔b 음
NOTE_B_FLAT_1	14	1번째 옥타브의 시b 음	NOTE_G_5	59	5번째 옥타브의 솔 음
NOTE_B_1	15	1번째 옥타브의 시 음	NOTE_G_SHARP_5	60	5번째 옥타브의 솔# 음
NOTE_C_2	16	2번째 옥타브의 도 음	NOTE_A_FLAT_5	60	5번째 옥타브의 라b 음
NOTE_C_SHARP_2	17	2번째 옥타브의 도# 음	NOTE_A_5	61	5번째 옥타브의 라 음
NOTE_D_FLAT_2	17	2번째 옥타브의 레b 음	NOTE_A_SHARP_5	62	5번째 옥타브의 라# 음
NOTE_D_2	18	2번째 옥타브의 레 음	NOTE_B_FLAT_5	62	5번째 옥타브의 시b 음
NOTE_D_SHARP_2	19	2번째 옥타브의 레# 음	NOTE_B_5	63	5번째 옥타브의 시 음
NOTE_E_FLAT_2	19	2번째 옥타브의 미b 음	NOTE_C_6	64	6번째 옥타브의 도 음
NOTE_E_2	20	2번째 옥타브의 미 음	NOTE_C_SHARP_6	65	6번째 옥타브의 도# 음
NOTE_F_2	21	2번째 옥타브의 파 음	NOTE_D_FLAT_6	65	6번째 옥타브의 레b 음
NOTE_F_SHARP_2	22	2번째 옥타브의 파# 음	NOTE_D_6	66	6번째 옥타브의 레 음
NOTE_G_FLAT_2	22	2번째 옥타브의 솔b 음	NOTE_D_SHARP_6	67	6번째 옥타브의 레# 음

음표계

음 높이	숫자	설명	음 높이	숫자	설명
NOTE_G_2	23	2번째 옥타브의 솔 음	NOTE_E_FLAT_6	67	6번째 옥타브의 미b 음
NOTE_G_SHARP_2	24	2번째 옥타브의 솔# 음	NOTE_E_6	68	6번째 옥타브의 미 음
NOTE_A_FLAT_2	24	2번째 옥타브의 라b 음	NOTE_F_6	69	6번째 옥타브의 파 음
NOTE_A_2	25	2번째 옥타브의 라 음	NOTE_F_SHARP_6	70	6번째 옥타브의 파# 음
NOTE_A_SHARP_2	26	2번째 옥타브의 라# 음	NOTE_G_FLAT_6	70	6번째 옥타브의 솔b 음
NOTE_B_FLAT_2	26	2번째 옥타브의 시b 음	NOTE_G_6	71	6번째 옥타브의 솔 음
NOTE_B_2	27	2번째 옥타브의 시 음	NOTE_G_SHARP_6	72	6번째 옥타브의 솔# 음
NOTE_C_3	28	3번째 옥타브의 도 음	NOTE_A_FLAT_6	72	6번째 옥타브의 라b 음
NOTE_C_SHARP_3	29	3번째 옥타브의 도# 음	NOTE_A_6	73	6번째 옥타브의 라 음
NOTE_D_FLAT_3	29	3번째 옥타브의 레b 음	NOTE_A_SHARP_6	74	6번째 옥타브의 라# 음
NOTE_D_3	30	3번째 옥타브의 레 음	NOTE_B_FLAT_6	74	6번째 옥타브의 시b 음
NOTE_D_SHARP_3	31	3번째 옥타브의 레# 음	NOTE_B_6	75	6번째 옥타브의 시 음
NOTE_E_FLAT_3	31	3번째 옥타브의 미b 음	NOTE_C_7	76	7번째 옥타브의 도 음
NOTE_E_3	32	3번째 옥타브의 미 음	NOTE_C_SHARP_7	77	7번째 옥타브의 도# 음
NOTE_F_3	33	3번째 옥타브의 파 음	NOTE_D_FLAT_7	77	7번째 옥타브의 레b 음
NOTE_F_SHARP_3	34	3번째 옥타브의 파# 음	NOTE_D_7	78	7번째 옥타브의 레 음
NOTE_G_FLAT_3	34	3번째 옥타브의 솔b 음	NOTE_D_SHARP_7	79	7번째 옥타브의 레# 음
NOTE_G_3	35	3번째 옥타브의 솔 음	NOTE_E_FLAT_7	79	7번째 옥타브의 미b 음
NOTE_G_SHARP_3	36	3번째 옥타브의 솔# 음	NOTE_E_7	80	7번째 옥타브의 미 음
NOTE_A_FLAT_3	36	3번째 옥타브의 라b 음	NOTE_F_7	81	7번째 옥타브의 파 음
NOTE_A_3	37	3번째 옥타브의 라 음	NOTE_F_SHARP_7	82	7번째 옥타브의 파# 음
NOTE_A_SHARP_3	38	3번째 옥타브의 라# 음	NOTE_G_FLAT_7	82	7번째 옥타브의 솔b 음
NOTE_B_FLAT_3	38	3번째 옥타브의 시b 음	NOTE_G_7	83	7번째 옥타브의 솔 음
NOTE_B_3	39	3번째 옥타브의 시 음	NOTE_G_SHARP_7	84	7번째 옥타브의 솔# 음
NOTE_C_4	40	4번째 옥타브의 도 음	NOTE_A_FLAT_7	84	7번째 옥타브의 라b 음
NOTE_C_SHARP_4	41	4번째 옥타브의 도# 음	NOTE_A_7	85	7번째 옥타브의 라 음
NOTE_D_FLAT_4	41	4번째 옥타브의 레b 음	NOTE_A_SHARP_7	86	7번째 옥타브의 라# 음
NOTE_D_4	42	4번째 옥타브의 레 음	NOTE_B_FLAT_7	86	7번째 옥타브의 시b 음
NOTE_D_SHARP_4	43	4번째 옥타브의 레# 음	NOTE_B_7	87	7번째 옥타브의 시 음
NOTE_E_FLAT_4	43	4번째 옥타브의 미b 음	NOTE_C_8	88	8번째 옥타브
NOTE_E_4	44	4번째 옥타브의 미 음			

부록3

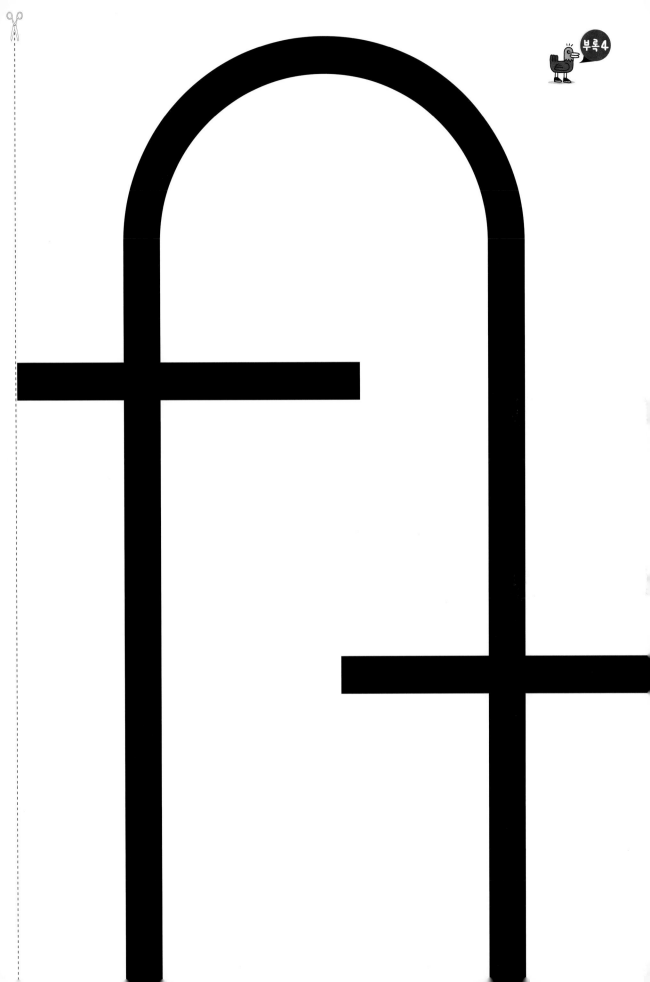

부록4

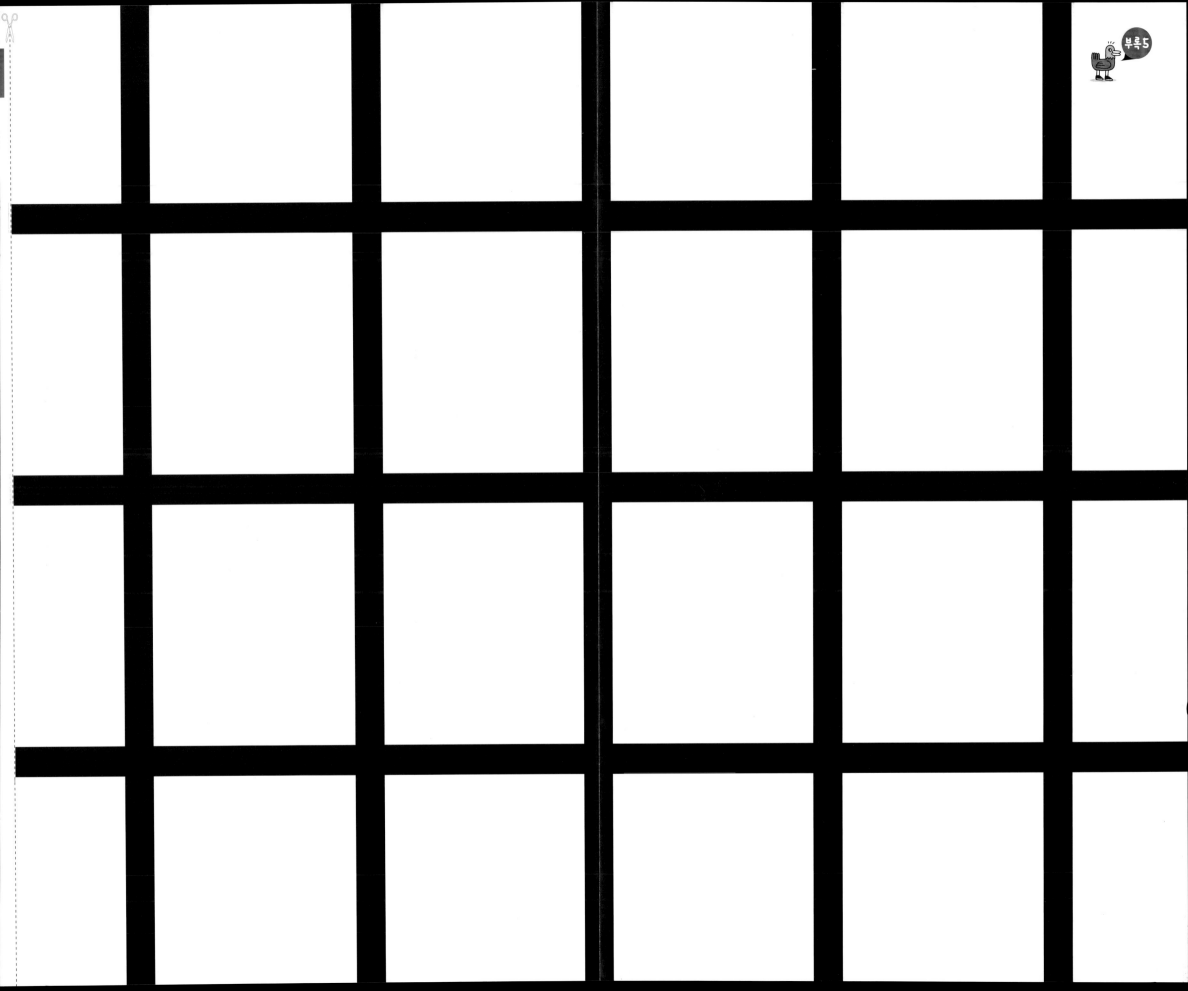

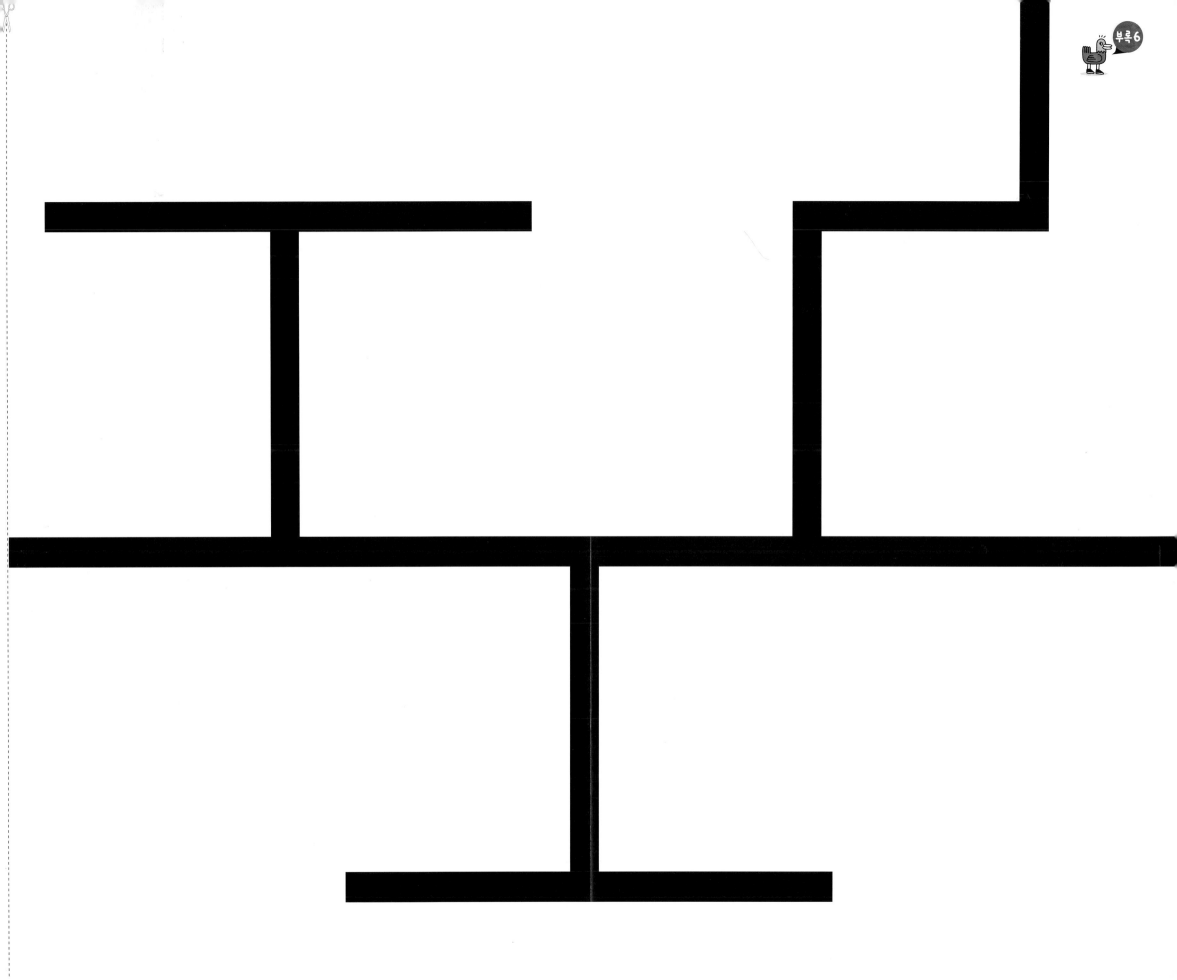

부록6

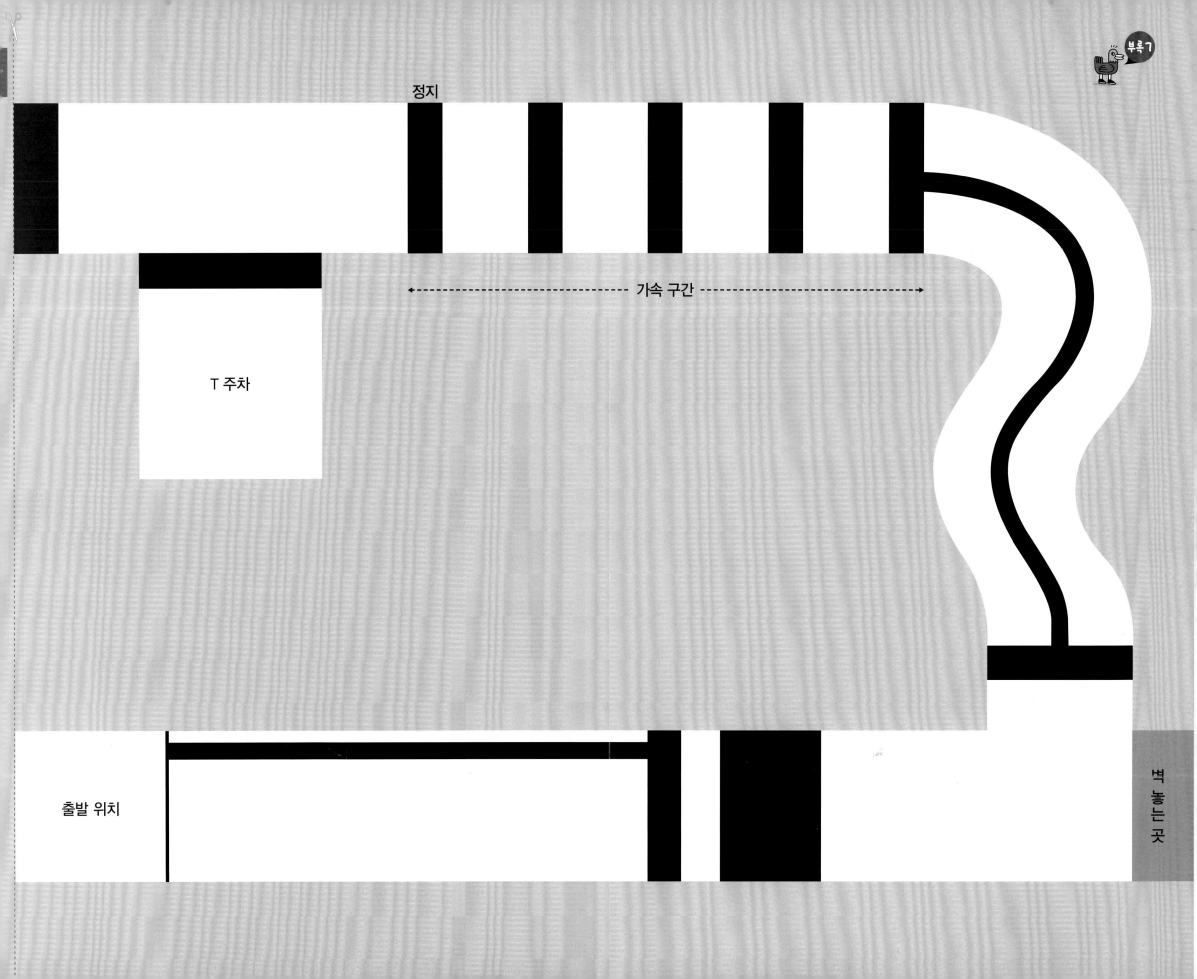

정지

가속 구간

T 주차

출발 위치

벽 놓는 곳